财政部规划教材
全国高职高专院校财经类教材

财务会计

（下）

吴松华　朱宏涛　主　编
李益鸿　高　敏　王利红　副主编

经济科学出版社

图书在版编目（CIP）数据

财务会计. 下 / 吴松华，朱宏涛主编. —北京：经济科学出版社，2016.6

财政部规划教材　全国高职高专院校财经类教材

ISBN 978 - 7 - 5141 - 6782 - 5

Ⅰ.①财… Ⅱ.①吴…②朱… Ⅲ.①财务会计 - 高等职业教育 - 教材 Ⅳ.①F234.4

中国版本图书馆 CIP 数据核字（2016）第 065044 号

责任编辑：白留杰
责任校对：靳玉环
责任印制：李　鹏

财务会计（下）

吴松华　朱宏涛　主　编
李益鸿　高　敏　王利红　副主编
经济科学出版社出版、发行　新华书店经销
社址：北京市海淀区阜成路甲 28 号　邮编：100142
教材分社电话：010 - 88191354　发行部电话：010 - 88191522
网址：www.esp.com.cn
电子邮箱：bailiujie518@126.com
天猫网店：经济科学出版社旗舰店
网址：http://jjkxcbs.tmall.com
北京密兴印刷有限公司印装
787×1092　16 开　15.25 印张　370000 字
2016 年 6 月第 1 版　2016 年 6 月第 1 次印刷
ISBN 978 - 7 - 5141 - 6782 - 5　定价：34.00 元
（图书出现印装问题，本社负责调换。电话：010 - 88191502）
（版权所有　侵权必究　举报电话：010 - 88191586
电子邮箱：dbts@esp.com.cn）

编写说明

财务会计是高等职业院校会计类专业的一门专业核心课程,是在基础会计的基础上进一步深化了对会计目标和会计信息质量要求等会计基本理论的理解,更加深入、系统地阐述了《企业会计准则》在会计实务中的具体运用。自财政部新的《企业会计准则》颁布实施以来,实务中不断出现新情况、新问题,我国会计和税收规范在不断的成熟和完善,为了使学生能够掌握扎实的专业理论知识,准确理解和运用《企业会计准则》,提高会计专业能力和素质,我们依据最新的会计、税收规范组织编写了本书,力求与企业的实际经济活动以及会计、税收改革要求相适应。本书主要具有以下特点:

1. 体例具有创新性。现有财务会计类教材主要按照传统的章、节体系编写,较为侧重教材理论体系的完整性;而本书以工作任务为导向,按照项目化体系进行编写,教材内容和业务实践活动有机结合,有助于激发学生的学习兴趣。

2. 内容新颖。本书编写以财政部2014年新修订的《企业会计准则》、《财政部、国家税务总局关于在全国开展交通运输业和部分现代服务业营业税改征增值税试点税收政策的通知》等最新的会计、税收规范为依据,充分体现了最近的会计政策、制度和原则。

3. 注重工作任务与相关理论及实践知识的结合。本书既考到企业使用所需知识,又考虑到会计初级职称资格考试内容,有利于提高学生的实践动手能力,也可以帮助学生增强可持续发展能力。

本书由咸宁职业技术学院吴松华、绍兴职业技术学院朱宏涛担任主编,负责拟定编写大纲和体例,绍兴职业技术学院李益鸿、咸宁职业技术学院高敏和王利红担任副主编。具体编写分工如下:项目一、项目四、项目十由吴松华编写,项目二、项目三由高敏编写,项目五、项目七由朱宏涛编写,项目六由王利红编写,项目八、项目九由李益鸿编写,最后由吴松华、朱宏涛对全书进行修改并定稿。

需要指出的是,在本书出版过程中及以后使用的一段时间里,肯定会有新的会计、税收法规相继出台,若有与本书表述不符之处,请以新颁布的法规、制度为准。

本书在编写过程中,借鉴和参考了大量的相关书籍和教材,限于篇幅所限,不能一一列出，在此谨向相关作者表示诚挚的谢意；尽管我们对本书的撰写做了很多努力，但由于编者水平有限，书中难免存在疏漏之处，敬请广大读者批评指正。

编者

2016 年 3 月

目录

项目一 流动负债的核算 ... 1

任务一 短期借款的核算 ... 1
任务二 应付及预收款项的核算 ... 3
任务三 应付职工薪酬的核算 ... 9
任务四 应交税费的核算 ... 15
任务五 应付股利和其他应付款的核算 ... 27
【练习题】 ... 29

项目二 非流动负债的核算 ... 35

任务一 长期借款的核算 ... 35
任务二 应付债券的核算 ... 37
任务三 长期应付款的核算 ... 41
【练习题】 ... 45

项目三 所有者权益的核算 ... 50

任务一 实收资本的核算 ... 50
任务二 资本公积的核算 ... 55
任务三 留存收益的核算 ... 59
【练习题】 ... 62

项目四 收入、费用和利润的核算 ... 67

任务一 销售商品收入的核算 ... 67
任务二 提供劳务收入的核算 ... 81
任务三 让渡资产使用权收入的核算 ... 85
任务四 营业成本的核算 ... 86
任务五 营业税金及附加的核算 ... 88
任务六 期间费用的核算 ... 89

任务七　营业外收支的核算 …………………………………………………………… 91
　　任务八　所得税费用的核算 …………………………………………………………… 94
　　任务九　本年利润的核算 ……………………………………………………………… 96
　【练习题】……………………………………………………………………………………… 98

项目五　非货币性资产交换的核算 ………………………………………………………… 106

　　任务一　以公允价值计量的非货币性资产交换核算 ………………………………… 106
　　任务二　以账面价值计量的非货币性资产交换核算 ………………………………… 110
　　任务三　涉及多项资产的非货币性资产交换核算 …………………………………… 113
　【练习题】……………………………………………………………………………………… 117

项目六　债务重组的核算 ……………………………………………………………………… 124

　　任务一　以资产清偿债务的核算 ……………………………………………………… 124
　　任务二　将债务转为资本的核算 ……………………………………………………… 130
　　任务三　修改其他债务条件的核算 …………………………………………………… 131
　　任务四　以上三种方式组合的核算 …………………………………………………… 135
　【练习题】……………………………………………………………………………………… 137

项目七　或有事项的核算 ……………………………………………………………………… 144

　　任务一　确认或有事项 ………………………………………………………………… 144
　　任务二　计量或有事项 ………………………………………………………………… 149
　　任务三　或有事项的核算 ……………………………………………………………… 152
　【练习题】……………………………………………………………………………………… 158

项目八　会计政策、会计估计变更和差错更正的核算 …………………………………… 162

　　任务一　会计政策及其变更的核算 …………………………………………………… 162
　　任务二　会计估计及其变更的核算 …………………………………………………… 167
　　任务三　前期差错更正的核算 ………………………………………………………… 170
　【练习题】……………………………………………………………………………………… 173

项目九　资产负债表日后事项的核算 ……………………………………………………… 177

　　任务一　资产负债表日后调整事项的核算 …………………………………………… 177
　　任务二　资产负债表日后非调整事项的核算 ………………………………………… 187
　【练习题】……………………………………………………………………………………… 189

项目十 财务报告的编制 195

任务一 资产负债表的编制 195
任务二 利润表的编制 206
任务三 现金流量表的编制 208
任务四 所有者权益变动表的编制 218
任务五 报表附注的编制 221
【练习题】 224

参考文献 234

项目一
流动负债的核算

【学习目标】

能力目标：能正确进行短期借款和应付款项的会计处理；能正确核算职工薪酬；能正确计算各种税费并能对其计算及缴纳进行正确会计处理；能正确核算其他流动负债。

知识目标：识记流动负债的概念及内容；掌握短期借款、应付账款、应付票据、预收账款的核算方法；掌握应付职工薪酬的内容并掌握其核算方法；识记应交税费的概念和内容构成；掌握各种税费的有关规定及其核算方法；熟悉其他流动负债的内容和核算方法。

【情境导入】

流动负债是指将在1年以内（含1年）或者超过1年的一个营业周期内偿还的债务。流动负债主要包括短期借款、应付票据、应付账款、预收账款、应付职工薪酬、应交税费、应付利息、应付股利、其他应付款等。

流动负债是资金成本最低的筹资方式，企业要多加利用，但流动负债也是企业风险最大的融资方式。从短期负债的偿还顺序可以看出，企业首先要偿还短期负债，其次才是长期负债，而长期负债在其到期之前要转化为短期负债，与已有的短期负债一起构成企业在短期内需要偿还的负债总额，形成企业的偿债压力。企业在分析财务风险时，要充分考虑短期负债给企业带来的风险。所以，要加强流动负债的管理和控制。

任务分解：（1）短期借款的核算。（2）应付及预收款项的核算。（3）应付职工薪酬的核算。（4）应交税费的核算。（5）应付股利和其他应付款的核算。

任务一 短期借款的核算

【任务分析】

短期借款是企业短期融资的一种方式，是企业为了解决临时的资金需要而向金融机构借入的期限较短的款项。学习短期借款的核算，要了解短期借款的概念和内容，掌握短期借款的取得、计息和到期还本付息的账务处理。

【知识准备及应用】

一、短期借款的概述

短期借款是指企业为了满足正常生产经营的需要，向银行或其他金融机构借入的期限在1年以下（含1年）的各种借款。通常是为了满足正常生产经营的需要。

（一）账户设置

企业应通过"短期借款"科目，核算短期借款的取得及偿还情况。该科目贷方登记取得借款的本金数额，借方登记偿还借款的本金数额，余额在贷方，表示尚未偿还的短期借款。本科目可按借款种类、贷款人和币种进行明细核算。

（二）利息的入账时间与利息支出方式

为了正确反映各期借款利息的实际情况，会计上应根据权责发生制原则，在各资产负债表日（如月末、季末或年末）计提利息；如果数额不大，也可于实际支付时一次计入当期损益。

【知识链接1-1】 企业从银行借入短期借款，其利息一般按季定期支付；若从其他金融机构或有关企业借入，借款利息一般于到期日同本金一起支付，具体的方式有：

1. 按月计算并支付。
2. 借款到期时，随同本金一起归还。
3. 先按月预提计入当期损益，再按季度与银行结算。

（三）利息的计算

短期借款归还期短（1年以内），其利息一般采取单利计算。

$$借款利息 = 借款本金 \times 借款期限 \times 借款利率$$

【同步操作1-1】 甲公司因生产经营临时需要向银行借入2个月、年利率12%的临时借款100 000元，银行要求借款利息到期连同本金归还，则：

借款利息 = 100 000 × 12% ÷ 12 × 2 = 2 000（元）

二、短期借款的核算

企业从银行或其他金融机构取得短期借款时，借记"银行存款"科目，贷记"短期借款"科目。

在实际工作中，企业一般向银行取得短期借款，为此，企业的短期借款利息一般采用月末预提的方式进行核算。短期借款利息属于筹资费用，应记入"财务费用"科目。企业应当在资产负债表日按照计算确定的短期借款利息费用，借记"财务费用"科目，贷记"应付利息"科目；实际支付利息时，根据已预提的利息，借记"应付利息"科目，根据应计利息，借记"财务费用"科目，根据应付利息总额，贷记"银行存款"科目。

企业短期借款到期偿还本金时，借记"短期借款"科目，贷记"银行存款"科目。

【同步操作1-2】 甲股份有限公司于2015年1月1日向银行借入一笔生产经营用短期借款，共计240 000元，期限为9个月，年利率为8%。根据与银行签署的借款协议，该项借款的本金到期后一次归还；利息分月预提，按季支付，甲股份有限公司的有关会计处理如下：

（1）1月1日借入短期借款时：

借：银行存款　　　　　　　　　　　　　　　　　　　　　　240 000

贷：短期借款　　　　　　　　　　　　　　　　　　　　　　　240 000
（2）1月末，计提1月应计利息时：
　　借：财务费用　　　　　　　　　　　　　　　　　　　　　　　　1 600
　　　　贷：应付利息　　　　　　　　　　　　　　　　　　　　　　1 600

本月应计提的利息金额 = 240 000 × 8% ÷ 12 = 1 600（元）本训练中，短期借款利息1 600元属于企业的筹资费用，应记入"财务费用"科目。

2月末计提2月利息费用的处理与1月相同。

（3）3月末支付第一季度银行借款利息时：
　　借：财务费用　　　　　　　　　　　　　　　　　　　　　　　　1 600
　　　　应付利息　　　　　　　　　　　　　　　　　　　　　　　　3 200
　　　　贷：银行存款　　　　　　　　　　　　　　　　　　　　　　4 800

本训练中，1~2月已经计提的利息为3 200元，应借记"应付利息"科目，3月应当计提的利息为1 600元，应借记"财务费用"科目；实际支付利息4 800元，贷记"银行存款"科目。

第二、第三季度的会计处理同上。

（4）10月1日偿还银行借款本金时：
　　借：短期借款　　　　　　　　　　　　　　　　　　　　　　　240 000
　　　　贷：银行存款　　　　　　　　　　　　　　　　　　　　　240 000

如果上述借款期限是8个月，则到期日为9月1日，8月末之前的会计处理与上述相同。9月1日偿还银行借款本金，同时支付7月和8月已提未付利息：
　　借：短期借款　　　　　　　　　　　　　　　　　　　　　　　240 000
　　　　应付利息　　　　　　　　　　　　　　　　　　　　　　　3 200
　　　　贷：银行存款　　　　　　　　　　　　　　　　　　　　　243 200

【同步案例1-1】A公司于2015年4月1日向银行借入一笔生产经营用借款，共计120 000元，期限为7个月，年利率为7.2%。根据与银行签署的借款协议，该项借款的本金到期后一次归还；利息分月预提，按季支付。

要求：编制A公司有关会计分录。

任务二　应付及预收款项的核算

【任务分析】

企业在生产经营活动中，往往会与其他单位或个人发生一定的经济往来。在这些经济往来中，由于购买商品，接受劳务供应等商品交易和业务活动等形成企业承担的必须用资产或劳务在短期内偿付的债务，一般称为应付及预收款项，通常包括应付票据、应付账款、预收账款等。学习应付及预收款项的核算，要了解应付票据、应付账款、预收账款的概念和内容，掌握其账务处理方法。

【知识准备及应用】

一、应付票据

（一）应付票据概述

应付票据是企业根据合同进行延期付款的交易，并采用商业汇票结算方式而产生的，是企业购买材料、商品和接受劳务供应等而开出、承兑的商业汇票，包括商业承兑汇票和银行承兑汇票。通常情况下，商业汇票的付款期限不超过 6 个月，因此在会计上应作为流动负债管理和核算。

商业汇票按照是否带息，分为带息票据和不带息票据。不带息票据，企业到期时应支付的金额就是应付票据面值。带息票据的票面金额仅表示本金，票据到期时除按面值支付外，还应另行支付利息。由于应付票据的偿付时间较短，在会计实务中，一般均按照开出、承兑的应付票据的面值入账。

企业应当设置"应付票据备查簿"，详细登记商业汇票的种类、号数和出票日期、到期日、票面余额、交易合同号和收款人姓名或单位名称以及付款日期和金额等资料。应付票据到期结清时，应当在备查簿内予以注销。

（二）"应付票据"账户

1. 定义。核算企业购买材料、商品和接受劳务供应等开出、承兑的商业汇票，包括银行承兑汇票和商业承兑汇票。

2. 核算内容。贷方登记开出、承兑汇票的面值及带息票据的预提利息，借方登记支付票据的金额，余额在贷方，表示企业尚未到期的商业汇票的票面金额和应计未付的利息。

3. 明细账设置。一般按债权人名称进行明细核算。

（三）不带息应付票据的账务处理

企业因购买材料、商品和接受劳务供应等而开出、承兑的商业汇票。应当按其票面金额作为应付票据的入账金额，借记"材料采购"、"原材料"、"库存商品"、"应交税费——应交增值税（进项税额）"、"应付账款"等账户，贷记"应付票据"账户。

【知识链接 1-2】 如企业签发、承兑是银行承兑汇票，企业支付的银行承兑汇票的手续费，应当计入当期财务费用，借记"财务费用"账户，贷记"银行存款"账户。

应付票据到期偿付票款时，应按账面余额予以结转，借记"应付票据"账户，贷记"银行存款"账户。

应付商业承兑汇票到期，如企业无力支付票款，应将应付票据按账面余额转作应付账款，借记"应付票据"账户，贷记"应付账款"账户。应付银行承兑汇票到期，如企业无力支付票款，应将应付票据的账面余额转作短期借款，借记"应付票据"账户，贷记"短期借款"账户。

【同步操练 1-3】 甲公司为增值税一般纳税人，发生如下应付票据的核算业务：
（1）采用银行承兑汇票方式向乙公司采购材料一批。2015 年 3 月 10 日，向银行申请承兑面值为 46 800 元、期限 4 个月的不带息商业汇票，交纳承兑手续费 23.40 元。

(2) 2015 年 3 月 10 日，使用面值为 46 800 元、期限 4 个月的不带息银行承兑汇票采购材料，材料已收到入库，按实际成本核算。增值税专用发票上注明的材料价款为 40 000 元，增值税额为 6 800 元。

(3) 2015 年 5 月 10 日，上述银行承兑汇票到期，以银行存款支付票款。

(4) 假设汇票到期时甲公司无力支付票款。

编制有关会计分录如下：

(1) 交纳承兑手续费：

借：财务费用　　　　　　　　　　　　　　　　　　　　　　　　23.40
　　贷：银行存款　　　　　　　　　　　　　　　　　　　　　　　23.40

(2) 购进材料，以商业汇票支付货款：

借：原材料　　　　　　　　　　　　　　　　　　　　　　　　40 000
　　应交税费——应交增值税（进项税额）　　　　　　　　　　　6 800
　　贷：应付票据　　　　　　　　　　　　　　　　　　　　　46 800

(3) 支付到期票据款：

借：应付票据　　　　　　　　　　　　　　　　　　　　　　　46 800
　　贷：银行存款　　　　　　　　　　　　　　　　　　　　　46 800

(4) 票据到期、无力付款：

借：应付票据　　　　　　　　　　　　　　　　　　　　　　　46 800
　　贷：短期借款　　　　　　　　　　　　　　　　　　　　　46 800

（四）带息应付票据的账务处理

与不带息应付票据会计处理的不同之处在于票据利息的计付。带息票据的利息一般都是在到期时一次性支付；如果利息金额较大，则应于中期期末或年度终了时计算应付利息费用。利息费用应当记入"财务费用"科目。

【同步操练 1-4】甲公司为增值税一般纳税人，发生如下应付票据的核算业务：

(1) 2015 年 5 月 20 日，与乙公司商定，采用商业承兑汇票方式支付前欠购货款。2015 年 6 月 1 日，开出带息商业汇票一张，面值 640 000 元，用于抵付其前欠乙公司的货款。该票据票面利率为 6%，期限为 3 个月。

(2) 2015 年 6 月 30 日，计算并提取上述商业汇票的应付利息。

(3) 2015 年 9 月 1 日，上述商业汇票到期，以银行存款支付票款和利息。

(4) 汇票到期时甲公司无力支付票款。

编制有关会计分录如下：

(1) 以商业汇票抵付货款：

借：应付账款——乙公司　　　　　　　　　　　　　　　　　640 000
　　贷：应付票据　　　　　　　　　　　　　　　　　　　　640 000

(2) 计提利息：

借：财务费用　　　　　　　　　　　　　　　　　　　　　　　3 200
　　贷：应付票据　　　　　　　　　　　　　　　　　　　　　3 200

(3) 支付到期票据款和利息：
借：应付票据　　　　　　　　　　　　　　　　　649 600
　　贷：银行存款　　　　　　　　　　　　　　　　　　649 600
(4) 无力支付到期票据款和利息：
借：应付票据　　　　　　　　　　　　　　　　　649 600
　　贷：应付账款——乙公司　　　　　　　　　　　　649 600

【同步案例1-2】 光明公司2015年4月1日采用商业承兑汇票向新华公司购入乙材料一批，价款300 000元，增值税额51 000元。乙材料按实际成本核算，已验收入库。该商业承兑汇票票面利率6.2%，期限为3个月。

要求：编制光明公司购货、期末计息、票据到期付款以及票据到期无力付款的会计分录。

二、应付账款

(一) 应付账款概述

应付账款是指企业因购买材料、商品或接受劳务供应等经营活动应支付的款项。应付账款主要是由于企业取得资产的时间与结算付款的时间不一致而产生的。

应付账款入账时间的确认，一般应在所购买物资所有权相关的主要风险和报酬已经转移，或者所购买的劳务已经接受时确认。

在实务工作中，为了使所购入物资的金额、品种、数量和质量等与合同规定的条款相符，避免因验收时发现所购物资存在数量或质量问题而对入账的物资或应付账款金额进行改动，在物资和发票账单同时到达的情况下，一般在所购物资验收入库后，再根据发票账单登记入账，确认应付账款。在所购物资已经验收入库，但是发票账单未能同时到达的情况下，企业应付物资供应单位的债务已经成立，在会计期末，为了反映企业的负债情况，需要将所购物资和相关的应付账款暂估入账，待下月初作相反分录予以冲回。

【知识链接1-3】 应付账款的入账价值的确认，应按实际应付金额即发票上的金额入账。存在购货折扣的情况下，应区别情况处理：系商业折扣的按扣除商业折扣以后的实际价格（即发票价格）入账；系现金折扣的，应先按发票上记载的应付金额入账，待实际发生折扣时，再将折扣金额冲减当期财务费用。

企业应通过"应付账款"科目，核算应付账款的发生、偿还、转销等情况。该科目贷方登记企业购买材料、商品和接受劳务等而发生的应付账款，借方登记偿还的应付账款，或开出商业汇票抵付应付账款的款项，或已冲销的无法支付的应付账款，余额一般在贷方，表示企业尚未支付的应付账款余额。本科目一般应按照债权人设置明细科目进行明细核算。

(二) 应付账款的核算

企业购入材料、商品等验收入库，但货款尚未支付，也未签发承兑商业汇票时，根据有关凭证，借记"原材料"、"材料采购"等账户，按可抵扣的增值税税额，借记"应交税费——应交增值税（进项税额）"账户，按应付的价款，贷记"应付账款"账户。

企业接受供应单位提供劳务而发生的应付未付款项，也未签发承兑商业汇票时，根据供应单位的发票账单，借记"生产成本"、"管理费用"等账户，按可抵扣的增值税税额，借记"应交税费——应交增值税（进项税额）"账户，贷记"应付账款"账户。

企业偿还应付账款或开出商业汇票抵付应付账款时，借记"应付账款"账户，贷记"银行存款"、"其他货币资金"、"应付票据"等账户。

企业转销确实无法支付的应付账款（如因债权人撤销等原因而产生无法支付的应付账款），应按其账面余额计入营业外收入。借记"应付账款"账户，贷记"营业外收入"账户。

【同步操练1-5】 甲股份有限公司为增值税一般纳税人，发生如下应付账款的核算业务：

（1）2015年3月1日，从乙企业购入材料一批，货款200 000元，增值税34 000元，对方代垫运杂费2 000元。材料已运到并按实际成本验收入库，款项尚未支付。

（2）2015年3月31日，根据供电部门通知，本月应支付给电力公司电费52 000元，增值税8 840元。其中生产车间电费38 000元，企业行政管理部门电费14 000元，款项尚未支付。

（3）2015年4月5日，用银行汇票支付前欠乙企业欠款136 000元，其余款项以一张银行承兑汇票抵付。

（4）2015年6月30日，公司确定一笔应付丙公司50 000元为无法支付的应付账款，应予转销。

编制有关会计分录如下：

（1）购材料款未付：

借：原材料　　　　　　　　　　　　　　　　　　　　202 000
　　应交税费——应交增值税（进项税额）　　　　　　 34 000
　　贷：应付账款——乙企业　　　　　　　　　　　　　　　236 000

（2）确认用电费用：

借：制造费用　　　　　　　　　　　　　　　　　　　 38 000
　　管理费用　　　　　　　　　　　　　　　　　　　　14 000
　　应交税费——应交增值税（进项税额）　　　　　　　8 840
　　贷：应付账款——电力公司　　　　　　　　　　　　　　60 840

（3）支付欠款：

借：应付账款——乙企业　　　　　　　　　　　　　　236 000
　　贷：其他货币资金——银行汇票存款　　　　　　　　　　136 000
　　　　应付票据　　　　　　　　　　　　　　　　　　　　100 000

（4）转销应付款：

借：应付账款——丙公司　　　　　　　　　　　　　　 50 000
　　贷：营业外收入——其他　　　　　　　　　　　　　　　 50 000

【同步案例1-3】 2015年5月8日，C公司从E公司购进木材一批，增值税专用发票上注明：价款200 000元，增值税额34 000元，价税款均未支付。按照购货协议的规定，

C 公司如在 15 日内付清货款,将获得 1% 的现金折扣(假定计算现金折扣时无须考虑增值税)。

2015 年 5 月 20 日,C 公司以银行存款支付 E 公司购进木材价税款。

要求:编制 C 公司有关会计分录。

三、预收账款

(一)预收账款概述

预收账款是指企业按照合同规定,向购货单位预先收取的款项。与应付账款不同,预收账款所形成的负债不是以货币偿付,而是以货物偿付。

企业应通过"预收账款"科目,核算预收账款的取得、偿付等情况。该科目贷方登记发生的预收账款的数额和购货单位补付账款的数额,借方登记企业向购货方发货后冲销的预收账款数额和退回购货方多付账款的数额,余额一般在贷方,反映企业向购货单位预收款项但尚未向购货方发货的数额,如为借方余额,反映企业尚未转销的款项。企业应当按照购货单位设置明细科目进行明细核算。

【知识链接 1-4】预收账款业务不多的企业,可以不设"预收账款"科目,将预收的款项直接记入"应收账款"科目的贷方。

(二)预收账款的核算

企业预收购货单位的款项时,借记"银行存款"账户,贷记"预收账款"账户。

销售实现时,按实现的收入和应交的增值税销项税额,借记"预收账款"账户,按照实现的营业收入,贷记"主营业务收入"账户;按照增值税专用发票上注明的增值税税额,贷记"应交税费——应交增值税(销项税额)"等账户。

企业收到购货单位补付的款项,借记"银行存款"账户,贷记"预收账款"账户。

向购货单位退回其多付的款项时,借记"预收账款"账户,贷记"银行存款"账户。

【同步操作 1-6】A 公司为增值税一般纳税人。2015 年 6 月 3 日,A 公司与甲企业签订供货合同,向其出售一批货物,货款金额共计 100 000 元,应交纳增值税 17 000 元。根据购货合同规定,甲企业在购货合同签订 7 日内,应当向 A 公司预付货款 60 000 元,剩余货款在交货后付清。2015 年 6 月 8 日,A 公司收到甲企业交来的预付款 60 000 元,并存入银行,6 月 18 日 A 公司将货物发到甲企业并开出增值税发票,甲企业验收合格后付清了剩余货款。A 公司的有关会计处理如下:

(1) 6 月 8 日收到甲企业交来的预付款 60 000 元:

借:银行存款　　　　　　　　　　　　　　　　　　　60 000
　　贷:预收账款——甲企业　　　　　　　　　　　　　　　60 000

(2) 6 月 18 日 A 公司发货后收到甲企业剩余货款:

借:预收账款——甲企业　　　　　　　　　　　　　　117 000
　　贷:主营业务收入　　　　　　　　　　　　　　　　　　100 000
　　　　应交税费——应交增值税(销项税额)　　　　　　　17 000

借：银行存款 57 000
　　贷：预收账款——甲企业 57 000

本例中，假若 A 公司只能向甲企业供货 50 000 元，则 A 公司应退回预收账款 1 500 元，有关会计分录如下：

借：预收账款——甲企业 60 000
　　贷：主营业务收入 50 000
　　　　应交税费——应交增值税（销项税额） 8 500
　　　　银行存款 1 500

【同步操练 1-7】以上述的资料为例，假设 A 公司不设置"预收账款"科目，通过"应收账款"科目核算有关业务。A 公司的有关会计处理如下：

（1）6 月 8 日收到甲企业交来预付款 60 000 元：

借：银行存款 60 000
　　贷：应收账款——甲企业 60 000

（2）6 月 18 日 A 公司发货后收到甲企业剩余货款：

借：应收账款——甲企业 117 000
　　贷：主营业务收入 100 000
　　　　应交税费——应交增值税（销项税额） 17 000
借：银行存款 57 000
　　贷：应收账款——甲企业 57 000

任务三　应付职工薪酬的核算

【任务分析】

职工薪酬是指企业为获得职工提供的服务而给予各种形式的报酬以及其他相关支出。学习应付职工薪酬的核算，要了解职工薪酬的内容，并掌握其账务处理的方法。

【知识链接 1-5】这里所称"职工"包括三类人员：一是与企业订立劳动合同的所有人员，含全职、兼职和临时职工；二是未与企业订立劳动合同、但由企业正式任命的企业治理层和管理层人员，如董事会成员、监事会成员等；三是在企业的计划和控制下，虽未与企业订立劳动合同或未由其正式任命，但为其提供与职工类似服务的人员，也属于职工范畴。

【知识准备及应用】

一、职工薪酬的内容

职工薪酬主要包括以下内容：职工工资、奖金、津贴和补贴；职工福利费；社会保险费；住房公积金；工会经费和职工教育经费；非货币性福利；辞退福利；其他。

1. 职工工资、奖金、津贴和补贴，是指按照国家统计局《关于职工工资总额组成的规定》，构成工资总额的计时工资、计件工资、支付给职工的超额劳动报酬和增收节支的劳动报酬、为了补偿职工特殊或额外的劳动消耗和因其他特殊原则支付给职工的津贴，以及为了保证职工工资水平不受物价影响支付给职工的物价补贴等。企业按规定支付给职工的加班加点工资以及根据国家法律、法规和政策规定，企业在职工因病、工伤、产假、计划生育假、婚丧假、事假、探亲假、定期休假、停工学习、执行国家或社会义务等特殊情况下，按照计时工资或计件工资标准的一定比例支付的工资，也属于职工工资范畴，在职工休假或缺勤时，不应当从工资总额中扣除。

2. 职工福利费，是指企业为职工集体提供的福利，如补助生活困难职工等。

【知识链接 1-6】财政部《关于企业加强职工福利费财务管理的通知》的规定：

企业职工福利费是指企业为职工提供的除职工工资、奖金、津贴、纳入工资总额管理的补贴、职工教育经费、社会保险费和补充养老保险费（年金）、补充医疗保险费及住房公积金以外的福利待遇支出，包括发放给职工或为职工支付的以下各项现金补贴和非货币性集体福利：

（1）为职工卫生保健、生活等发放或支付的各项现金补贴和非货币性福利，包括职工因公外地就医费用、暂未实行医疗统筹企业职工医疗费用、职工供养直系亲属医疗补贴、职工疗养费用、自办职工食堂经费补贴或未办职工食堂统一供应午餐支出、符合国家有关财务规定的供暖费补贴、防暑降温费等。

（2）企业尚未分离的内设集体福利部门所发生的设备、设施和人员费用，包括职工食堂、职工浴室、理发室、医务所、托儿所、疗养院、集体宿舍等集体福利部门设备、设施的折旧、维修保养费用以及集体福利部门工作人员的工资薪金、社会保险费、住房公积金、劳务费等人工费用。

（3）职工困难补助，或者企业统筹建立和管理的专门用于帮助、救济困难职工的基金支出。

（4）离退休人员统筹外费用，包括离休人员的医疗费及离退休人员其他统筹外费用。

（5）按规定发生的其他职工福利费，包括丧葬补助费、抚恤费、职工异地安家费、独生子女费、探亲假路费，以及符合企业职工福利费定义但没有包括在本通知各条款项目中的其他支出。

企业为职工提供的交通、住房、通讯待遇，已经实行货币化改革的，按月按标准发放或支付的住房补贴、交通补贴或者车改补贴、通讯补贴，应当纳入职工工资总额，不再纳入职工福利费管理。

3. 医疗保险费、养老保险费、失业保险费、工伤保险费和生育保险费等社会保险费，是指企业按照国家规定的基准和比例计算，向社会保险经办机构缴纳的医疗保险金、基本养老保险金、失业保险金、工伤保险费和生育保险费，以及根据《企业年金试行办法》、《企业年金基金管理试行办法》等相关规定，向有关单位（企业年金基金账户管理人）缴纳的补充养老保险费。此外，以商业保险形式提供给职工的各种保险待遇也属于企业提供的职工薪酬。

4. 住房公积金，是指企业按照国家规定的基准和比例计算，向住房公积金管理机构缴存的住房公积金。

5. 工会经费和职工教育经费，是指企业为了改善职工文化生活、为职工学习先进技术和提高文化水平和业务素质，用于开展工会活动和职工教育及职业技能培训等相关支出。

6. 非货币性福利，是指企业以自己的产品或外购商品发放给职工作为福利，企业提供给职工无偿使用自己拥有的资产或租赁资产供职工无偿使用（如提供给企业高级管理人员的汽车、住房等），免费为职工提供诸如医疗保健的服务，或向职工提供企业支付了一定补贴的商品或服务等，比如以低于成本的价格向职工出售住房等。

7. 因解除与职工的劳动关系给予的补偿，是指企业在职工劳动合同尚未到期之前解除与职工的劳动关系，或者为鼓励职工自愿接受裁减而提出补偿建议的计划中给予职工的经济补偿，又称辞退福利。

8. 其他职工薪酬。

二、应付职工薪酬的核算

企业应当通过"应付职工薪酬"科目，核算应付职工薪酬的提取、结算、使用等情况。该科目贷方登记已分配计入有关成本费用项目的职工薪酬的数额，借方登记实际发放职工薪酬的数额；该科目期末贷方余额，反映企业应付未付的职工薪酬。"应付职工薪酬"科目应当按照"工资"、"职工福利"、"社会保险费"、"住房公积金"、"工会经费"、"职工教育经费"、"非货币性福利"等应付职工薪酬项目设置明细科目，进行明细核算。外商投资企业按规定从净利润中提取的职工奖励及福利基金，也在本科目核算。

1. 确认应付职工薪酬。

（1）货币性职工薪酬。企业应当在职工为其提供服务的会计期间，根据职工提供服务的受益对象，将应确认的职工薪酬（包括货币性薪酬和非货币性福利）计入相关资产成本或当期损益，同时确认为应付职工薪酬。具体分别以下情况进行处理：生产部门人员的职工薪酬，借记"生产成本"、"制造费用"、"劳务成本"等科目，贷记"应付职工薪酬"科目。

管理部门人员的职工薪酬，借记"管理费用"科目，贷记"应付职工薪酬"科目。

销售人员的职工薪酬，借记"销售费用"科目，贷记"应付职工薪酬"科目。

应由在建工程、研发支出负担的职工薪酬，借记"在建工程"、"研发支出"科目，贷记"应付职工薪酬"科目。

外商投资企业按规定从净利润中提取的职工奖励及福利基金，借记"利润分配——提取的职工奖励及福利基金"科目，贷记"应付职工薪酬"科目。

【同步操练1-8】甲企业本月应付工资总额468 000元，工资费用分配汇总表中列示产品生产人员工资为320 000元，车间管理人员工资为73 000元，企业行政管理人62 400元，销售人员工资为12 600元。甲企业的有关会计分录如下：

借：生产成本——基本生产成本　　　　　　　　　　　　　　320 000
　　制造费用　　　　　　　　　　　　　　　　　　　　　　　73 000
　　管理费用　　　　　　　　　　　　　　　　　　　　　　　62 400
　　销售费用　　　　　　　　　　　　　　　　　　　　　　　12 600

　　　　贷：应付职工薪酬——工资　　　　　　　　　　　　　　　　　　468 000
　　　注：辅助生产车间人员工资记入"生产成本——辅助生产成本"账户。

　　企业在计量应付职工薪酬时，应当注意是否国家有相关的明确计提标准加以区别处理：一般而言，企业应向社会保险经办机构（或企业年金基金账户管理人）缴纳的医疗保险费、养老保险费、失业保险费、工伤保险费、生育保险费等社会保险费，国家（或企业年金计划）统一规定了计提基础和计提比例，应当按照国家规定的标准计提；而职工福利费等职工薪酬，国家（或企业年金计划）没有明确规定计提基础和计提比例，企业应当根据历史经验数据和实际情况，合理预计当期应付职工薪酬。当期实际发生金额大于预计金额的，应当补提应付职工薪酬；当期实际发生金额小于预计金额的，应当冲回多提的应付职工薪酬。

　　【同步操练1-9】承【同步操练1-8】，甲企业按工资总额的14%的比例计提应付福利费。有关会计分录如下：
　　借：生产成本——基本生产成本　　　　　　　　　　　　　　　　44 800
　　　　制造费用　　　　　　　　　　　　　　　　　　　　　　　　10 220
　　　　管理费用　　　　　　　　　　　　　　　　　　　　　　　　 8 736
　　　　销售费用　　　　　　　　　　　　　　　　　　　　　　　　 1 764
　　　　贷：应付职工薪酬——职工福利　　　　　　　　　　　　　　65 520

　　【同步操练1-10】根据国家规定的计提标准计算，甲企业本月应向社会保险经办机构缴纳职工基本养老保险费共计93 600元，其中，应计入基本生产车间生产成本的金额为64 000元，应计入制造费用的金额为14 600元，应计入管理费用的金额为12 480元，应计入销售费用的金额为2 520元。甲企业的有关会计处理如下：
　　借：生产成本——基本生产成本　　　　　　　　　　　　　　　　64 000
　　　　制造费用　　　　　　　　　　　　　　　　　　　　　　　　14 600
　　　　管理费用　　　　　　　　　　　　　　　　　　　　　　　　12 480
　　　　销售费用　　　　　　　　　　　　　　　　　　　　　　　　 2 520
　　　　贷：应付职工薪酬——社会保险费　　　　　　　　　　　　　93 600

　　（2）非货币性职工薪酬。企业以其自产产品作为非货币性福利发放给职工的，应当根据受益对象，按照该产品的公允价值，计入相关资产成本或当期损益，同时确认应付职工薪酬，借记"管理费用"、"生产成本"、"制造费用"等科目，贷记"应付职工薪酬——非货币性福利"科目。

　　将企业拥有的房屋等资产无偿提供给职工使用的，应当根据受益对象，将该住房每期应计提的折旧计入相关资产成本或当期损益，同时确认应付职工薪酬，借记"管理费用"、"生产成本"、"制造费用"等科目，贷记"应付职工薪酬——非货币性福利"科目，并且同时借记"应付职工薪酬——非货币性福利"科目，贷记"累计折旧"科目。

　　租赁住房等资产供职工无偿使用的，应当根据受益对象，将每期应付的租金计入相关资产成本或当期损益，并确认应付职工薪酬，借记"管理费用"、"生产成本"、"制造费用"等科目，贷记"应付职工薪酬——非货币性福利"科目。

难以认定受益对象的非货币性福利,直接计入当期损益和应付职工薪酬。

【同步操练1-11】 甲公司为一家电生产企业,共有职工200名,其中170名为直接参加生产的职工,30名为总部管理人员。2015年6月,甲公司以其生产的每台成本为800元的电风扇,作为福利发放给公司每名职工。该型号的电风扇市场售价为每台1 000元,甲公司适用的增值税税率为17%。甲公司的有关会计处理如下:

借:生产成本　　　　　　　　　　　　　　　　198 900
　　管理费用　　　　　　　　　　　　　　　　 35 100
　　贷:应付职工薪酬——非货币性福利　　　　　　　　　234 000

应确认的应付职工薪酬 = 200×1 000×17% + 200×1 000 = 234 000(元),其中,应记入"生产成本"科目的金额 = 170×1 000×17% + 170×1 000 = 198 900(元),应记入"管理费用"科目的金额 = 30×1 000×17% + 30×1 000 = 35 100(元)。

【同步操练1-12】 甲股份有限公司为各部门经理级别以上职工,每人提供一辆小汽车免费使用,共有部门经理以上职工20名,假定每辆汽车每月计提折旧1 000元;该公司为副总裁以上高级管理人员每人租赁一套住房,共有副总裁以上高级管理人员5名,公司为其每人租赁一套面积为180平方米带有家具和电器的公寓,月租金为每套8 000元。甲股份有限公司的有关会计处理如下:

借:管理费用　　　　　　　　　　　　　　　　 60 000
　　贷:应付职工薪酬——非货币性福利　　　　　　　　　 60 000
借:应付职工薪酬——非货币性福利　　　　　　　 20 000
　　贷:累计折旧　　　　　　　　　　　　　　　　　　 20 000

2. 发放职工薪酬。

(1) 支付职工工资、奖金、津贴和补贴。企业按照有关规定向职工支付工资、奖金、津贴等,借记"应付职工薪酬——工资"科目,贷记"银行存款"、"库存现金"等科目;企业从应付职工薪酬中扣还的各种款项(代垫的家属药费、个人所得税等),借记"应付职工薪酬"科目,贷记"银行存款"、"库存现金"、"其他应收款"、"应交税费——应交个人所得税"等科目。

在实务中,企业一般在每月发放工资前,根据"工资结算汇总表"中的"实发金额"栏的合计数向开户银行提取现金,借记"库存现金"科目,贷记"银行存款"科目;然后再向职工发放。但现在一般都是直接委托银行代为发放工资。

【同步操练1-13】 甲企业根据"工资结算汇总表"结算本月应付职工工资总额468 000元,代扣职工房租30 000元,企业代垫职工家属医药费3 000元,实发工资435 000元。甲企业的有关会计处理如下:

(1) 向银行提取现金:

借:库存现金　　　　　　　　　　　　　　　　435 000
　　贷:银行存款　　　　　　　　　　　　　　　　　　435 000

(2) 发放工资,支付现金:

借:应付职工薪酬——工资　　　　　　　　　　435 000
　　贷:库存现金　　　　　　　　　　　　　　　　　　435 000

(3) 代扣款项：

借：应付职工薪酬——工资　　　　　　　　　　　　　　　　　33 000
　　贷：其他应收款——职工房租　　　　　　　　　　　　　　　　30 000
　　　　　　　　　　——代垫医药费　　　　　　　　　　　　　　3 000

(2) 支付职工福利费。企业向职工食堂、职工医院、生活困难职工等支付职工福利费时，借记"应付职工薪酬——职工福利"科目，贷记"银行存款"、"库存现金"等科目。

【同步操练1-14】2015年9月，甲企业以现金支付职工张某生活困难补助800元。甲企业的有关会计分录如下：

借：应付职工薪酬——职工福利　　　　　　　　　　　　　　　　800
　　贷：库存现金　　　　　　　　　　　　　　　　　　　　　　　800

(3) 支付工会经费、职工教育经费和缴纳社会保险费、住房公积金。企业支付工会经费和职工教育经费用于工会运作和职工培训，或按照国家有关规定缴纳社会保险费或住房公积金时，借记"应付职工薪酬——工会经费（或职工教育经费、社会保险费、住房公积金）"科目，贷记"银行存款"、"库存现金"等科目。

【同步操练1-15】甲企业以银行存款缴纳职工医疗保险费20 000元，甲企业的有关会计分录如下：

借：应付职工薪酬——社会保险费　　　　　　　　　　　　　　20 000
　　贷：银行存款　　　　　　　　　　　　　　　　　　　　　　20 000

(4) 发放非货币性福利。企业以自产产品作为职工薪酬发放给职工时，应确认主营业务收入，借记"应付职工薪酬——非货币性福利"科目，贷记"主营业务收入"科目，同时结转相关成本，涉及增值税销项税额的，还应进行相应的处理。

企业支付租赁住房等资产供职工无偿使用所发生的租金，借记"应付职工薪酬——非货币性福利"科目，贷记"银行存款"等科目。

【同步操练1-16】承【同步操练1-11】，甲公司向职工发放电风扇作为福利，同时要根据相关税收规定，视同销售计算增值税销项税额。甲公司的有关会计处理如下：

借：应付职工薪酬——非货币性福利　　　　　　　　　　　　234 000
　　贷：主营业务收入　　　　　　　　　　　　　　　　　　200 000
　　　　应交税费——应交增值税（销项税额）　　　　　　　　34 000
借：主营业务成本　　　　　　　　　　　　　　　　　　　　160 000
　　贷：库存商品——电风扇　　　　　　　　　　　　　　　160 000

【同步操练1-17】承【同步操练1-12】，甲股份有限公司每月支付副总裁以上高级管理人员住房租金时，应进行如下会计处理：

借：应付职工薪酬——非货币性福利　　　　　　　　　　　　　40 000
　　贷：银行存款　　　　　　　　　　　　　　　　　　　　　40 000

【同步案例1-4】2015年6月30日，A公司应付职工薪酬860 000元。其中产品生产人员工资为500 000元，车间管理人员工资为120 000元，企业行政管理人员工资为80 000元，销售人员工资为40 000元，在建工程人员工资为120 000元。

要求：编制下列有关会计分录：
(1) 确认职工工资。
(2) 代扣职工个人负担的社会保险费比例为11%，住房公积金的提取比例为10%。
(3) 按应付工资总额的规定比例提取企业承担的"五险一金"（其中社会保险费的提取比例为32%，住房公积金的提取比例为10%）。
(4) 按应付工资总额的2%提取工会经费和1.5%提取职工教育经费。
(5) 按应付工资总额的14%提取职工福利费。

任务四　应交税费的核算

【任务分析】

企业根据税法规定应交纳的各种税费包括：增值税、消费税、营业税、城市维护建设税、资源税、所得税、土地增值税、房产税、车船税、土地使用税、教育费附加、矿产资源补偿费、印花税、耕地占用税等。学习应交税费的核算，要了解税费的具体内容，掌握各种应交税费的计算及其账务处理方法。

【知识准备及应用】

企业应通过"应交税费"账户，总括反映各种税费的交纳情况，并按照应交税费的种类进行明细核算。该账户贷方登记应交纳的各种税费等，借方登记实际交纳的税费；期末余额一般在贷方，反映企业尚未交纳的税费，期末余额如在借方，反映企业多交或尚未抵扣的税费。

【知识链接1-7】 企业交纳的印花税、耕地占用税等不需要预计应交数的税金，不通过"应交税费"账户核算。

一、应交增值税

（一）增值税概述

增值税是以商品（含应税劳务）在流转过程中产生的增值额作为计税依据而征收的一种流转税。按照我国增值税法的规定，增值税的纳税人是在我国境内销售货物、进口货物或提供加工、修理修配劳务的企业单位和个人。

1. 计征范围。
(1) 销售货物。"货物"是指除土地、房屋和其他建筑物等一切不动产之外的有形动产，包括电力、热力和气体在内。
(2) 提供加工和修理修配劳务。加工是指受托加工货物，即委托方提供原料及主要材料，受托方按照委托方的要求制造货物并收取加工费的业务；修理修配是指受托方对损伤和丧失功能的货物进行修复，使其恢复原状和功能的业务。
(3) 进口货物。进口货物是指申报进入我国海关境内的货物。必须看其是否办理了报关进口手续来确定一项货物是否属于进口货物。只要是报关进口的应税货物，均属于增值税征税范围,在进口环节缴纳增值税(享受免税政策的货物除外)。

2. 纳税人。按照纳税人的经营规模及会计核算的健全程度,增值税纳税人分为一般纳税人和小规模纳税人。一般纳税人应纳增值税税额,根据当期销项税额减去当期进项税额计算确定;小规模纳税人应纳增值税税额,按照销售额和规定的征收率计算确定。

3. 税率。

(1) 基本税率。增值税一般纳税人销售或者进口货物,提供加工、修理修配劳务,除低税率适用范围和销售个别旧货使用低税率外,税率为17%。

(2) 低税率。纳税人销售或者进口下列货物,按低税率计征增值税,低税率为13%:

① 粮食、食用植物油。

② 自来水、暖气、冷气、热水、煤气、石油液化气、天然气、沼气、居民用煤炭制品。

③ 图书、报纸、杂志。

④ 饲料、化肥、农药、农机、农膜。

⑤ 国务院规定的其他货物。

(3) 零税率。纳税人出口货物,税率为零;但是,国务院另有规定的除外。

(4) 征收率。增值税对小规模纳税人采用简易征收办法,对小规模纳税人适用的税率称为征收率。征收率一律为3%。

(二) 一般纳税企业的账务处理

"应交税费——应交增值税"账户。为了核算企业应交增值税的发生、抵扣、交纳、退税及转出等情况,应在"应交税费"账户下设置"应交增值税"明细账户,并在"应交增值税"明细账内设置"进项税额"、"销项税额"、"进项税额转出"、"已交税金"等专栏,具体格式如表1-1所示。

表1-1

年		凭证		摘要	借方				贷方				借或贷	余额
月	日	字	号		进项税额	减免税款	已交税金	合计	销项税额	出口退税	进项税额转出	合计		

【知识链接1-8】按照《中华人民共和国增值税暂行条例》规定,企业购入货物或接受应税劳务支付的增值税(即进项税额),可从销售货物或提供劳务按规定收取的增值税

（即销项税额）中抵扣。准予从销项税额中抵扣的进项税额通常包括：(1) 从销售方取得的增值税专用发票上注明的增值税税额；(2) 从海关取得的完税凭证上注明的增值税税额。

一般纳税企业的核算为了核算企业应交增值税的发生、抵扣、缴纳、退税及转出等情况，应在"应交税费"科目下设置"应交增值税"明细科目，并在"应交增值税"明细账内设置"进项税额"、"已交税金"、"销项税额"、"出口退税"、"进项税额转出"等专栏。

(1) 采购物资和接受应税劳务。企业从国内采购物资或接受应税劳务等，根据增值税专用发票上记载的应计入采购成本或应计入加工、修理修配等物资成本的金额，借记"材料采购"、"在途物资"、"原材料"、"库存商品"或"生产成本"、"制造费用"、"委托加工物资"、"管理费用"等科目，根据增值税专用发票上注明的可抵扣的增值税税额，借记"应交税费——应交增值税（进项税额）"科目，按照应付或实际支付的总额，贷记"应付账款"、"应付票据"、"银行存款"等科目。购入货物发生的退货，作相反的会计分录。

【同步操练1-18】A企业购入原材料一批，增值税专用发票上注明货款60 000元，增值税额10 200元，货物尚未到达，货款和进项税款已用银行存款支付。该企业采用计划成本对原材料进行核算。甲企业的有关会计分录如下：

借：材料采购　　　　　　　　　　　　　　　　　　　　60 000
　　应交税费——应交增值税（进项税额）　　　　　　　10 200
　　贷：银行存款　　　　　　　　　　　　　　　　　　　　　70 200

【同步操练1-19】A企业购入不需要安装设备一台，价款及运输保险等费用合计300 000元，增值税专用发票上注明的增值税额51 000元，款项尚未支付。A企业的有关会计分录如下：

借：固定资产　　　　　　　　　　　　　　　　　　　　300 000
　　应交税费——应交增值税（进项税额）　　　　　　　51 000
　　贷：应付账款　　　　　　　　　　　　　　　　　　　　　351 000

【知识链接1-9】按照增值税暂行条例，购进农产品，除取得增值税专用发票或海关进口增值税专用缴款书外，可以按照农产品收购发票或销售发票上注明的农产品买价和规定的扣除率（13%）计算进项税额。

按照增值税暂行条例，购进或者销售货物以及在生产经营过程中支付运输费用的，按照运输费用结算单据上注明的运输费用金额和规定的扣除率（7%）计算进项税额。

【同步操练1-20】A企业购入农产品一批，价款200 000元，规定的扣除率为13%，货物尚未到达，货款已用银行存款支付。A企业的有关会计分录如下：

借：材料采购　　　　　　　　　　　　　　　　　　　　174 000
　　应交税费——应交增值税（进项税额）　　　　　　　26 000
　　贷：银行存款　　　　　　　　　　　　　　　　　　　　　200 000

(2) 进项税额转出。企业购进的货物发生非常损失，以及将购进货物改变用途（如用于非应税项目、集体福利或个人消费等），其进项税额应通过"应交税费——应交增值税（进项税额转出）"科目转入有关科目，借记"待处理财产损溢"、"在建工程"、"应付职工薪酬"等科目，贷记"应交税费——应交增值税（进项税额转出）"科目；属于转作待处理财产损失的进项税额,应与遭受非常损失的购进货物、在产品或库存商品的成本一并处理。

购进货物改变用途通常是指购进的货物在没有经过任何加工的情况下,对内改变用途的行为,如在建工程领用原材料、企业下属医务室等福利部门领用原材料等。

【同步操练1-21】乙企业因管理不善造成库存材料毁损一批,有关增值税专用发票确认的成本为10 000元,增值税额1 700元。乙企业的有关会计分录如下:

借:待处理财产损溢——待处理流动资产损溢　　　　　　　　11 700
　　贷:原材料　　　　　　　　　　　　　　　　　　　　　　10 000
　　　　应交税费——应交增值税(进项税额转出)　　　　　　 1 700

【同步操练1-22】乙企业建造厂房领用生产用原材料50 000元,原材料购入时支付的增值税为8 500元。乙企业的有关会计分录如下:

借:在建工程　　　　　　　　　　　　　　　　　　　　　　58 500
　　贷:原材料　　　　　　　　　　　　　　　　　　　　　　50 000
　　　　应交税费——应交增值税(进项税额转出)　　　　　　 8 500

(3) 销售货物或者提供应税劳务。企业销售货物或者提供应税劳务,按照营业收入和应收取的增值税税额,借记"应收账款"、"应收票据"、"银行存款"等科目,按专用发票上注明的增值税税额,贷记"应交税费——应交增值税(销项税额)"科目,按照实现的营业收入,贷记"主营业务收入"、"其他业务收入"等科目。发生的销售退回,作相反的会计分录。

【同步操练1-23】甲企业销售产品一批,价款500 000元,按规定应收取增值税额85 000元,提货单和增值税专用发票已交给买方,款项尚未收到。甲企业的有关会计分录如下:

借:应收账款　　　　　　　　　　　　　　　　　　　　　　585 000
　　贷:主营业务收入　　　　　　　　　　　　　　　　　　　500 000
　　　　应交税费——应交增值税(销项税额)　　　　　　　　85 000

(4) 视同销售行为。企业的有些交易和事项从会计角度看不属于销售行为,不能确认销售收入,但是按照税法规定,应视同对外销售处理,计算应交增值税。视同销售需要交纳增值税的事项如企业将自产或委托加工的货物用于非应税项目、集体福利或个人消费,将自产、委托加工或购买的货物作为投资、分配给股东或投资者、无偿赠送他人等。在这些情况下,企业应当借记"在建工程"、"长期股权投资"、"营业外支出"等科目,贷记"应交税费——应交增值税(销项税额)"科目等。

【同步操练1-24】甲企业将自己生产的产品用于自行建造职工宿舍。该批产品的成本为200 000元,计税价格为300 000元。增值税税率为17%。甲企业的有关会计分录如下:

借:在建工程　　　　　　　　　　　　　　　　　　　　　　251 000
　　贷:库存商品　　　　　　　　　　　　　　　　　　　　　200 000
　　　　应交税费——应交增值税(销项税额)　　　　　　　　51 000

(5) 出口退税。企业出口产品按规定退税的,按应收的出口退税额,借记"其他应收款"科目,贷记"应交税费——应交增值税(出口退税)"科目。

(6) 交纳增值税。企业交纳的增值税，借记"应交税费——应交增值税（已交税金）"科目，贷记"银行存款"科目。"应交税费——应交增值税"科目的贷方余额，表示企业应交纳的增值税。

【同步案例1-5】 A公司为增值税一般纳税人，本月发生如下业务：

（1）2015年9月，A公司购入原材料一批，增值税专用发票上注明货款80 000元，增值税税额13 600元，货物尚未到达，货款和进项税额已用银行本票支付。

（2）2015年9月，A公司购入不需要安装设备一台，价款500 000元，增值税专用发票上注明的增值税税额85 000元，款项以银行存款支付，设备已交付使用。

（3）2015年9月，A公司从外地购入原材料一批，增值税专用发票上注明货款30 000元，另外向运输公司支付运输费用3 000元。货物已运抵并验收入库，按实际成本核算。货款、进项税款和运输费已用银行存款支付。增值税税率为17%，运输费用的进项税额扣除率为7%。

（4）2015年9月，A公司购入免税农产品一批，价款150 000元，规定的扣除率为13%，货物已验收入库，货款已用银行存款支付。

要求：根据上述业务，编制A公司有关会计分录。

【同步案例1-6】 A企业为增值税一般纳税企业，2015年4月1日"应交税金——应交增值税"账户有借方余额1 250元，2015年4月，该企业发生的有关业务如下（全部款项均通过银行收支）：

（1）购进原材料一批，取得的增值税专用发票上注明的原材料价款为20 000元，增值税额为3 400元，款项已付，所购材料已验收入库。

（2）销售商品一批，价款95 000元，增值税16 150元。

（3）本月大修理工程领用库存商品成本800元，按计税价格1 000元计算的增值税为170元。

（4）以库存商品向职工发放福利。该批库存商品成本8 000元，按计税价格10 000元计算的增值税为1 700元。

（5）月末原材料盘亏500元；经查明属于正常损失。

（6）本月交纳增值税12 000元。

要求：（1）计算本月应交的增值税额。

（2）计算月末应交未交或多交的增值税额。

（3）根据上述资料编制会计分录。

（三）小规模纳税企业增值税的账务处理

小规模纳税企业应当按照不含税销售额和规定的增值税征收率计算交纳增值税，销售货物或提供应税劳务时只能开具普通发票，不能开具增值税专用发票。小规模纳税企业不享有进项税额的抵扣权，其购进货物或接受应税劳务支付的增值税直接计入有关货物或劳务的成本。

因此，小规模纳税企业只需在"应交税费"账户下设置"应交增值税"明细账户，不需要在"应交增值税"明细账户中设置专栏，"应交税费——应交增值税"账户贷方登记应交纳的增值税,借方登记已交纳的增值税;期末贷方余额为尚未交纳的增值税,借方余额为多交纳的增值税。

小规模纳税企业购进货物和接受应税劳务时支付的增值税,直接计入有关货物和劳务的成本,借记"材料采购"、"在途物资"等科目,贷记"银行存款"等科目。

【同步操练1-25】某小规模纳税企业购入材料一批,取得的专用发票中注明货款20 000元,增值税3 400元,款项以银行存款支付,材料已验收入库(该企业按实际成本计价核算)。该企业的有关会计分录如下:

借:原材料　　　　　　　　　　　　　　　　　　　　　　　　23 400
　　贷:银行存款　　　　　　　　　　　　　　　　　　　　　　　23 400

【同步操练1-26】某小规模纳税企业销售产品一批,所开出的普通发票中注明的货款(含税)为41 200元,增值税征收率为3%,款项已存入银行。该企业的有关会计分录如下:

借:银行存款　　　　　　　　　　　　　　　　　　　　　　　　41 200
　　贷:主营业务收入　　　　　　　　　　　　　　　　　　　　　40 000
　　　　应交税费——应交增值税　　　　　　　　　　　　　　　　 1 200

该小规模纳税企业月末以银行存款上交增值税1 200元。有关会计处理如下:

借:应交税费——应交增值税　　　　　　　　　　　　　　　　　　1 200
　　贷:银行存款　　　　　　　　　　　　　　　　　　　　　　　 1 200

(四) 营业税改增值税

2011年,经国务院批准,财政部、国家税务总局联合下发营业税改增值税试点方案。从2012年1月1日起,在上海交通运输业和部分现代服务业开展营业税改征增值税试点。至2013年8月1日,"营改增"范围已推广到全国试行。

国务院决定从2014年1月1日起,将铁路运输和邮政服务业纳入营业税改征增值税试点,至此交通运输业已全部纳入"营改增"范围。自2014年6月1日起,将电信业纳入营业税改征增值税试点范围。经国务院批准,自2016年5月1日起,在全国范围内全面推开营业税改征增值税(以下称"营改增")试点,建筑业、房地产业、金融业、生活服务业等全部营业税纳税人,纳入试点范围,由缴纳营业税改为缴纳增值税。

1. "营改增"一般规定。

(1) 根据财政部、国家税务总局《营业税改征增值税试点实施方案》的规定,纳税人发生应税行为,税率为6%;提供交通运输、邮政、基础电信、建筑、不动产租赁服务,销售不动产,转让土地使用权,税率为11%;提供有形动产租赁服务,税率为17%;境内单位和个人发生的跨境应税行为,税率为零。增值税征收率为3%,销售不动产以及不动产经营租赁业务的征收率为5%。

(2) 准予从销项税额中抵扣下列进项税额。

① 从销售方取得的增值税专用发票(含税控机动车销售统一发票)上注明的增值税额。

② 从海关取得的海关进口增值税专用缴款书上注明的增值税额。

③ 购进农产品,除取得增值税专用发票或者海关进口增值税专用缴款书外,按照农产

品收购发票或者销售发票上注明的农产品买价和13%的扣除率计算的进项税额。

④从境外单位或者个人购进服务、无形资产或者不动产,自税务机关或者扣缴义务人取得的解缴税款的完税凭证上注明的增值税额。

2. "营改增"对一般纳税人外购资产的影响。

(1)"营改增"后运杂费凭增值税专用发票抵扣。"营改增"前,一般纳税人购入资产的运费的处理是按照运输费用结算单上注明的运输金额按7%扣除率计算计入进项税额,运费的93%计入成本,而装卸费等运杂费不得抵扣。

根据营改增的相关规定,原增值税一般纳税人接受试点纳税人提供的应税服务,取得的增值税专用发票上注明的增值税额为进项税额,准予从销项税额中抵扣。提供交通运输业服务的一般纳税人税率为11%,提供现代服务业服务的税率为6%。也就说一般纳税人从外购入资产,只要取得符合抵扣条件的货物运输业增值税专用发票,运费按11%计入进项税额,而装卸费按6%计入进项税额。

【同步操练1-27】2016年5月10日,甲公司(原增值税一般纳税人)从乙公司购入A材料一批,价款10万元,增值税额1.7万元,发生外地运杂费,并取得相应的增值税专用发票。发票上注明的运费10 000元,增值税税额1 100元,装卸费1 000元,增值税税额60元,全部款项均已用银行存款支付,材料已收到。

材料采购成本 = 100 000 + 10 000 + 1 000 = 111 000(元)

可抵扣的进项税额 = 17 000 + 1 000 + 60 = 18 060(元)

购入时的会计处理:

借:原材料　　　　　　　　　　　　　　　　　　　　　　111 000
　　应交税费——应交增值税(进项税额)　　　　　　　　 18 060
　　贷:银行存款　　　　　　　　　　　　　　　　　　　　129 060

(2)进项税额可以抵扣的固定资产的范围有所扩大。根据"营改增"的相关规定,2013年8月1日以后增值税一般纳税人(含新增值税纳税人和原增值税纳税人)自用的应征消费税的汽车、游艇、摩托车,其进项税额准予从销项税额中抵扣。

【同步操练1-28】2016年5月1日甲公司(属于一般纳税人)购入自用的奔驰汽车一辆,含增值税价格58.5万元,则其销售统一发票上注明的增值税额8.5万元可以作为进项税额抵扣。

购入时的会计处理:

借:固定资产　　　　　　　　　　　　　　　　　　　　　500 000
　　应交税费——应交增值税(进项税额)　　　　　　　　 85 000
　　贷:银行存款　　　　　　　　　　　　　　　　　　　　585 000

(3)"营改增"对无形资产的核算产生了较大的影响。"营改增"前,外购无形资产的进项税额是作为成本直接进入到无形资产当中。而"营改增"后从外部取得的无形资产若属于增值税应税服务项目,只要取得符合抵扣条件的发票,都可以进行抵扣,提供现代服务业税率为6%;否则购进时支付的增值税额计入无形资产成本。

【同步操练1-29】2016年5月9日,甲公司(原增值税一般纳税人)因生产产品需要购入一项专利权,增值税专用发票上注明的价款20万元,增值税1.2万元,款项通过银行存款支付。

外购的会计分录:

借:无形资产   200 000
　　应交税费——应交增值税(进项税额)   12 000
　　贷:银行存款   212 000

二、应交消费税

(一) 消费税概述

消费税是指在我国境内生产、委托加工和进口应税消费品的单位和个人,按其流转额交纳的一种税。消费税有从价定率和从量定额两种征收方法。采取从价定率方法征收的消费税,以不含增值税的销售额为税基,按照税法规定的税率计算。企业的销售收入包含增值税的,应将其换算为不含增值税的销售额。采取从量定额计征的消费税,根据税法确定的企业应税消费品的数量和单位应税消费品应缴纳的消费税计算确定。

【知识链接1-10】应税消费品是指《中华人民共和国消费税暂行条例》规定的在生产销售、移送、进口时应当缴纳消费税的消费品。主要包括五种类型的产品:

第一类:一些过度消费会对人类健康、社会秩序、生态环境等方面造成危害的特殊消费品,如烟、酒、鞭炮、烟花、木制一次性筷子、实木地板等;

第二类:奢侈品、非生活必需品,如贵重首饰、高档手表、化妆品、高尔夫球及球具等;

第三类:高能耗及高档消费品,如游艇、小轿车、摩托车等;

第四类:不可再生和替代的石油类消费品,如汽油、柴油等;

第五类:具有一定财政意义的产品,如汽车轮胎等。

需要特别强调的是:以上五类产品首先是有形动产,在生产销售、移送、进口时要交纳增值税,其次又是应税消费品,在生产销售、移送、进口时还要交纳消费税。

(二) 应交消费税的账务处理

企业应在"应交税费"科目下设置"应交消费税"明细科目,核算应交消费税的发生、缴纳情况。该科目的贷方登记应交纳的消费税,借方登记已交纳的消费税。期末贷方余额为尚未交纳的消费税,借方余额为多交纳的消费税。

1. 销售应税消费品。企业销售应税消费品应交的消费说,应借记"营业税金及附加"科目,贷记"应交税费——应交消费税"科目。

【同步操练1-30】甲公司销售所生产的化妆品,价款2 000 000元(不含增值税),适用的消费税税率为30%。该企业有关的会计分录如下:

借:营业税金及附加   600 000
　　贷:应交税费——应交消费税   600 000

2. 自产自销应税消费品。企业将生产的应税消费品用于在建工程等非生产用途时，按规定应交纳的消费税，借记"在建工程"等科目，贷记"应交税费——应交消费税"科目。

【同步操练1-31】 甲公司在建工程领用自产柴油50 000元，应交纳增值税10 200元，应交纳消费税6 000元，该企业的有关会计分录如下：

借：在建工程　　　　　　　　　　　　　　　　　　　　　66 200
　　贷：库存商品　　　　　　　　　　　　　　　　　　　　50 000
　　　　应交税费——应交增值税（销项税额）　　　　　　10 200
　　　　　　　　——应交消费税　　　　　　　　　　　　 6 000

3. 委托加工应税消费品。需要交纳消费税的委托加工物资，一般应由受托方代收代缴税款。受托方按照应交税款金额，借记"应收账款"、"银行存款"等科目，贷记"应交税费——应交消费税"科目。

委托加工物资收回后，直接用于销售的，应将受托方代收代交的消费税计入委托加工物资的成本，借记"委托加工物资"等科目，贷记"应付账款"、"银行存款"等科目；委托加工物资收回后用于连续生产应税消费品的，按规定准予抵扣的，应按已由受托方代收代缴的消费税，借记"应交税费——应交消费税"科目，贷记"应付账款"、"银行存款"等科目。

【同步操练1-32】 甲公司委托乙企业代为加工一批应交消费税的材料（非金银首饰）。甲公司的材料成本为1 000 000元，加工费为200 000元，由乙企业代收代缴的消费税为80 000元（不考虑增值税）。材料已经加工完成，并由甲公司收回验收入库，加工费尚未支付。

（1）如果甲公司收回的委托加工物资用于继续生产应税消费品，甲公司的有关会计分录如下：

借：委托加工物资　　　　　　　　　　　　　　　　　　 1 000 000
　　贷：原材料　　　　　　　　　　　　　　　　　　　　1 000 000
借：委托加工物资　　　　　　　　　　　　　　　　　　 　 200 000
　　应交税费——应交消费税　　　　　　　　　　　　　　 80 000
　　贷：应付账款　　　　　　　　　　　　　　　　　　　 280 000
借：原材料　　　　　　　　　　　　　　　　　　　　　 1 200 000
　　贷：委托加工物资　　　　　　　　　　　　　　　　　1 200 000

（2）如果甲公司收回的委托加工物资直接用于对外销售，甲公司的有关会计分录如下：

借：委托加工物资　　　　　　　　　　　　　　　　　　 1 000 000
　　贷：原材料　　　　　　　　　　　　　　　　　　　　1 000 000
借：委托加工物资　　　　　　　　　　　　　　　　　　　 280 000
　　贷：应付账款　　　　　　　　　　　　　　　　　　　 280 000
借：原材料　　　　　　　　　　　　　　　　　　　　　 1 280 000
　　贷：委托加工物资　　　　　　　　　　　　　　　　　1 280 000

（3）乙企业对应收取的受托加工代收代缴消费税的会计分录如下：

借：应收账款　　　　　　　　　　　　　　　　　　　　　 80 000

  贷：应交税费——应交消费税   80 000

4. 进口应税消费品。 企业进口应税物资在进口环节应交的消费税，计入该项物资的成本，借记"材料采购"、"库存商品"等科目，贷记"银行存款"科目。

【**同步操练 1-33**】甲公司从国外进口一批需要交纳消费税的商品，商品价值 1 000 000 元，进口环节需要交纳的消费税为 200 000 元（不考虑增值税），采购的商品已经验收入库，货款尚未支付，税款已经用银行存款支付。甲公司的有关会计分录如下：

  借：库存商品   1 200 000
    贷：应付账款   1 000 000
      银行存款   200 000

【**同步案例 1-7**】某公司委托外单位加工材料一批（系应税消费品），发出原材料实际成本 6.8 万元，加工费 2 万元，增值税 3 400 元，受托方代扣代缴消费税 1 万元，款项均以银行存款支付。收回的材料 60% 用于继续生产产品，40% 直接用于销售。

  要求：编制相关会计分录。

三、应交营业税

（一）营业税概述

  营业税是对在我国境内提供应税劳务、转让无形资产或销售不动产的单位和个人征收的流转税。其中应税劳务是指属于交通运输业、建筑业、金融保险业、邮电通信业、文化体育业、娱乐业、服务业税目征收范围的劳务，不包括加工、修理修配等劳务；转让无形资产，是指转让无形资产的所有权或使用权的行为；销售不动产，是指有偿转让不动产的所有权，转让不动产的有限产权或永久使用权，以及单位将不动产无偿赠与他人等视同销售不动产的行为。

  营业税以营业额作为计税依据。营业额是指纳税人提供应税劳务、转让无形资产和销售不动产而向对方收取的全部价款和价外费用。税率从 3%～20% 不等。

（二）应交营业税的账务处理

  企业应在"应交税费"科目下设置"应交营业税"明细科目，核算应交营业税的发生、交纳情况。该科目贷方登记应交纳的营业税，借方登记已交纳的营业税，期末贷方余额为尚未交纳的营业税。

  企业按照营业额及其适用的税率，计算应交的营业税，借记"营业税金及附加"科目，贷记"应交税费——应交营业税"科目；企业出售不动产时，计算应交的营业税，借记"固定资产清理"等科目，贷记"应交税费——应交营业税"科目；实际交纳营业税时，借记"应交税费——应交营业税"科目，贷记"银行存款"科目。

【**同步操练 1-34**】某运输公司某月运营收入为 200 000 元，适用的营业税税率为 3%。该公司应交营业税的有关会计分录如下：

  借：营业税金及附加   6 000

    贷：应交税费——应交营业税　　　　　　　　　　　　　　　　　　　　　6 000

【同步操练1-35】 甲企业出售一栋办公楼，出售收入500 000元已存入银行，销售该项固定资产适用的营业税税率为5%。应交营业税的有关会计处理如下：

    借：固定资产清理　　　　　　　　　　　　　　　　　　　　　　　　　25 000
    　　贷：应交税费——应交营业税　　　　　　　　　　　　　　　　　　　25 000

四、其他应交税费

其他应交税费是指除上述应交税费以外的应交税费，包括应交城市维护建设税、应交资源税、应交土地增值税、应交所得税、应交房产税、应交土地使用税、应交车船税、应交教育费附加、应交矿产资源补偿费、应交个人所得税等。企业应当在"应交税费"账户下设置明细账户进行核算，贷方登记应交纳的有关税费，借方登记已交纳的有关税费，期末贷方余额表示尚未交纳的有关税费。

（一）应交城市维护建设税和应交教育费附加

城市维护建设税是以增值税、消费税、营业税为计税依据征收的一种税。其纳税人为交纳增值税、消费税、营业税的单位和个人，税率因纳税人所在地不同从1%~7%不等。教育费附加是为了发展教育事业而向企业征收的附加费用，企业按应交流转税的一定比例计算交纳。

企业应交的城市维护建设税，借记"营业税金及附加"等账户，贷记"应交税费——应交城市维护建设税"账户。应纳税额 =（应交增值税+应交消费税+应交营业税）×适用税率。

企业应交的教育费附加，借记"营业税金及附加"等账户，贷记"应交税费——应交教育费附加"账户。应交教育费附加 =（应交增值税+应交消费税+应交营业税）×附加率。

【同步操练1-36】 A公司2015年5月应交增值税500 000元，消费税240 000元，营业税160 000元。该企业适用的城市维护建设税税率为7%，教育费附加率为3%。有关会计分录如下：

（1）计提城市维护建设税：

    借：营业税金及附加　　　　　　　　　　　　　　　　　　　　　　　　63 000
    　　贷：应交税费——应交城市维护建设税　　　　　　　　　　　　　　　63 000

（2）计提教育费附加：

    借：营业税金及附加　　　　　　　　　　　　　　　　　　　　　　　　27 000
    　　贷：应交税费——应交教育费附加　　　　　　　　　　　　　　　　　27 000

（二）应交资源税

资源税是对在我国境内开采矿产品或者生产盐的单位和个人征收的税。资源税按照应税产品的课税数量和规定的单位税额计算。开采或生产应税产品对外销售的，以销售数量为课税数量;开采或生产应税产品自用的,以自用数量为课税数量。

对外销售应税产品应交纳的资源税应记入"营业税金及附加"科目,借记"营业税金及附加"科目,贷记"应交税费——应交资源税"科目;自产自用应税产品应交纳的资源税应记入"生产成本"、"制造费用"等科目,借记"生产成本"、"制造费用"等科目,贷记"应交税费——应交资源税"科目。企业缴纳资源税,应借记"应交税费——应交资源税"账户,贷记"银行存款"账户。

【同步操练 1-37】 甲公司 2015 年 7 月发生下列经济业务。

(1) 对外销售某种资源税应税矿产品 3 000 吨,每吨应交资源税 5 元。
(2) 将自产的资源税应税矿产品 700 吨用于企业的产品生产,每吨应交资源税 5 元。

有关会计分录如下:

(1) 借:营业税金及附加　　　　　　　　　　　　　　　　15 000
　　　　贷:应交税费——应交资源税　　　　　　　　　　　　　15 000
(2) 借:生产成本　　　　　　　　　　　　　　　　　　　3 500
　　　　贷:应交税费——应交资源税　　　　　　　　　　　　　 3 500

(三) 应交土地增值税

土地增值税是指在我国境内有偿转让土地使用权及地上建筑物和其他附着物产权的单位和个人,就其土地增值额征收的一种税。土地增值额是指转让收入减去规定扣除项目金额后的余额。转让收入包括货币收入、实物收入和其他收入。扣除项目主要包括取得土地使用权所支付的金额、开发土地的费用、新建及配套设施的成本、旧房及建筑物的评估价格等。

主营房地产业务的企业,应由当期营业收入负担的土地增值税,借记"营业税金及附加"科目,贷记"应交税费——应交土地增值税"科目。

兼营房地产业务的工业企业,应由当期收入负担的土地增值税,借记"其他业务成本"科目,贷记"应交税费——应交土地增值税"科目。

转让的国有土地使用权连同地上建筑物及其他附着物一并在"固定资产"或"在建工程"等科目核算的,转让时应交纳的土地增值税,借记"固定资产清理"、"在建工程"等科目,贷记"应交税费——应交土地增值税"科目。

企业交纳土地增值税时,借记"应交税费——应交土地增值税"科目,贷记"银行存款"科目。

【同步操练 1-38】 某企业对外转让一栋厂房,根据税法规定计算的应交土地增值税为 20 000 元。有关会计处理如下:

(1) 计算应交纳的土地增值税:
借:固定资产清理　　　　　　　　　　　　　　　　　　20 000
　　贷:应交税费——应交土地增值税　　　　　　　　　　　　20 000
(2) 用银行存款交纳应交土地增值税税款:
借:应交税费——应交土地增值税　　　　　　　　　　　　20 000
　　贷:银行存款　　　　　　　　　　　　　　　　　　　20 000

（四）应交房产税、土地使用税、车船税和矿产资源补偿费

房产税是国家对在城市、县城、建制镇和工矿区征收的由产权所有人缴纳的一种税。房产税依照房产原值一次减除10%～30%后的余额计算交纳。没有房产原值作为依据的，由房产所在地税务机关参考同类房产核定；房产出租的，以房产租金收入为房产税的计税依据。

土地使用税是国家为了合理利用城镇土地，调节土地级差收入，提高土地使用效益，加强土地管理而开征的一种税，以纳税人实际占用的土地面积为计税依据，依照规定税额计算征收。

车船税由拥有并且使用车船的单位和个人按照适用税额计算交纳。

矿产资源补偿费是对在我国领域和管辖海域开采矿产资源而征收的费用。矿产资源补偿费按照矿产品销售收入的一定比例计征，由采矿人交纳。

企业应交的房产税、土地使用税、车船税、矿产资源补偿费，记入"管理费用"科目，借记"管理费用"科目，贷记"应交税费——应交房产税（或应交土地税、应交车船税、应交矿产资源补偿费）"科目。

（五）应交个人所得税

企业按规定计算的代扣代交的职工个人所得税，借记"应付职工薪酬"科目，贷记"应交税费——应交个人所得税"科目；企业交纳个人所得税时，借记"应交税费——应交个人所得税"科目，贷记"银行存款"等科目。

【同步操练1-39】某企业结算本月应付职工工资总额200 000元，代扣职工个人所得税共计2 000元，实发工资198 000元。该企业与应交个人所得税有关的会计分录如下：

借：应付职工薪酬——工资　　　　　　　　　　　　　　　　　　　2 000
　　贷：应交税费——应交个人所得税　　　　　　　　　　　　　　　　2 000

【同步案例1-8】甲公司发生如下业务：
（1）对外销售某种资源税应税矿产品5 000吨，每吨应交资源税5元。
（2）将自产的资源税应税矿产品800吨用于企业的产品生产，每吨应交资源税5元。
（3）本期应交增值税600 000元，消费税200 000元，营业税300 000元。该企业适用的城市维护建设税税率为7%，适用的教育费附加率为3%。
（4）对外转让一栋厂房，根据税法规定计算的应交土地增值税为40 000元。
要求：根据上述业务，编制相关会计分录。

任务五　应付股利和其他应付款的核算

【任务分析】

企业除前述短期借款、应付票据、应付账款、预付账款、应付职工薪酬与应交税费以外的其他流动负债，主要包括应付股利和其他应付款。学习应付股利和其他应付款的核算，要

掌握其账务处理方法。

【知识准备及应用】

一、应付股利

应付股利是指企业根据股东大会或类似机构审议批准的利润分配方案确定分配给投资者的现金股利或利润。

企业通过"应付股利"科目，核算企业确定或宣告支付但尚未实际支付的现金股利或利润。该科目贷方登记应支付的现金股利或利润，借方登记实际支付的现金股利或利润，期末贷方余额反映企业应付未付的现金股利或利润。该科目应按照投资者设置明细科目进行明细核算。

企业根据股东大会或类似机构审议批准的利润分配方案，确认应付给投资者的现金股利或利润时，借记"利润分配——应付现金股利或利润"科目，贷记"应付股利"科目；向投资者实际支付现金股利或利润时，借记"应付股利"科目，贷记"银行存款"等科目。

【同步操练1-40】A有限责任公司2015年度实现净利润800 000元，经过董事会批准，决定2015年度分配现金股利500 000元。股利已经用银行存款支付。A有限责任公司的有关会计处理如下：

借：利润分配——应付现金股利或利润　　　　　　　　500 000
　　贷：应付股利　　　　　　　　　　　　　　　　　　　　500 000
借：应付股利　　　　　　　　　　　　　　　　　　　　500 000
　　贷：银行存款　　　　　　　　　　　　　　　　　　　　500 000

注：企业分配的股票股利不通过"应付股利"科目核算。

二、其他应付款

其他应付款是指企业除应付票据、应付账款、预收账款、应付职工薪酬、应交税费、应付利息、应付股利等经营活动以外的其他各项应付、暂收的款项，如应付租入包装租金、存入保证金等。

企业应通过"其他应付款"科目，核算其他应付款的增减变动及其结存情况，并按照其他应付款的项目和对方单位（或个人）设置明细科目进行明细核算。该科目贷方登记发生的各种应付、暂收款项，借方登记偿还或转销的各种应付、暂收款项；该科目期末贷方余额，反映企业应付未付的其他应付款项。

企业发生其他各种应付、暂收款项时，借记"管理费用"等科目，贷记"其他应付款"科目；支付或退回其他各种应付、暂收款项时，借记"其他应付款"科目，贷记"银行存款"等科目。

【同步操练1-41】甲公司从2015年1月1日起，以经营租赁方式租入管理用办公设备一批，每月租金7 000元，按季支付。3月31日，甲公司以银行存款支付应付租金。甲公司的有关会计处理如下：

(1) 1月31日计提应付经营租入固定资产租金：

借：管理费用　　　　　　　　　　　　　　　　　　　　　7 000
　　贷：其他应付款　　　　　　　　　　　　　　　　　　　　7 000

2月底计提应付经营租入固定资产租金的会计处理同上。

(2) 3月31日支付租金：

借：其他应付款　　　　　　　　　　　　　　　　　　　　14 000
　　管理费用　　　　　　　　　　　　　　　　　　　　　　7 000
　　贷：银行存款　　　　　　　　　　　　　　　　　　　　21 000

【练习题】

一、单项选择题

1. 委托加工应纳消费税产品（非金银首饰）收回后，如直接对外销售，其由受托方代扣代交的消费税，应计入（　　）。
   A. 生产成本　　　　　　　　　　　B. 应交税费——应交消费税
   C. 委托加工物资　　　　　　　　　D. 主营业务成本

2. 某公司为一般纳税人，2015年6月购入一批商品，发票上注明价款为100万元，增值税率17%，并取得运费单据一张，注明运费为30万元，则该批商品的入账成本为（　　）万元。
   A. 130　　　　B. 127.9　　　　C. 146.1　　　　D. 117

3. 委托加工应纳消费税产品收回后，如用于连续生产应税消费品，其由受托方代扣代交的消费税，应计入（　　）。
   A. 生产成本　　　　　　　　　　　B. 应交税费——应交消费税的借方
   C. 委托加工产品的成本　　　　　　D. 主营业务成本

4. 下列项目中，不属于职工薪酬的是（　　）。
   A. 职工工资　　　　　　　　　　　B. 职工福利费
   C. 医疗保险费　　　　　　　　　　D. 职工出差报销的火车票

5. 应由生产产品、提供劳务负担的职工薪酬，应当（　　）。
   A. 计入管理费用　　　　　　　　　B. 计入存货成本或劳务成本
   C. 确认为当期费用　　　　　　　　D. 计入销售费用

6. 企业在无形资产研究阶段发生的职工薪酬，应当（　　）。
   A. 计入当期损益　　　　　　　　　B. 计入在建工程成本
   C. 计入无形资产成本　　　　　　　D. 计入固定资产成本

7. 企业因解除与职工的劳动关系给予职工补偿而发生的职工薪酬，应借记的会计科目是（　　）。
   A. 管理费用　　　　　　　　　　　B. 计入存货成本或劳务成本
   C. 营业外支出　　　　　　　　　　D. 计入销售费用

8. 企业对应付的商业承兑汇票，如果到期不能足额付款，在会计处理上应将其转作（　　）。
   A. 应付账款　　　B. 其他应付款　　　C. 预付账款　　　D. 短期借款

9. 企业在转销已经确认无法支付的应付账款时，应贷记的会计科目是（　　）。
   A. 其他业务收入　　B. 营业外收入　　C. 盈余公积　　D. 资本公积

10. 按现行企业会计准则规定，短期借款发生的利息一般应记入的会计科目是（　　）。
    A. 短期借款　　　B. 应付利息　　　C. 财务费用　　　D. 银行存款

11. 企业对确实无法支付的应付账款，应转入的会计科目是（　　）。
    A. 其他业务收入　　B. 资本公积　　C. 盈余公积　　D. 营业外收入

12. 甲企业为增值税小规模纳税人（征收率为3%），11月初欠缴增值税1 000元，本月购进材料买价为 10 000 元，支付的增值税为 1 700 元，本月销售产品，取得含税销售收入 1 030 000 元，则甲企业本月应交增值税为（　　）元。

　　A. 31 000　　　　　B. 30 000　　　　　C. 29 300　　　　　D. 28 300

13. 下列税金中，与企业计算损益无关的是（　　）。

　　A. 消费税　　　　　B. 所得税　　　　　C. 增值税　　　　　D. 城市维护建设税

14. 下列各项中，不属于流动负债的是（　　）。

　　A. 应交税费　　　　B. 应付票据　　　　C. 预付账款　　　　D. 预收账款

15. 下列各项中，不属于职工薪酬核算内容的是（　　）。

　　A. 住房公积金　　　　　　　　　　　　B. 工会经费和职工教育经费
　　C. 职工因公出差的差旅费　　　　　　　D. 因解除与职工的劳动关系给予的补偿

16. 下列各项中，不应记入"营业税金及附加"科目的是（　　）。

　　A. 消费税　　　　　B. 营业税　　　　　C. 城市维护建设税　　D. 增值税的销项税额

17. 企业购进货物用于工程项目时，该货物负担的增值税额应当计入（　　）。

　　A. 应交税费——应交增值税　　　　　　B. 工程物资
　　C. 营业外支出　　　　　　　　　　　　D. 管理费用

18. 企业收取包装物押金及其他各种暂收款项时，应贷记（　　）科目。

　　A. 营业外收入　　　B. 其他业务收入　　C. 其他应付款　　　D. 其他应收款

19. 企业交纳的下列税款，不需要通过"应交税费"科目核算的是（　　）。

　　A. 增值税　　　　　B. 印花税　　　　　C. 土地增值税　　　D. 资源税

20. 下列各项中不应计入"营业税金及附加"的是（　　）。

　　A. 消费税　　　　　B. 资源税　　　　　C. 城市维护建设税　　D. 增值税的销项税额

21. 下列各项税金中不影响企业损益的是（　　）。

　　A. 消费税　　　　　　　　　　　　　　B. 营业税
　　C. 一般纳税企业的增值税销项税额　　　D. 所得税

22. 小规模纳税企业购入原材料取得的增值税专用发票上注明：货款 20 000 元。增值税 3 400 元，在购入材料的过程中另支付运杂费 500 元。则该企业原材料的入账价值为（　　）元。

　　A. 19 500　　　　　B. 20 500　　　　　C. 23 300　　　　　D. 23 900

23. 企业开出的商业汇票为银行承兑汇票，其无力支付票款时，应将应付票据的票面金额转作（　　）。

　　A. 应付账款　　　　B. 其他应付款　　　C. 预付账款　　　　D. 短期借款

24. 企业出售固定资产应交的营业税，应借记的会计科目是（　　）。

　　A. 营业税金及附加　B. 固定资产清理　　C. 营业外支出　　　D. 其他业务成本

25. 企业缴纳的应由单位承担的医疗保险费应通过（　　）账户进行核算。

　　A. 应交税费　　　　B. 应付职工薪酬　　C. 其他应交款　　　D. 其他应付款

二、多项选择题

1. 下列（　　）应通过"应交税费"账户核算。

　　A. 增值税　　　　　B. 印花税　　　　　C. 消费税　　　　　D. 教育费附加

2. 计入"管理费用"的税金有（　　）。

　　A. 房产税　　　　　B. 车船税　　　　　C. 土地使用税　　　D. 契税

3. 按照规定，企业购入货物或接受劳务必须具有以下（　　）凭证，其进项税额才能予以扣除。

　　A. 增值税专用发票　　　　　　　　　　B. 海关进口增值税专用缴款书
　　C. 农产品收购发票和农产品销售发票　　D. 运输费用结算单据

4. 一般纳税人在核算增值税时应通过"应交税费——应交增值税"账户核算，该明细科目应分别设置

（　　）等专栏。
    A. 进项税额　　　　B. 销项税额　　　　C. 已交税金　　　　D. 出口退税
    E. 进项税额转出
5. 计算委托加工应税消费品应交纳的消费税时，可能用到的会计账户有（　　）。
    A. 营业税金及附加　　B. 委托加工物资　　C. 应交税费　　　　D. 管理费用
6. 城市维护建设税应以（　　）为计税依据。
    A. 增值税　　　　　B. 消费税　　　　　C. 营业税　　　　　D. 契税
7. 下列项目中，属于职工薪酬的有（　　）。
    A. 职工工资、奖金、津贴和补贴　　　　B. 住房公积金
    C. 工会经费和职工教育经费　　　　　　D. 因解除与职工的劳动关系给予的补偿
8. 下列项目中，属于其他应付款核算范围的有（　　）。
    A. 职工未按期领取的工资　　　　　　　B. 应付经营租入固定资产租金
    C. 存出投资款　　　　　　　　　　　　D. 应付、暂收所属单位、个人的款项
9. 下列各项税金中，应计入有关成本的有（　　）。
    A. 以库存商品对外投资应交的增值税
    B. 购入工程用物资所支付的增值税
    C. 小规模的纳税企业购入商品已交的增值税
    D. 购入用于集体福利的固定资产已交的增值税
10. 下列各项应作为增值税进项税额转出处理的有（　　）。
    A. 工程项目领用本企业的材料　　　　　B. 非正常损失造成的存货盘亏
    C. 工程项目领用本企业的产品　　　　　D. 以产品对外投资
11. 企业下列行为中，应视为销售必须计算交纳增值税销项税额的有（　　）。
    A. 将货物对外捐赠　B. 销售代销货物　C. 委托他人保管货物　D. 将货物对外投资
12. 下列各项中，能作为当期进项税额的有（　　）。
    A. 从销售方取得的增值税专用发票上注明的增值税额
    B. 从海关取得的完税凭证上注明的增值税额
    C. 购进免税农产品准予抵扣的进项税额
    D. 企业外购货物支付的运杂费
13. 下列各项中，属于一般纳税人在购入资产时即可确认为不能抵扣的进项税额有（　　）。
    A. 购入生产用设备一台　　　　　　　　B. 购入工程物资
    C. 购入物资用于集体福利　　　　　　　D. 购入生产用原材料
14. 下列税金中，属于流转税的有（　　）。
    A. 增值税　　　　　B. 消费税　　　　　C. 营业税　　　　　D. 所得税
15. 可以不通过"应交税费"科目核算的税金有（　　）。
    A. 房产税　　　　　B. 耕地占用税　　　C. 印花税　　　　　D. 契税
16. 下列行为中，应计征营业税的有（　　）。
    A. 销售产品　　　　B. 销售不动产　　　C. 转让无形资产　　D. 提供应税劳务
17. 企业发生的预收货款可以通过（　　）账户核算。
    A. 预付账款　　　　B. 应付账款　　　　C. 预收账款　　　　D. 应收账款
18. 企业计提的职工福利费，主要用于（　　）。
    A. 职工医药费用　　　　　　　　　　　B. 职工因公负伤赴外地就医路费
    C. 职工生活困难补助　　　　　　　　　D. 福利部门人员工资
19. 计算应付职工工资时可能涉及的账户有（　　）。

　　　　A. 生产成本　　　　B. 制造费用　　　　C. 管理费用　　　　D. 在建工程
　20. 企业采用（　　）结算方式时应通过"应付票据"账户核算。
　　　　A. 银行汇票　　　　B. 商业承兑汇票　　C. 银行承兑汇票　　D. 银行本票

三、判断题

1. 流动负债是指将在一年以内偿还的各种债务。　　　　　　　　　　　　　（　　）
2. 企业购入货物只要取得增值税专用发票的，就应该将支付的增值税额作为"应交税费——应交增值税（进项税额）"核算。　　　　　　　　　　　　　　　　　　　　　　　　　　　　　　（　　）
3. 职工薪酬，是指企业为获得职工提供的服务而给予各种形式的报酬以及其他相关支出。（　　）
4. 工会经费和职工教育经费不属于职工薪酬的范围，不通过"应付职工薪酬"科目核算。（　　）
5. 企业生产工人的医疗保险费、养老保险费、失业保险费、工伤保险费和生育保险费等社会保险费应计入当期管理费用。　　　　　　　　　　　　　　　　　　　　　　　　　　　　　　　　（　　）
6. 职工薪酬中的非货币性福利应当根据职工提供服务的受益对象分别计入成本费用。（　　）
7. 计量应付职工薪酬时，国家规定了计提基础和计提比例的，应当按照国家规定的标准计提；没有规定计提基础和计提比例的，企业不得预计当期应付职工薪酬。　　　　　　　　　　　　　　（　　）
8. 一般纳税企业购入货物支付的增值税，均应先通过"应交税费"科目进行核算，然后再将购入货物不能抵扣的增值税进项税额从"应交税费"科目中转出。　　　　　　　　　　　　　　　（　　）
9. 企业将自产或委托加工的货物用于职工福利，在会计上按照货物成本转账，不用计税。（　　）
10. 企业向银行或其他金融机构借入的各种款项所发生的利息均应计入财务费用。（　　）
11. 某企业为小规模纳税人，销售一批产品，含税价格为 41 200 元，增值税税率为 3%，该批产品应交增值税税额为 1 200 元。　　　　　　　　　　　　　　　　　　　　　　　　　　　　（　　）
12. 预收账款不多的企业，可以不设置"预收账款"科目。企业预收客户货款时，直接将其记入"应付账款"科目的贷方。　　　　　　　　　　　　　　　　　　　　　　　　　　　　　　　（　　）
13. 短期借款利息在预提或实际支付时均应通过"短期借款"科目核算。（　　）
14. 企业用应税消费品对外投资，按规定缴纳的消费税，应记入"营业税金及附加"科目。（　　）
15. 职工因公负伤赴外地就医路费应计入管理费用，在当期损益中列支。（　　）
16. 企业应交的各种税金，均应通过"应交税费"科目核算。（　　）
17. 企业的应付账款确实无法支付，经批准确认后转入资本公积。（　　）
18. 应付商业承兑汇票到期，如企业无力支付票款，应将应付票据按票面金额转作短期借款。（　　）
19. 企业收回的委托加工物资直接用于对外销售的，应将已由受托方代扣代缴的消费税计入委托加工物资成本。　　　　　　　　　　　　　　　　　　　　　　　　　　　　　　　　　　　（　　）
20. 企业用自产应税消费品进行长期股权投资时，按规定应缴纳的消费税和增值税均应计入该长期股权投资的初始投资成本。　　　　　　　　　　　　　　　　　　　　　　　　　　　　　（　　）

四、业务题

1. 某企业 2016 年 1 月 1 日向银行借入 120 000 元，期限 9 个月，年利率 8%。该借款到期后按期如数归还，利息分月预提，按季支付。

要求：编制借入款项、按月预提利息、按季支付利息和到期时归还本金的会计分录。

2. 某公司 2016 年 7 月 1 日因生产经营需要，从建设银行取得一项为期半年的生产周转借款 200 万元，年利率 5.76%，借款利息按月提取，按季支付，到期还本。

分别按照下列要求编制相关会计分录：
　（1）7 月 1 日取得借款；
　（2）7 月、8 月末计提利息；
　（3）9 月末支付此借款本季应付利息；
　（4）10 月、11 月末计提借款利息；

（5）12 月末归还借款本金、支付本季借款利息。

3. 某企业于 2016 年 6 月 1 日购入材料一批，该批材料价款为 200 000 元，允许抵扣的增值税进项税额为 34 000 元，企业签发由银行承兑的期限为 3 个月的银行承兑汇票一张，通过银行转账支付银行承兑汇票的手续费 500 元。该批材料已验收入库，按实际成本核算。

要求：根据上述资料编制下列会计分录：

（1）2016 年 6 月 1 日，购入材料，签发汇票时；

（2）支付银行承兑汇票手续费时；

（3）2016 年 9 月 1 日，银行承兑汇票到期支付票款时；

（4）2016 年 9 月 1 日，银行承兑汇票到期企业无力支付票款时。

4. 甲公司本月有关职工薪酬业务如下：

（1）本月应发工资 1 000 000 元，其中：生产工人及车间管理人员的工资分别为 500 000 元和 100 000 元；公司管理部门人员的工资为 150 000 元；公司专设销售机构人员的工资为 75 000 元；建造厂房人员的工资为 100 000 元；内部开发存货管理系统人员的工资为 75 000 元，符合无形资产资本化条件。

（2）根据所在地政府规定，公司分别按上年月平均职工工资总额 1 000 000 元的 11%、21%、1.5%、0.5%、1% 和 7% 计算缴纳医疗保险费、养老保险费、失业保险费、工伤保险费、生育保险费等社会保险费和住房公积金；根据上年实际发生的职工福利情况，公司预计本年应负担的职工福利费金额为职工工资总额的 2%，受益对象为上述所有人员。公司还分别按工资总额的 2% 和 2.5% 计提工会经费和职工教育经费。

（3）公司应向职工支付工资、奖金、津贴等 1 000 000 元，其中：代垫的家属医药费为 25 000 元、应缴的个人所得税为 30 000 元，按 2%、0.5%、8%、7% 计算医疗保险、失业保险、养老保险和住房公积金，其余部分通过银行划到各职工银行账户。

要求：根据上述资料编制会计分录。

5. 某企业为增值税一般纳税企业，材料按实际成本核算，适用的增值税率为 17%，2016 年 4 月发生如下经济业务：

（1）购入一批原材料，增值税专用发票上注明的材料价款为 200 万元（不含增值税），增值税为 34 万元。货款已付，材料验收入库。

（2）工程领用生产用材料，成本 8 万元，该批材料的计税价为 10 万元。

（3）出售一项商标权，转让收入 5 万元已存入银行，该项商标权的账面余额为 6 万元，已累计摊销 4 万元。适用的营业税率为 5%。

（4）购入一台生产经营用的设备，增值税专用发票上记载的设备价款 200 万元，支付的增值税额为 34 万元，款项已由银行支付。

（5）销售产品一批，销售收入为 300 万元（不含税），货款尚未收到。

（6）从小规模纳税企业购入一批材料，发票上记载的货款 175.5 万元，材料已经验收入库，款项尚未支付。

要求：根据上述资料，编制有关经济业务的会计分录。

6. 某公司 2016 年 8 月发生有关业务如下：

（1）8 月 1 日，企业从 D 公司购入原材料一批，货款 9 万元，增值税税率 17%，材料已验收入库，价税款尚未支付。公司原材料按实际成本计价核算。

（2）8 月 2 日，公司按合同向三星公司预收货款 6 万元，货款收存银行。

（3）8 月 10 日，公司以存款支付公司上月购入原材料的应付未付的价款 46 800 元。

（4）8 月 15 日，公司向三星公司发出产品一批，计价款 7 万元，增值税 1.19 万元。

（5）8 月 18 日，以一张面额为 23.4 万元的商业承兑汇票支付材料采购款，材料已经验收入库，材料实际成本 20 万元，增值税 3.4 万元。

(6) 8月20日,收到三星公司补付的价款1.5万元,余款三星公司准备下月付给。

(7) 8月25日,公司将一张已到期的商业汇票款2万元如数支付给客户。

(8) 8月28日,经批准将一笔无法支付的应付账款5 000元予以转销。

要求:根据上述经济业务编制相关的会计分录。

项目二
非流动负债的核算

【学习目标】

能力目标：能对长期借款完整业务流程进行会计核算；能够合理地计算和分析债券的发行价格；能够准确地运用实际利率法摊销利息费用和未确认的融资费用。

知识目标：了解非流动负债的内容、特点；掌握长期借款的核算内容；掌握应付债券的核算内容；掌握长期应付款的核算内容。

【情境导入】

非流动负债是流动负债以外的负债，一般是指偿还期限在一年或者超过一年的一个营业周期以上的债务，主要包括长期借款、应付债券、长期应付款。

企业在生产经营过程中，由于扩建厂房、增加设备等原因往往需要大量长期资金。企业需要的长期资金，其来源主要有两种：一是由企业所有者投入新的资金，如股份公司可以增发股票由股东投入资金；二是举借长期债务。因此，非流动负债是企业向债权人筹集、可供长期使用的一种重要资金来源。但是非流动负债债务金额大，可能会给企业带来较大的财务风险，所以必须合理利用非流动负债，发挥负债的财务杠杆效应，减少财务风险。

任务分解：（1）长期借款的核算。（2）应付债券的核算。（3）长期应付款的核算。

任务一　长期借款的核算

【任务分析】

长期借款是一般企业非流动负债的主要构成项目，学习长期借款的核算，要掌握长期借款业务流程的会计核算。

【知识准备及应用】

一、长期借款概述

长期借款是指企业向银行或其他金融机构借入的期限在 1 年以上（不含 1 年）的各项借款。长期借款一般用于固定资产的购建、改扩建工程、大修理工程等，它是企业非流动负债的重要组成部分。

由于长期借款的使用关系到企业的生产经营规模和效益，企业除了要遵守有关的贷款规定、编制借款计划并要有不同形式的担保外，还应监督借款的使用、按期支付长期借款的利息以及按规定的期限归还借款本金等。因此，长期借款会计处理的基本要求是反映和监督企业长期借款的借入、借款利息的结算和借款本息的归还情况，促使企业遵守信贷纪律、提高信用等级，同时也要确保长期借款发挥效益。

企业应通过"长期借款"科目，核算长期借款的借入、归还等情况。该科目可按照贷款单位和贷款种类设置明细账，分别设"本金"、"利息调整"、"应计利息"等进行明细核算。该科目的贷方登记长期借款本息的增加额，借方登记本息的减少额，贷方余额表示企业尚未偿还的长期借款。

二、长期借款的核算

1. 取得长期借款。企业借入长期借款，应按实际收到的金额，借记"银行存款"科目，贷记"长期借款——本金"科目；如存在差额，还应借记"长期借款——利息调整"科目。

【同步操练 2-1】甲企业于 2015 年 11 月 30 日从银行借入资金 2 000 000 元，借款期限为 3 年，年利率为 7.2%（到期一次还本付息，不计复利），所借款项已存入银行。甲企业用该借款于当日购买不需安装的设备一台，价款 1 600 000 元，增值税额 272 000 元，另支付运杂费及保险等费用 100 000 元，设备已于当日投入使用。甲企业的有关会计处理如下：

（1）取得借款时：

借：银行存款　　　　　　　　　　　　　　　　　　　　　　2 000 000
　　贷：长期借款——本金　　　　　　　　　　　　　　　　　　2 000 000

（2）支付设备款和运杂费、保险费时：

借：固定资产　　　　　　　　　　　　　　　　　　　　　　1 700 000
　　应交税费——应交增值税（进项税额）　　　　　　　　　　272 000
　　贷：银行存款　　　　　　　　　　　　　　　　　　　　　1 972 000

2. 长期借款的利息。长期借款计算确定的利息费用，应当按以下原则计入有关成本、费用：属于筹建期间的，计入管理费用；属于生产经营期间的，计入财务费用。如果长期借款用于购建固定资产的，在固定资产尚未达到预定可使用状态前，所发生的应当资本化的利息支出数，计入在建工程成本；固定资产达到预定可使用状态后发生的利息支出，以及按规定不予资本化的利息支出，计入财务费用。在资产负债表日，企业应按长期借款的摊余成本和实际利率计算确定长期借款的利息费用并根据借款的用途，分别借记"在建工程"、"财务费用"、"制造费用"、"研发支出"等账户，按借款本金和合同利率计算确定的应付未付利息，贷记"长期借款——应计利息"或"应付利息"账户，按其差额，贷或借记"长期借款——利息调整"账户。

如果实际利率与合同利率差异较小的，也可以采用合同利率计算确定利息费用。

【同步操练 2-2】承【同步操练 2-1】，甲企业于 2015 年 12 月 31 日计提长期借款利息。

甲企业的有关会计分录如下：

借：财务费用　　　　　　　　　　　　　　　　　　　　　　　12 000
　　贷：长期借款——应计利息　　　　　　　　　　　　　　　　12 000

2015年12月31日计提的长期借款利息 = 2 000 000 × 7.2% ÷ 12 = 12 000（元）
2016年1月至2018年10月每月末预提利息分录同上。

3. 归还长期借款。企业归还长期借款的本金时，应按归还的金额，借记"长期借款——本金"科目，贷记"银行存款"科目；按归还的利息，借记"长期借款——应计利息"或"应付利息"科目，贷记"银行存款"科目。

【同步操练 2-3】 承【同步操练 2-2】，甲企业到期偿还该笔银行借款本息。有关会计分录如下：

借：财务费用　　　　　　　　　　　　　　　　　　　12 000
　　长期借款——本金　　　　　　　　　　　　　　2 000 000
　　　　　　——应计利息　　　　　　　　　　　　　420 000
　　贷：银行存款　　　　　　　　　　　　　　　　2 432 000

【同步案例 2-1】 A企业为建造一幢厂房，2015年1月2日向银行借入2年期长期借款 3 000 000元，款项已存入银行。借款年利率为9%，每年付息一次，期满后一次还清本金。2015年1月3日，全部用于支付工程价款。该厂房于2016年8月底完工，达到预定可使用状态。2016年12月31日还本付息。要求：编制相关业务会计分录。

任务二　应付债券的核算

【任务分析】

应付债券是企业因发行债券筹措资金而形成的一种长期负债，它是大中型企业筹集长期资金的一种重要方式。学习应付债券的核算，应了解公司债券的相关知识，掌握应付债券的会计核算方法。

【知识准备及应用】

一、公司债券概述

债券是企业按照法定程序发行，约定在一定期限内还本付息的一种书面凭证。

债券的票面一般都载明以下内容：企业名称、债券面值、票面利率、还本期限、付息方式，以及债券发行日期等。企业发行债券通常需经董事会及股东大会批准，若向社会公众公开发行，还需经有关证券监督管理机构核准。

公司债券有很多种类，可按不同的标准加以分类。按发行方式可分为记名债券、无记名债券和可转换债券；按有无担保可分为有抵押债券和信用债券；按偿还方式的不同可分为定期偿还的债券和分期偿还的债券；按计息方式的不同可分为分期付息、一次还本的债券和一次还本付息的债券。企业发行的偿还期超过一年以上的债券，构成一项非流动负债。

二、债券发行价格的确定

企业债券发行价格的高低一般取决于债券票面金额、债券票面利率、发行当时的市场利率以及债券期限的长短等因素。债券发行有面值发行、溢价发行和折价发行三种情况。企业债券按其面值出售的，称为面值发行。此外，债券还可能按低于或高于其面值的价格出售，即折价发行和溢价发行。折价发行是指债券以低于其面值的价格发行；而溢价发行则是指债券按高于其面值的价格发行。

按照资产的定价模型来分析，企业债券发行的价格受同期市场利率的影响较大，具体情况如表 2-1 所示。

表 2-1

利率情况	发行价格	溢价、折价实质
债券票面利率 = 同期市场利率	平价发行	
债券票面利率 > 同期市场利率	溢价发行	溢价实质是企业以后各期多付利息而事先得到的补偿，是发行债券企业在债券存续期内对利息费用的调整
债券票面利率 < 同期市场利率	折价发行	折价实质是企业为以后各期少付利息而事先付出的代价，是发行债券企业在债券存续期内对利息费用的调整

三、应付债券的会计处理

企业应设置"应付债券"科目，并在该科目下设置"面值"、"利息调整"、"应计利息"等明细科目，核算应付债券发行、计提利息、还本付息等情况。该科目贷方登记应付债券的本金和利息，借方登记归还的债券本金和利息，期末贷方余额表示企业尚未偿还的长期债券。

企业应当设置"企业债券备查簿"，并详细登记企业每种债券的票面金额、债券票面利率、还本付息期限与方式、发行总额、发行日期和编号、委托代售单位、转换股份等资料。企业债券到期结清时，应当在备查簿内逐笔注销。

1. 公司债券的发行。无论是按面值发行，还是溢价发行或折价发行，企业均应按债券面值记入"应付债券——面值"科目，实际收到的款项与面值的差额，记入"应付债券——利息调整"科目。企业发行债券时，按实际收到的款项，借记"银行存款"等科目，按债券票面价值，贷记"应付债券——面值"科目，按实际收到的款项与票面价值之间的差额，贷记或借记"应付债券——利息调整"科目。

2. 利息调整的摊销。利息调整应在债券存续期间内采用实际利率法进行摊销。

【知识链接 2-1】实际利率法是指按照金融资产或金融负债（含一组金融资产或金融负债）的实际利率计算其摊余成本及各期利息收入或利息费用的方法。而摊余成本可以理解为金融资产或金融负债期初余额。企业在资产负债表日确认利息费用时：

本期应付（计）利息（即名义利息）＝票面面值×票面利率×期限

本期实际利息费用＝应付债券摊余价值（期初余额）×市场利率×期限

企业发行的债券通常分为到期一次还本付息或分期付息、一次还本两种。资产负债表日，对于分期付息、一次还本的债券，企业应按应付债券的摊余成本和实际利率计算确定的债券利息费用，借记"在建工程"、"制造费用"、"财务费用"等科目，按票面利率计算确定的应付未付利息，贷记"应付利息"科目，按其差额，借记或贷记"应付债券——利息调整"科目。

对于一次还本付息的债券，企业应于资产负债表日按摊余成本和实际利率计算确定的债券利息费用，借记"在建工程"、"制造费用"、"财务费用"等科目，按票面利率计算确定的应付未付利息，贷记"应付债券——应计利息"科目，按其差额，借记或贷记"应付债券——利息调整"科目。

3. 债券的偿还。采用一次还本付息方式的，企业应于债券到期支付债券本息时，借记"应付债券——面值"、"应付债券——应计利息"科目，贷记"银行存款"科目。采用一次还本、分期付息方式的，在每期支付利息时，借记"应付利息"科目，贷记"银行存款"科目；债券到期偿还本金并支付最后一期利息时，借记"应付债券——面值"、"在建工程"、"财务费用"、"制造费用"等科目，贷记"银行存款"科目，按其差额，借记或贷记"应付债券——利息调整"科目。

【同步操练 2-4】 A 公司于 2015 年 1 月 1 日发行 3 年期、每年付息一次、到期时一次还本、年利率为 4%（不计复利）、发行面值总额为 40 000 000 元的债券，假定债券年利率等于市场实际利率，该债券按面值发行。A 公司发行债券所筹资金用于补充流动资金。

（1）2015 年 1 月 1 日发行债券：

借：银行存款	40 000 000
贷：应付债券——面值	40 000 000

（2）2015 年 12 月 31 日计提本年长期债券利息：

借：财务费用	1 600 000
贷：应付利息	1 600 000
借：应付利息	1 600 000
贷：银行存款	1 600 000

（3）2017 年 12 月 31 日，A 公司计息并偿还债券本金和利息：

借：财务费用	1 600 000
贷：应付利息	1 600 000
借：应付债券——面值	40 000 000
应付利息	1 600 000
贷：银行存款	41 600 000

【同步操练 2-5】 2015 年 1 月 1 日，甲公司经批准发行 5 年期一次还本、分期付息的公司债券 60 000 000 元，债券利息在每年 12 月 31 日支付，票面利率为年利率 6%。假定债券发行时的市场利率为 5%。

甲公司该批债券实际发行价格为：

60 000 000×(P/F,5%,5)+60 000 000×6%×(P/A,5%,5)=60 000 000×0.7835+60 000 000×6%×4.3295=62 596 200（元）

甲公司根据上述资料，采用实际利率法和摊余成本计算确定的利息费用见表2-2。

表2-2 单位：元

日期 ①	每年支付利息 ②	实际利息费用 ③=期初⑤×5%	摊销的利息调整 ④=②-③	摊余成本余额 ⑤=期初⑤-④
2015-1-1				62 596 200
2015-12-31	3 600 000	3 129 810	470 190	62 126 010
2016-12-31	3 600 000	3 106 300.50	493 699.50	61 632 310.50
2017-12-31	3 600 000	3 081 615.53	518 384.47	61 113 926.03
2018-12-31	3 600 000	3 055 696.30	544 303.70	60 569 622.33
2019-12-31	3 600 000	3 030 377.67*	569 622.33	60 000 000
小　计	18 000 000	15 403 800	2 596 200	—

注：*尾数调整：60 000 000+3 600 000-60 569 622.33=3 030 377.67（元）。

根据表2-2的资料，甲公司的账务处理如下：

(1) 2015年1月1日，发行债券时：

借：银行存款　　　　　　　　　　　　　　　　　　　62 596 200
　　贷：应付债券——面值　　　　　　　　　　　　　60 000 000
　　　　　　　　——利息调整　　　　　　　　　　　 2 596 200

(2) 2015年12月31日，计算利息费用时：

借：财务费用（或在建工程）　　　　　　　　　　　　 3 129 810
　　应付债券——利息调整　　　　　　　　　　　　　　 470 190
　　贷：应付利息　　　　　　　　　　　　　　　　　 3 600 000

(3) 2015年12月31日，支付利息时：

借：应付利息　　　　　　　　　　　　　　　　　　　 3 600 000
　　贷：银行存款　　　　　　　　　　　　　　　　　 3 600 000

2016年、2017年、2018年确认利息费用的会计分录与2015年相同，金额与利息费用一览表的对应金额一致。

(4) 2019年12月31日，归还债券本金及最后一期利息费用时：

借：财务费用（或在建工程）　　　　　　　　　　　　 3 030 377.67
　　应付债券——面值　　　　　　　　　　　　　　　60 000 000
　　　　　　——利息调整　　　　　　　　　　　　　　 596 622.33
　　贷：银行存款　　　　　　　　　　　　　　　　　63 627 000

【同步案例2-2】某公司于2015年1月1日发行面值为40 000 000元的5年期债券，债券票面年利率为5%，实际发行价格41 800 000元，经计算实际利率为4%，每年末计息一次利息，到期一次还本付息。

要求：作出相关会计处理。

【同步案例2-3】 某公司于2015年1月1日折价发行了5年期面值为1 250万元公司债券，发行价格为1 000万元，票面利率为4.72%，按年付息，到期一次还本。假定公司发行债券募集的资金专门用于建造一条生产线，生产线从2015年1月1日开始建设，于2015年底完工，达到预定可使用状态。

要求：根据上述经济业务计算债券实际利率，编制相关会计分录。

任务三 长期应付款的核算

【任务分析】

长期应付款，是企业除长期借款和应付债券以外的其他各种长期应付款项，包括应付融资租入固定资产的租赁费、具有融资性质的延期付款购买资产发生的应付款项等。学习长期应付款的核算，应掌握其会计处理方法。

【知识准备及应用】

一、应付融资租赁款

通过融资租赁方式租入固定资产是企业取得固定资产的重要途径。因融资租入固定资产而发生的应付融资租赁费，形成企业的一笔非流动负债。

应付融资租赁款，是指企业融资租入固定资产而发生的应付款，是在租赁开始日承租人应向出租人支付的最低租赁付款额。

企业融资租入固定资产时，应当在租赁开始日，按租赁开始日租赁资产公允价值与最低租赁付款额的现值两者中的较低者，加上初始直接费用，作为入账价值，借记"在建工程"或"固定资产"科目，按最低租赁付款额，贷记"长期应付款"，按发生的初始直接费用，贷记"银行存款"等科目，按其差额，借记"未确认融资费用"。

按期支付融资租赁费时，借记"长期应付款"，贷记"银行存款"。未确认融资费用应当在租赁期内各个期间进行摊销时，借记"财务费用"或"在建工程"科目，贷记"未确认融资费用"科目。

企业在计算最低租赁付款额的现值时，如果能够取得出租人的租赁内含利率，应当采用出租人的租赁内含利率作为折现率；否则，应当采用租赁合同规定的利率作为折现率。如果无法取得出租人的租赁内含利率且租赁合同没有规定利率的，应当采用同期银行贷款利率作为折现率。

企业采用实际利率法分摊未确认融资费用，应当根据租赁期开始日租入资产入账价值的不同情况，对未确认融资费用采用不同的分摊率：

1. 以出租人的租赁内含利率为折现率将最低租赁付款额折现，且以该现值作为租入资产入账价值的，应当将租赁内含利率作为未确认融资费用的分摊率。

2. 以合同规定利率为折现率将最低租赁付款额折现，且以该现值作为租入资产入账价值的，应当将合同规定利率作为未确认融资费用的分摊率。

3. 以银行同期贷款利率为折现率将最低租赁付款额折现，且以该现值作为租入资产入账价值的，应当将银行同期贷款利率作为未确认融资费用的分摊率。

4. 以租赁资产公允价值为入账价值的，应当重新计算分摊率。该分摊率是使最低租赁付款额的现值等于租赁资产公允价值的折现率。

【同步操练2－6】假设某公司2014年12月20日，与丁租赁公司签订了一份融资租赁合同。某公司以融资租赁方式向丁租赁公司租入一台设备，合同主要条款如下：

① 租赁开始日：2015年1月1日。
② 租赁期：2015年1月1日~2018年12月31日，共4年。
③ 租金支付：自租赁开始日每年年末支付租金150 000元。
④ 该机器在2015年1月1日的公允价值为500 000元。
⑤ 租赁合同规定的利率为7%（年利率）。
⑥ 承租人与出租人的初始直接费用均为1 000元。
⑦ 租赁期届满时，某公司享有优惠购买该机器的选择权，购买价为100元，估计该日租赁资产的公允价值为80 000元。

(1) 租赁开始日的会计处理。

第一步，计算租赁开始日最低租赁付款额的现值，确定租赁资产入账价值。

最低租赁付款额＝各期租金之和＋行使优惠购买选择权支付的金额＝150 000×4＋100
＝600 100（元）

计算最低租赁付款额现值的过程如下：

每期租金150 000的年金现值：150 000×（P/A，7%，4）

优惠购买选择权行使价100元的复利现值＝100×（P/F，7%，4）

查表得知（P/A，7%，4）＝3.3872，（P/F，7%，4）＝0.7629

现值合计＝150 000×3.3872＋100×0.7629＝508 156.29（元）＞500 000（元）

根据租赁开始日租赁资产的公允价值与最低租赁付款额的现值孰低原则，租赁资产的入账价值应为资产公允价值500 000元。

第二步，计算未确认融资费用。

未确认融资费用＝最低租赁付款额－租赁开始日租赁资产的入账价值
＝600 100－500 000＝100 100（元）

第三步，租赁资产最终的入账价值＝资产公允价值500 000＋初始直接费用1 000
＝501 000（元）。

第四步，2015年1月1日作以下会计分录：

借：固定资产——融资租入固定资产　　　　　　　　　　　　501 000
　　未确认融资费用　　　　　　　　　　　　　　　　　　　100 100
　　贷：长期应付款　　　　　　　　　　　　　　　　　　　　　600 100
　　　　银行存款　　　　　　　　　　　　　　　　　　　　　　　1 000

(2) 按期支付租赁款、分摊未确认融资费用。

第一步，确定融资费用分摊率。

由于租赁资产入账价值为公允价值，因此应重新计算融资费用分摊率，计算过程如下：

根据下列公式，租赁开始日最低租赁付款的现值＝租赁开始日租赁资产公允价值。因为分期支付租金，所以可以得出：150 000×(P/A, r, 4) + 100×(P/F, r, 4) = 500 000（元）

可在多次测试的基础上，用插值法计算融资费用分摊率。

当 r = 7% 时：

150 000×3.3872 + 100×0.7629 = 508 156.29 > 500 000

当 r = 8% 时：

150 000×3.3121 + 100×0.7350 = 496 888.5 < 500 000

因此，7% < r < 8%。用插值法计算如下：

现值	利率
508 156.29	7%
500 000	r
496 888.5	8%

(508 156.29 − 500 000)/(508 156.29 − 496 888.5) = (7% − r)/(7% − 8%)

计算得出：r = 7.72%。即融资费用分摊率为7.72%。

第二步，在租赁期内采用实际利率法分摊融资费用（如表2-3所示）。

表 2-3　　　　　　　　　　　　　　　　　　　　　　　　　　　　　　　　　　　　单位：元

日期 ①	租金 ②	确认的融资费用 ③＝期初⑤×7.72%	应付本金减少额 ④＝②−③	应付本金余额 期末⑤＝⑤−④
				500 000
2015-12-31	150 000	38 600	111 400	388 600
2016-12-31	150 000	29 999.92	120 000.08	268 599.92
2017-12-31	150 000	20 735.91	129 264.09	139 335.83
2018-12-31	150 000	10 764.17	139 235.83	100
2019-1-1	100		100	0
合计	600 100	100 100	500 000	

第三步，会计分录。

2015年12月31日，支付第一期租金：

借：长期应付款　　　　　　　　　　　　　　　　　　　　　　150 000
　　贷：银行存款　　　　　　　　　　　　　　　　　　　　　　　　150 000
借：财务费用　　　　　　　　　　　　　　　　　　　　　　　38 600
　　贷：未确认融资费用　　　　　　　　　　　　　　　　　　　　　38 600

2016年12月31日，支付第二期租金：

借：长期应付款　　　　　　　　　　　　　　　　　　　　　　150 000
　　贷：银行存款　　　　　　　　　　　　　　　　　　　　　　　　150 000
借：财务费用　　　　　　　　　　　　　　　　　　　　　　　29 999.92

贷：未确认融资费用	29 999.92

2017 年 12 月 31 日，支付第三期租金：

借：长期应付款	150 000
贷：银行存款	150 000
借：财务费用	20 735.91
贷：未确认融资费用	20 735.91

2018 年 12 月 31 日，支付第四期租金：

借：长期应付款	150 000
贷：银行存款	150 000
借：财务费用	10 764.17
贷：未确认融资费用	10 764.17

（3）租赁期届满时，购买该机器

2019 年 1 月 1 日作以下会计分录：

借：长期应付款	100
贷：银行存款	100

二、具有融资性质的延期付款购买资产

企业购买资产有可能延期支付有关价款。如果延期支付的购买价款超过正常信用条件，实质上具有融资性质的，所购资产的成本应当以延期支付购买价款的现值为基础确定。实际支付的价款与购买价款的现值之间的差额，应当在信用期间内采用实际利率法进行摊销，符合资本化条件的，计入相关资产成本，否则计入当期损益。

企业购入资产超过正常信用条件延期付款实质上具有融资性质时，应按购买价款的现值，借记"固定资产"、"在建工程"、"无形资产"、"研发支出"等科目，按应支付的金额，贷记"长期应付款"科目，按其差额，借记"未确认融资费用"科目。

按期支付价款时，借记"长期应付款"科目，贷记"银行存款"科目。同时，企业应当采用实际利率法计算确定当期的利息费用，借记"财务费用"、"在建工程"、"研发支出"科目，贷记"未确认融资费用"科目。

【同步操练 2 – 7】某公司 2015 年 1 月 1 日以分期付款方式购入一台设备，总价款为 150 万元，购货合同约定购买之日首付 60 万元，以后每年年末支付 30 万元，分 3 年于 2017 年 12 月 31 日付清，假设银行同期贷款利率为 10%。根据上述经济业务，公司应作会计处理如下：

（1）2015 年 1 月 1 日购入时：

分期应付款的应付本金 = 每期分期付款 300 000 元的年金现值 = 30 000 × (P/A, 10%, 3) = 300 000 × 2.4869 = 746 070（元）[查表得知 (P/A, 10%, 3) = 2.4869]

总价款的现值 = 600 000 + 746 070 = 1 346 070（元）

未确认融资费用 = 1 500 000 – 1 346 070 = 153 930（元）

借：固定资产	1 346 070
未确认融资费用	153 930

贷：长期应付款　　　　　　　　　　　　　　　　　900 000
　　　银行存款　　　　　　　　　　　　　　　　　600 000

（2）按期支付价款、分摊未确认融资费用：
合同付款期内采用实际利率法分摊融资费用。

表 2－4　　　　　　　　　　　　　　　　　　　　　　　　　　　　　　　单位：元

日期 ①	每期付款金额 ②	确认的融资费用 ③ = 期初⑤×10%	应付本金减少额 ④ = ② - ③	应付本金余额 期末⑤ = ⑤ - ④
				746 070
2015 - 12 - 31	300 000	74 607	225 393	520 677
2016 - 12 - 31	300 000	52 067.70	247 932.30	272 744.70
2017 - 12 - 31	300 000	27 255.3	272 744.70	0
合计	900 000	153 930	746 070	

2015 年 12 月 31 日，支付第一期应付款：
借：长期应付款　　　　　　　　　　　　　　　　　300 000
　　贷：银行存款　　　　　　　　　　　　　　　　300 000
借：财务费用　　　　　　　　　　　　　　　　　　74 607
　　贷：未确认融资费用　　　　　　　　　　　　　74 607

2016 年 12 月 31 日，支付第二期应付款：
借：长期应付款　　　　　　　　　　　　　　　　　300 000
　　贷：银行存款　　　　　　　　　　　　　　　　300 000
借：财务费用　　　　　　　　　　　　　　　　　　52 067.70
　　贷：未确认融资费用　　　　　　　　　　　　　52 067.70

2017 年 12 月 31 日，支付第三期应付款：
借：长期应付款　　　　　　　　　　　　　　　　　300 000
　　贷：银行存款　　　　　　　　　　　　　　　　300 000
借：财务费用　　　　　　　　　　　　　　　　　　27 255.30
　　贷：未确认融资费用　　　　　　　　　　　　　27 255.30

【练习题】

一、单项选择题

1. 甲企业 2016 年 7 月 1 日发行五年期面值为 100 万元的债券，该债券到期一次还本付息，票面年利率为 5%，甲企业 2016 年 12 月 31 日应付债券的账面余额为（　　）万元。
   A. 100　　　　　　B. 102.5　　　　　　C. 105　　　　　　D. 125

2. 长期借款利息及外币折算差额，均应记入（　　）科目。
   A. 其他业务支出　　B. 长期借款　　　　C. 投资收益　　　　D. 其他应付款

3. 某股份有限公司于 2016 年 1 月 1 日发行 3 年期，每年 1 月 1 日付息、到期一次还本的公司债券，债券面值为 200 万元，票面年利率为 5%，实际利率为 6%，发行价格为 194.65 万元。按实际利率法确定利息费用。该债券 2016 年度确认的利息费用为（　　）万元。

A. 11.78　　　　　B. 12　　　　　C. 10　　　　　D. 11.68

4. 就发行债券的企业而言，所获债券溢价收入实质是（　　）。
   A. 为以后少付利息而付出的代价　　　B. 为以后多付利息而得到的补偿
   C. 本期利息收入　　　　　　　　　　D. 以后期间的利息收入

5. 企业以折价方式发行债券时，每期负担的利息费用是（　　）。
   A. 按票面利率计算的应计利息加上摊销的利息调整
   B. 按实际利率计算的应计利息减去摊销的利息调整
   C. 按实际利率计算的应计利息
   D. 按实际利率计算的应计利息加上应摊销的利息调整

6. 甲公司于2015年1月1日发行5年期、一次还本、分期付息的公司债券，每年12月31日支付利息。该公司债券票面利率为5%，面值总额为300 000万元，发行价格总额为313 347万元；支付发行费用120万元，发行期间冻结资金利息为50万元。假设该公司每年年末采用实际利率法摊销利息调整，实际利率为4%。2016年12月31日该应付债券的账面余额为（　　）万元。
   A. 308 008.20　　　　　　　　　　　B. 308 240.40
   C. 308 316.12　　　　　　　　　　　D. 308 348.56

7. 企业生产经营期间发生的长期借款利息应记入（　　）科目。
   A. 在建工程　　B. 财务费用　　C. 开办费　　D. 长期待摊费用

8. 下列项目中，不属于非流动负债的是（　　）。
   A. 长期借款　　B. 应付债券　　C. 专项应付款　　D. 预收的货款

9. 长期借款分期计算和支付利息时，应通过（　　）科目核算。
   A. 应付利息　　B. 其他应付款　　C. 长期借款　　D. 长期应付款

10. 某企业为建造固定资产发行债券，至2015年12月31日时工程尚未完工，计提本年应付债券利息时应记入（　　）科目。
    A. 固定资产　　B. 在建工程　　C. 管理费用　　D. 财务费用

11. 债券发行费用处理，如果债券发行费用大于发行期间冻结资金所产生的利息收入，按其差额（　　）。
    A. 冲减资本公积　　　　　　　　　　B. 作为发行债券的折价
    C. 记入长期待摊费用　　　　　　　　D. 根据发行债券用途记入在建工程或财务费用

12. 若公司债券溢价发行，随着溢价的摊销，按实际利率法摊销的利息调整（　　）。
    A. 会逐期减少　　　　　　　　　　　B. 会逐期增加
    C. 与直线法摊销确认的金额相等　　　D. 一定小于按直线法确认的金额

13. 若公司债券折价发行，折价按实际利率法摊销，随着利息调整的摊销，各期计入利息费用的金额（　　）。
    A. 会逐期减少　　　　　　　　　　　B. 会逐期增加
    C. 与直线法摊销确认的金额相等　　　D. 一定小于按直线法确认的金额

14. 债券溢价发行是由于债券票面利率与市场利率不等造成的，表现为（　　）。
    A. 市场利率高于票面利率　　　　　　B. 市场利率等于票面利率
    C. 市场利率低于票面利率　　　　　　D. 发行价格高于票面额

15. 甲公司融资租入一台设备，其原账面价值为215万元，租赁开始日公允价值为205万元，最低租赁付款额为250万元，按出租人的内含利率折现的最低租赁付款额的现值为210万元，发生的初始直接费用为5万元。则在租赁开始日，甲公司租赁资产的入账价值、未确认融资费用分别是（　　）万元。
    A. 210.45　　　　B. 205.50　　　　C. 210.40　　　　D. 215.40

二、多项选择题
1. 在我国会计实务中，生产经营期间为购建固定资产而发生的长期借款利息费用，可能记入（   ）科目。
   A. 在建工程　　　　B. 财务费用　　　　C. 长期借款　　　　D. 长期待摊费用
2. 下列对长期借款利息费用的会计处理，正确的有（   ）。
   A. 筹建期间的借款利息记入管理费用
   B. 筹建期间的借款利息记入长期待摊费用
   C. 日常生产经营活动的借款利息记入财务费用
   D. 符合资本化条件的借款利息记入相关资产成本
3. 债券的发行价格受下列哪些因素的影响（   ）。
   A. 债券面值　　　　B. 债券票面利率　　　　C. 发行时市场利率　　　　D. 债券付息方式
4. 长期负债包括（   ）。
   A. 应付账款　　　　B. 应付债券　　　　C. 长期应付款　　　　D. 其他应付款
5. 以下构成应付债券溢价内容的有（   ）。
   A. 由于同期银行存款利率超过票面利率，导致以后多支付利息而事前得到的补偿
   B. 因同期银行存款利率低于票面利率，导致以后多支付利息而事前得到的补偿
   C. 为发行费用小于发行期间冻结申购资金产生的利息收入，扣除该利息收入后的差额
   D. 因发行费用大于发行期间冻结申购资金产生的利息收入，扣除该利息收入后的差额
6. 以下构成应付债券折价内容的有（   ）。
   A. 由于同期银行存款利率超过票面利率，导致以后少支付利息而事前付出的代价
   B. 因同期银行存款利率低于票面利率，导致以后少支付利息而事前付出的代价
   C. 因发行费用小于发行期间冻结申购资金产生的利息收入，扣除该利息收入后的差额
   D. 因发行费用大于发行期间冻结申购资金产生的利息收入，扣除该利息收入后的差额
7. 下列各项中，应作为"长期应付款"核算的有（   ）。
   A. 应付的职工统筹退休金
   B. 分期付款方式购入固定资产发生的应付款项
   C. 应付的经营租入固定资产租金
   D. 应付的融资租入固定资产租赁费
8. 长期借款所发生的利息支出，可能借记的科目有（   ）。
   A. 营业费用　　　　B. 财务费用　　　　C. 在建工程　　　　D. 研发支出
9. "应付债券"科目的贷方反映的内容有（   ）。
   A. 债券发行时产生的债券溢价　　　　B. 债券发行时产生的债券折价
   C. 期末计提的应付债券利息　　　　　D. 发行时债券的面值
10. "应付债券"科目的借方反映的内容有（   ）。
    A. 债券溢价的摊销　　　　　　　　B. 债券折价的摊销
    C. 期末计提应付债券利息　　　　　D. 归还债券本金
11. 债券的发行价格有（   ）。
    A. 溢价　　　　B. 折价　　　　C. 面值　　　　D. 平均价
12. 对于分期付息、一次还本的债券，应于资产负债表日按摊余成本和实际利率计算确定的债券利息，可能借记的会计科目有（   ）。
    A. 在建工程　　　　B. 销售费用　　　　C. 财务费用　　　　D. 研发支出
13. "长期借款"科目核算的内容有（   ）。
    A. 借入的长期借款本金　　　　　　B. 偿还的长期借款本金

C. 取得借款时实收金额和借款本金的差额　　　　D. 计提的长期借款利息
　14. "应付债券"科目根据核算内容一般应设（　　　）等明细科目。
　　A. 面值　　　　　　B. 利息调整　　　　　　C. 应付利息　　　　　　D. 应计利息
　15. 下列项目中，属于长期应付款核算内容的有（　　　）。
　　A. 应付融资租入固定资产租赁费
　　B. 应付经营租入固定资产租赁费
　　C. 应付出租包装物的押金
　　D. 具有融资性质分期付款购入无形资产的应付款项

三、判断题

1. 对于分期付息债券，若采用实际利率法对公司折价发行的债券摊销，因为债券的账面价值逐期增加，应负担的利息费用也随之逐期增加。（　　　）
2. 企业采用实际利率法对应付债券溢价进行摊销时，应付债券账面价值逐期减少，应负担的利息费用也随之逐期减少。（　　　）
3. "长期借款"科目核算企业借入长期借款的本金、利息以及外币借款的折合差额。（　　　）
4. 长期借款利息费用应当在资产负债表日按照实际利率法计算确定，实际利率与合同利率差异较小的，也可以采用合同利率计算确定利息费用。（　　　）
5. 长期借款账户的期末余额，反映企业尚未支付的各种长期借款的本金和利息。（　　　）
6. 企业计提长期借款利息时，应当借记"财务费用"，贷记"预提费用"。（　　　）
7. 企业发生的所有借款利息都应作为"财务费用"处理。（　　　）
8. 企业发行债券的溢价或折价，是企业在债券存续期内对利息费用的一种调整。（　　　）
9. 发行长期债券的企业，在计提利息时，应借记"在建工程"，贷记"应付债券——应计利息"。（　　　）
10. 就发行债券的企业而言，所获债券溢价收入实质是以后多付利息而得到的补偿。（　　　）
11. 若采用实际利率法对公司溢价发行的债券摊销，因为债券的账面价值逐期减少，所以摊销的利息调整额也逐期减少。（　　　）
12. 企业在筹建期间发生的长期借款利息，应计入"财务费用"或"在建工程"科目。（　　　）
13. "长期借款"与"短期借款"科目核算方法相同，既要核算借款本金，又要核算借款利息。（　　　）
14. 当债券票面利率高于同期银行存款利率时，债券按溢价发行。对于债券发行企业来讲，溢价发行是企业以后各期少付利息而事先从债券购买者那里得到的补偿；对于购买债券作为长期投资的企业来讲，溢价购入是企业以后各期少得利息而事先付出的代价。（　　　）
15. 融资租入固定资产的入账价值是租赁开始日固定资产的公允价值和最低租赁付款额现值较低者，在租赁中发生的相关初始直接费用也应当计入资产入账价值中。（　　　）

四、业务题

1. 某企业 2016 年 1 月 1 日从银行借入资金 1 000 000 元，借款期限 2 年，年利率 9%（每年付息一次，到期还本，单利计算），所借款项已存入银行。该借款用于建造生产线，于 2016 年 1 月 1 日一次性投入，该生产线于 2016 年 12 月 31 日完工投入使用。
　要求：编制该企业从借款到还款的全部会计分录。
2. 某企业经批准从 2015 年 1 月 1 日起发行三年期面值为 100 元的债券 10 000 张，发行价格确定为面值发行，债券年利率为 6%，每半年计息一次，该债券所筹集资金全部用于新生产线的建设，该生产线于 2016 年 6 月底完工交付使用，债券到期后一次支付本金和利息。
　要求：编制该企业从债券发行到债券到期的全部会计分录。
3. 2015 年 12 月 31 日，甲公司经批准发行 5 年期一次还本分期付息的公司债券 10 000 000 元，债券利息在每年12月31日支付，票面利率为年利率6%。假定债券发行时的市场利率为5%。发行价格为10 432 700元甲公司采用实际利率法和摊余成本计算确定的利息费用。

要求：编制该企业从债券发行到债券到期的全部会计分录。

4. 某企业经批准于2016年1月1日起发行两年期面值为100元的债券200 000张，债券年利率为3%，每年7月1日和1月1日付息两次，到期时归还本金和最后一次利息。该债券发行收入为1 961.92万元，债券实际利率为年利率4%。该债券所筹集资金全部用于新生产线的建设，该生产线于2016年6月底完工交付使用。采用实际利率法摊销利息调整，每年6月30日和12月31日计提利息。

要求：编制该企业从债券发行到债券到期的全部会计分录。

5. A公司2014年1月1日从B公司购入甲生产设备作为固定资产使用，购货合同约定，甲生产设备的总价款为2 000万元，当日支付800万元，余款分3年于每年末平均支付。设备交付安装，支付安装等相关费用20.8万元，设备于3月31日安装完毕达到预定可使用状态并交付使用。设备预计净残值为30万元，预计使用年限为5年，采用年数总和法计提折旧。假定同期银行借款年利率为6%[(P/A,6%,3) = 2.6730，(P/A,6%,4) =3.4651]。

要求：

（1）计算该设备的入账价值及未确认融资费用。

（2）计算A公司2014年、2015年应确认的融资费用及应计提的折旧额。

（3）编制2014年、2015年以及2016年与该设备相关的会计分录。

项目三
所有者权益的核算

【学习目标】

能力目标：能正确进行企业投入资本、资本公积、盈余公积的账务处理；能描述资本公积的内容及其产生原因；能说出留存收益的内容及其来源渠道和用途。

知识目标：熟悉所有者权益的概念及其构成；熟悉投入资本的意义及相关规定；掌握企业投入资本、资本公积、留存收益的核算；掌握股份有限公司股本回购的处理。

【情境导入】

所有者权益是指企业资产扣除负债后由所有者享有的剩余权益。公司的所有者权益又称为股东权益。所有者权益是所有者对企业资产的剩余索取权，它是企业资产中扣除债权人权益后应由所有者享有的部分。

所有者权益是企业永久性的资金来源，它是保证企业持续经营和偿还债务的物质基础，是企业抵御各种风险的缓冲器。企业在吸收投资的同时，更应注意企业的留存收益，企业应该靠自身实力不断发展壮大。

任务分解：（1）实收资本的核算。（2）资本公积的核算。（3）留存收益的核算。

任务一 实收资本的核算

【任务分析】

实收资本是指投资者按照企业章程或合同、协议的约定，实际投入企业的资本，它表明所有者对企业的基本产权关系。实收资本是企业永久性的资金来源，它是保证企业持续经营和偿还债务的最基本的物质基础。学习实收资本的核算，要掌握实收资本的业务流程。

【知识准备及应用】

一、所有者权益的来源

所有者权益的来源包括所有者投入的资本、直接计入所有者权益的利得和损失、留存收益等，通常由实收资本（或股本）、资本公积（含资本溢价或股本溢价、其他资本公积）、盈余公积和未分配利润构成。

所有者投入的资本是指所有者投入企业的资本部分，它既包括构成企业注册资本或者股本部分的金额，也包括投入资本超过注册资本或者股本部分的金额，即资本溢价或者股本溢价。

直接计入所有者权益的利得和损失，是指不应计入当期损益、会导致所有者权益发生增减变动的、与所有者投入资本或者向所有者分配利润无关的利得或者损失。主要包括可供出售金融资产的公允价值变动额、现金流量套期中套期工具公允价值变动额（有效套期部分）等。

留存收益是企业历年实现的净利润留存于企业的部分，主要包括累计计提的盈余公积和未分配利润（见图3-1）。

$$
所有者权益 \begin{cases} 所有者投入 \begin{cases} 实收资本：注册资本或股本 \\ 资本公积：资本溢价或者股本溢价和其他资本公积 \end{cases} \\ 留存收益 \begin{cases} 盈余公积：法定盈余公积、任意盈余公积 \\ 未分配利润 \end{cases} \end{cases}
$$

图3-1 所有者权益的来源

所有者权益的特征可以概括为：(1) 所有者权益是剩余权益，对资产的要求权不具有优先权，即企业的资产必须在保证企业所有的债务得以清偿后，才归所有者享有。(2) 所有者权益具有参与企业经营管理、重大决策和利润分配的权利。(3) 所有者权益的收益具有不确定性。(4) 所有者权益的收回无时间性。一般而言，它是一项永久性投资。所有者的资产一经投入，除非发生减资、清算，否则企业不需偿还所有者权益。(5) 所有者权益金额取决于资产和负债的计量。

我国有关法律规定，投资者设立企业首先必须投入资本。《企业法人登记管理条例》规定，企业申请开业，必须具备国家规定的与其生产经营和服务规模相适应的资金。

二、实收资本（股本）的核算

为了反映和监督投资者投入资本的增减变动情况，企业必须按照国家统一的会计制度的规定进行实收资本的核算，真实地反映所有者投入企业资本的状况，维护所有者各方面在企业的权益。

除股份有限公司以外，其他各类企业应通过"实收资本"账户核算，股份有限公司应通过"股本"账户核算。账户贷方登记企业收到投资人投入的资本；借方登记依法减少的资本数；期末余额在贷方，表示企业实有的资本或股本。按投资者设置明细账进行明细核算。

企业收到所有者投入企业的资本后，应根据有关原始凭证（如投资清单、银行通知单等），分别不同的出资方式进行会计处理。

（一）接受货币资产投资

1. **股份有限公司以外的企业接受货币资产投资。**

【同步操练3-1】甲、乙、丙共同投资设立A有限责任公司，注册资本为3 000 000元，甲、乙、丙持股比例分别为60%、30%和10%。按照章程规定，甲、乙、丙投入资本分别为1 800 000元、900 000元和300 000元。A有限责任公司已如期收到各投资者一次缴足的款项。A有限责任公司在进行会计处理时，应编制如下会计分录：

借：银行存款　　　　　　　　　　　　　　　　　　　　　　　　　3 000 000

　　　　贷：实收资本——甲　　　　　　　　　　　　　　　　　　　1 800 000
　　　　　　　　　——乙　　　　　　　　　　　　　　　　　　　　900 000
　　　　　　　　　——丙　　　　　　　　　　　　　　　　　　　　300 000

　　实收资本的构成比例即投资者的出资比例或股东的股份比例，是确定所有者在企业所有者权益中所占的份额和参与企业财务经营决策的基础，也是企业进行利润分配或股利分配的依据，同时还是企业清算时确定所有者对净资产的要求权的依据。

　　2. 股份有限公司接受货币资产投资。股份有限公司发行股票时，既可以按面值发行股票，也可以溢价发行（我国目前不准许折价发行）。股份有限公司在核定的股本总额及核定的股份总额的范围内发行股票时，应在实际收到货币资产时进行会计处理。

　　【同步操练3-2】某股份有限公司发行普通股10 000 000股，每股面值1元，每股发行价格5元。假定股票发行成功，股款50 000 000元已全部收到，不考虑发行过程中的税费等因素。根据上述资料，某股份有限公司应作如下账务处理：
　　借：银行存款　　　　　　　　　　　　　　　　　　　　　　　50 000 000
　　　　贷：股本　　　　　　　　　　　　　　　　　　　　　　　　10 000 000
　　　　　　资本公积——股本溢价　　　　　　　　　　　　　　　　40 000 000

　　本操练中，公司发行股票实际收到的款项为50 000 000元，应借记"银行存款"科目；实际发行的股票面值为10 000 000元，应贷记"股本"科目，按其差额，贷记"资本公积——股本溢价"科目。

（二）接受非现金资产投资

　　我国《公司法》规定，股东可以用货币出资，也可以用实物、知识产权、土地使用权等可以用货币估价并可以依法转让的非货币财产作价出资；但是，法律、行政法规规定不得作为出资的财产除外。

　　对作为出资的非货币财产应当评估作价，核实财产，不得高估或者低估作价。法律、行政法规对评估作价有规定的，从其规定。不论以何种方式出资，投资者如在投资过程中违反投资合约，不按规定如期缴足出资额，企业可以依法追究投资者的违约责任。

　　企业接受非现金资产投资时，应按投资合同或协议约定价值确定非现金资产价值（但投资合同或协议约定价值不公允的除外）和在注册资本中应享有的份额。

　　1. 接受投入固定资产。企业接受投资者作价投入的房屋、建筑物、机器设备等固定资产，应按投资合同或协议约定价值确定固定资产价值（但投资合同或协议约定价值不公允的除外）和在注册资本中应享有的份额。

　　【同步操练3-3】甲有限责任公司于设立时收到乙公司作为资本投入的不需要安装的机器设备一台，合同约定该机器设备的价值为2 000 000元，增值税进项税额为340 000元。合同约定的固定资产价值与公允价值相符，不考虑其他因素，甲有限责任公司进行会计处理时，应编制如下会计分录：
　　借：固定资产　　　　　　　　　　　　　　　　　　　　　　　2 000 000
　　　　应交税费——应交增值税（进项税额）　　　　　　　　　　　340 000
　　　　贷：实收资本——乙公司　　　　　　　　　　　　　　　　　2 340 000

本操练中，该项固定资产合同约定的价值与公允价值相符，甲公司接受乙公司投入的固定资产按合同约定全额作为实收资本，因此，可按 2 340 000 元的金额贷记"实收资本"科目。

2. 接受投入材料物资。企业接受投资者作价投入的材料物资，应按投资合同或协议约定价值确定材料物资价值（但投资合同或协议约定价值不公允的除外）和在注册资本中应享有的份额。

【同步操练 3-4】F 公司于乙有限责任公司设立时，投入原材料一批作为资本，该批原材料投资合同或协议约定价值（不含可抵扣的增值税进项税额部分）为 100 000 元，增值税进项税额为 17 000 元。F 公司已开具了增值税专用发票。假设合同约定的价值与公允价值相符，该进项税额允许抵扣，不考虑其他因素，乙有限责任公司在进行会计处理时，应编制如下会计分录：

借：原材料　　　　　　　　　　　　　　　　　　　　　　100 000
　　应交税费——应交增值税（进项税额）　　　　　　　　 17 000
　　贷：实收资本——F 公司　　　　　　　　　　　　　　　　　117000

3. 接受投入无形资产。企业收到以无形资产方式投入的资本，应按投资合同或协议约定价值确定无形资产价值（但投资合同或协议约定价值不公允的除外）和在注册资本中应享有的份额。

【同步操练 3-5】丙有限责任公司于设立时收到 A 公司作为资本投入的非专利技术一项，该非专利技术投资合同约定价值为 80 000 元，同时收到 B 公司作为资本投入的土地使用权一项，投资合同约定价值为 100 000 元。假设丙公司接受的非专利技术和土地使用权，合同约定的价值与公允价值相符，不考虑其他因素。丙有限责任公司在进行会计处理时，应编制如下会计分录：

借：无形资产——非专利技术　　　　　　　　　　　　　　 80 000
　　　　　　——土地使用权　　　　　　　　　　　　　　　100 000
　　贷：实收资本——A 公司　　　　　　　　　　　　　　　　 80 000
　　　　　　　——B 公司　　　　　　　　　　　　　　　　　100 000

（三）实收资本（或股本）的增减变动

企业实收资本（或股本）除下列情况外，不得随意变动：符合增资条件，并经有关部门批准增资后，登记入账；企业按法定程序报经批准减少注册资本的，在实际减少时登记入账。

1. 实收资本（或股本）的增加。一般企业增加资本主要有三个途径：接受投资者追加投资、资本公积转增资本和盈余公积转增资本。

需要注意的是，由于资本公积和盈余公积均属于所有者权益，用其转增资本时，应该按照原投资者各出资比例相应增加各投资者的出资额。

【同步操练 3-6】甲、乙、丙三人共同投资设立 A 有限责任公司，原注册资本为 4 000 000 元，甲、乙、丙分别出资 500 000 元、2 000 000 元和 1 500 000 元。为扩大经营规模，经批准，A 公司注册资本扩大为 5 000 000 元，甲、乙、丙按照原出资比例分别追加投资 125 000 元、500 000 元和 375 000 元。A 有限责任公司如期收到甲、乙、丙追加的现金投资。A 有限责任公司应编制如下会计分录：

借：银行存款　　　　　　　　　　　　　　　　　　　　　1 000 000
　　贷：实收资本——甲　　　　　　　　　　　　　　　　　　125 000
　　　　　　　　——乙　　　　　　　　　　　　　　　　　　500 000
　　　　　　　　——丙　　　　　　　　　　　　　　　　　　375 000

【同步操练 3-7】承【同步操练 3-6】，因扩大经营规模需要，经批准，A 有限责任公司按原出资比例将资本公积 1 000 000 元转增资本。A 有限责任公司会计分录如下：

借：资本公积　　　　　　　　　　　　　　　　　　　　　1 000 000
　　贷：实收资本——甲　　　　　　　　　　　　　　　　　　125 000
　　　　　　　　——乙　　　　　　　　　　　　　　　　　　500 000
　　　　　　　　——丙　　　　　　　　　　　　　　　　　　375 000

本操练中，资本公积 1 000 000 元按原出资比例转增实收资本，因此，A 有限责任公司应分别按照 125 000 元、500 000 元和 375 000 元的金额贷记"实收资本"科目中甲、乙、丙明细分类账。

2. 实收资本（或股本）的减少。在企业按照法定程序报经批准减少注册资本时，应按照减资金额，借记"实收资本"或"股本"科目，贷记"库存现金"、"银行存款"等科目。

股份有限公司采用收购本企业股票方式减资的，按注销股票的面值总额减少股本，购回股票支付的价款超过面值总额的部分，应依次冲减资本公积和留存收益，借记"股本"科目、"资本公积"、"盈余公积"、"利润分配——未分配利润"科目，贷记"库存股"科目；购回股票支付的价款低于面值总额的，应按股票面值总额，借记"股本"科目，按实际支付的金额，贷记"库存股"科目，按其差额，贷记"资本公积——股本溢价"科目。

【同步操练 3-8】甲股份有限公司 2015 年 12 月 31 日的股本为 1 亿股，每股面值为 1 元，资本公积（股本溢价）3 000 万元，盈余公积 4 000 万元。经股东大会批准，甲股份有限公司以现金回购本公司股票 2 000 万股并注销。假定甲股份有限公司按每股 3 元回购股票，不考虑其他因素，甲股份有限公司的会计处理如下：

(1) 回购本公司股票时：

借：库存股　　　　　　　　　　　　　　　　　　　　　60 000 000
　　贷：银行存款　　　　　　　　　　　　　　　　　　　60 000 000

库存股成本 = 20 000 000 × 3 = 60 000 000（元）

(2) 注销本公司股票时：

借：股本　　　　　　　　　　　　　　　　　　　　　　20 000 000
　　资本公积——股本溢价　　　　　　　　　　　　　　　30 000 000
　　盈余公积　　　　　　　　　　　　　　　　　　　　10 000 000
　　贷：库存股　　　　　　　　　　　　　　　　　　　60 000 000

应冲减的资本公积 = 20 000 000 × 3 - 20 000 000 × 1 = 40 000 000（元），由于应冲减的

资本公积大于公司现有的资本公积,所有只能冲减资本公积 30 000 000 元,剩余的 10 000 000 元应冲减盈余公积。

【同步操练 3-9】 承【同步操练 3-8】,假定甲股份有限公司按每股 0.9 元回购股票,其他条件不变,甲股份有限公司的会计处理如下:

(1) 回购本公司股票:

借:库存股　　　　　　　　　　　　　　　　　　　　18 000 000
　　贷:银行存款　　　　　　　　　　　　　　　　　　18 000 000

库存股成本 = 20 000 000 × 0.9 = 18 000 000(元)。

(2) 注销本公司股票时:

借:股本　　　　　　　　　　　　　　　　　　　　　20 000 000
　　贷:库存股　　　　　　　　　　　　　　　　　　　18 000 000
　　　　资本公积——股本溢价　　　　　　　　　　　　2 000 000

应增加的资本公积 = 20 000 000 × 1 - 20 000 000 × 0.9 = 2 000 000(元),由于折价回购,股本与库存股成本的差额 2 000 000 元应作为增加资本公积处理。

【同步案例 3-1】 甲公司 2015 年 12 月 31 日的股本为 2 000 万股,每股面值为 1 元,资本公积(股本溢价)5 000 万元,盈余公积 3 000 万元。经股东大会批准,甲公司以现金回购本公司股票 3 000 万股并注销。要求:

(1) 假定每股回购价为 0.8 元,编制回购股票和注销股票的会计分录。
(2) 假定每股回购价为 2 元,编制回购股票和注销股票的会计分录。
(3) 假定每股回购价为 3 元,编制回购股票和注销股票的会计分录。

任务二　资本公积的核算

【任务分析】

资本公积是企业收到投资者的超出其在企业注册资本(或股本)中所占份额的投资,以及直接计入所有者权益的利得和损失等。学习资本公积的核算,应熟悉资本公积的内容,掌握其会计处理方法。

【知识准备及应用】

一、资本公积概述

资本公积包括资本溢价(或股本溢价)和直接计入所有者权益的利得和损失等。

资本溢价(或股本溢价),是企业收到投资者的超出其在企业注册资本(或股本)中所占份额的投资。形成资本溢价(或股本溢价)的原因有溢价发行股票、投资者超额缴入资本等。直接计入所有者权益的利得和损失是指不应计入当期损益、会导致所有者权益发生增减变动的、与所有者投入资本或者向所有者分配利润无关的利得或者损失。

企业会计核算应设置"资本公积"科目，用以反映资本公积的增减变动情况。增加资本公积贷记该科目，减少资本公积借记该科目，该科目余额在贷方，反映企业实有的资本公积。该科目应按资本公积形成的类别设置明细账，进行明细核算。资本公积一般应设置的明细科目有"资本（或股本）溢价"、"其他资本公积"等明细科目。

二、资本溢价（或股本溢价）的核算

1. 资本溢价。

【知识链接3-1】除股份有限公司外的其他类型的企业，在企业创立时，投资者认缴的出资额与注册资本一致，一般不会产生资本溢价。但在企业重组或有新的投资者加入时，常常会出现资本溢价。因为在企业进行正常生产经营后，其资本利润率通常要高于企业初创阶段，另外，企业有内部积累，新投资者加入企业后，对这些积累也要分享，所以新加入的投资者往往要付出大于原投资者的出资额，才能取得与原投资者相同的出资比例。投资者多缴的部分就形成了资本溢价。

【同步操练3-10】A有限责任公司由甲、乙共同出资200 000元设立，每人各出资100 000元。1年后，为扩大经营规模，经批准，A公司注册资本增加到300 000元，并引入丙的加入。按照投资协议，丙需缴入现金110 000元，同时享有该公司1/3的股份。A有限责任公司已收到该现金投资。假定不考虑其他因素，A有限责任公司的会计分录如下：

借：银行存款　　　　　　　　　　　　　　　　　　　　110 000
　　贷：实收资本——丙　　　　　　　　　　　　　　　　　　100 000
　　　　资本公积——资本溢价　　　　　　　　　　　　　　　　10 000

本操练中，A公司收到丙的现金投资110 000元中，100 000元属于丙在注册资本中所享有的份额，应记入"实收资本"科目，10 000元属于资本溢价，应记入"资本公积—资本溢价"科目。

2. 股本溢价。股份有限公司是以发行股票的方式筹集股本的，股票可按面值发行，也可按溢价发行，我国目前不准折价发行。与其他类型的企业不同，股份有限公司在成立时可能会溢价发行股票，因而在成立之初，就可能会产生股本溢价。股本溢价的数额等于股份有限公司发行股票时实际收到的款额超过股票面值总额的部分。

在按面值发行股票的情况下，企业发行股票取得的收入，应全部作为股本处理；在溢价发行股票的情况下，企业发行股票取得的收入，股票面值部分作为股本处理，超出股票面值的溢价收入应作为股本溢价处理。

【知识链接3-2】发行股票相关的手续费、佣金等交易费用，如果是溢价发行股票的，应从溢价中抵扣，冲减资本公积（股本溢价）；无溢价发行股票或溢价金额不足以抵扣的，应将不足抵扣的部分冲减盈余公积和未分配利润。

【同步操练3-11】B股份有限公司首次公开发行了普通股3 000万股，每股面值1元，每股发行价格为5元。B股份有限公司以银行存款支付发行手续费、咨询费等费用共计400万元。假定发行收入已全部收到，发行费用已全部支付，不考虑其他因素，B股份有限公司的会计处理如下：

（1）收到发行收入时：

借：银行存款 150 000 000
　　贷：股本 30 000 000
　　　　资本公积——股本溢价 120 000 000

（2）支付发行费用时：

借：资本公积——股本溢价 4 000 000
　　贷：银行存款 4 000 000

三、其他资本公积的核算

其他资本公积是指除资本溢价（或股本溢价）项目以外所形成的资本公积，其中主要是直接计入所有者权益的利得和损失。本书以因被投资单位所有者权益的其他变动产生的利得或损失为例，介绍相关的其他资本公积的核算。

（一）因长期股权投资调整形成的资本公积

长期股权投资采用权益法核算的情况下，企业对于被投资单位除净利润以外其他所有者权益的变动，在持股比例不变的情况下，按照持股比例与被投资单位除净利润以外其他所有者权益的变动额计算应享有或承担的部分，调整长期股权投资的账面价值，同时增加或减少资本公积（其他资本公积）。具体说，在持股比例不变的情况下，被投资单位除净损益以外所有权权益的其他变动，企业按持股比例计算应享有的份额，借记或贷记"长期股权投资——其他权益变动"科目，贷记或借记"资本公积——其他资本公积"科目。

（二）因以权益结算的股份支付形成的资本公积

企业以权益结算的股份支付换取职工或其他方提供服务的，应按权益工具授予日的公允价值，借记"管理费用"等相关成本费用科目，贷记"资本公积——其他资本公积"科目。

（三）自用房地产或存货的转换形成的资本公积

企业将作为存货的房地产转换为采用公允价值模式计量的投资性房地产时，应当按该项房地产在转换日的公允价值，借记"投资性房地产——成本"科目，原已计提跌价准备的，借记"存货跌价准备"科目，按其账面余额，贷记"开发产品"等科目；同时，转换日的公允价值小于账面价值的，按其差额，借记"公允价值变动损益"科目，转换日的公允价值大于账面价值的，按其差额，贷记"资本公积——其他资本公积"科目。

企业将自用的建筑物等转换为采用公允价值模式计量的投资性房地产时，应当按该项房地产在转换日的公允价值，借记"投资性房地产——成本"科目，原已计提减值准备的，借记"固定资产减值准备"科目，按已计提的累计折旧等，借记"累计折旧"等科目，按其账面余额，贷记"固定资产"等科目；同时，转换日的公允价值小于账面价值的，按其差额，借记"公允价值变动损益"科目，转换日的公允价值大于账面价值的，按其差额，贷记"资本公积——其他资本公积"科目。

待该项投资性房地产处置时，因转换计入资本公积的部分应转入当期的其他业务收入，借记"资本公积——其他资本公积"科目，贷记"其他业务收入"科目。

（四）因金融工具形成的相关资本公积

1. 可供出售金融资产公允价值的变动。可供出售金融资产公允价值变动形成的利得，除减值损失和外币货币性金融资产形成的汇兑差额外，借记"可供出售金融资产——公允价值变动"科目，贷记"资本公积——其他资本公积"科目，公允价值变动形成的损失，作相反的会计分录。

2. 金融资产的重分类。将可供出售金融资产重分类为采用成本或摊余成本计量的金融资产，重分类日该金融资产的公允价值或账面价值作为成本或摊余成本，该金融资产没有固定到期日的，与该金融资产相关、原直接计入所有者权益的利得或损失，应当仍然记入"资本公积——其他资本公积"科目，在该金融资产被处置时转出，计入当期损益。

将持有至到期投资重分类为可供出售金融资产，并以公允价值进行后续计量，重分类日，该投资的账面价值与其公允价值之间的差额计入"资本公积——其他资本公积"科目，在该可供出售金融资产发生减值或终止确认时转出，计入当期损益。

按照金融工具确认和计量的规定应当以公允价值计量，但以前公允价值不能可靠计量的可供出售金融资产，企业应当在其公允价值能够可靠计量时改按公允价值计量，将相关账面价值与公允价值之间的差额计入"资本公积——其他资本公积"科目，在其发生减值或终止确认时将上述差额转出，计入当期损益。

四、资本公积转增资本的核算

根据我国公司法等法律的规定，资本公积的用途主要是用来转增资本（或股本）。但对于其他资本公积项目，在相关资产处置之前，不能用于转增资本或股本。

经股东大会或类似机构决议，用资本公积转增资本时，应冲减资本公积，同时按照转增前的实收资本（或股本）的结构或比例，将转增的金额记入实收资本（或股本）科目下各所有者的明细分类账。

【同步案例3-2】甲公司由投资者A和投资者B共同出资成立，每人出资200万元，各占50%的股份。经营两年后，投资者A和投资者B决定增加公司资本，此时有新的投资者C要求加入甲公司。经有关部门批准后，公司实施增资，将注册资本增加到900万元。经三方协商，一致同意，完成下述投入后，三方投资者各拥有甲公司300万元实收资本，并各占公司1/3的股份。协商约定投入资产按评估值入账。各投资者的出资情况如下：

（1）投资者A以机器设备投入甲公司作为增资，该设备原价150万元，已折旧30万元，评估确认价值130万元。

（2）投资者B以一批原材料投入甲公司作为增资，该批材料账面价值100万元，评估确认价值100万元，税务部门认定应缴增值税额为17万元。投资者B已开具了增值税专用发票。

（3）投资者C以银行存款投入甲公司420万元。

要求：根据以上资料，分别编制甲公司接受投资者A、投资者B增资时以及投资者C初次出资时的会计分录。

【同步案例3-3】 甲股份有限公司委托A证券公司发行普通股2 000万股，每股面值1元，每股发行价为4元。根据约定，股票发行成功后，甲股份有限公司应按发行收入的2%向A证券公司支付发行费。如果不考虑其他因素，股票发行成功后，甲股份有限公司记入"资本公积"科目的金额应为多少万元？并作相应的会计处理。

任务三 留存收益的核算

【任务分析】

留存收益是指企业从历年实现的利润中提取或形成的留存于企业的内部积累。它来源于企业在生产经营活动中所实现的净利润。它与实收资本和资本公积的区别在于，实收资本和资本公积主要来源于企业的资本投入，而留存收益则来源于企业的资本增值。学习留存收益的核算，应了解留存收益的具体内容，掌握其业务核算流程。

【知识准备及应用】

一、留存收益的组成及其用途

留存收益主要包括盈余公积和未分配利润。

（一）盈余公积的组成及其用途

盈余公积是指企业按照有关规定从净利润中提取的企业积累资金。公司制企业的盈余公积主要包括：

1. 法定盈余公积。它是指企业按照规定的比例从净利润中提取的盈余公积。

【知识链接3-3】 按照《公司法》有关规定，公司制企业应当按照净利润（减弥补以前年度亏损，下同）的10%提取法定盈余公积。非公司制企业法定盈余公积的提取比例可超过净利润的10%。法定盈余公积累计额已达注册资本的50%时可以不再提取。值得注意的是，在计算提取法定盈余公积的基数时，不应包括企业年初未分配利润。

2. 任意盈余公积。它是指企业经股东大会或类似机构批准按照规定的比例从净利润中提取的盈余公积。它与法定盈余公积的区别在于其提取比例由企业自行决定，而法定盈余公积的提取比例则由国家有关法规决定。

企业提取的盈余公积主要有以下几个方面的用途：

（1）弥补亏损。根据企业会计制度和有关法规的规定，企业发生亏损，可以用发生亏损后五年内实现的税前利润来弥补，当发生的亏损在五年内仍不足弥补的，应使用随后所实现的税后利润弥补。通常，当企业发生的亏损在所得税后利润仍不足弥补的，可以用所提取的盈余公积来加以弥补，但是，用盈余公积弥补亏损应当由董事会提议，股东大会批准，或者由类似的机构批准。

（2）转增资本（股本）。当企业提取的盈余公积累计比较多时，可以将盈余公积转增资本（股本），但是必须经股东大会或类似机构批准。而且用盈余公积转增资本（股本）后留存的盈余公积不得少于转增前注册资本的25%。

(3) 分配现金股利或利润。以盈余公积分配股利，这种情况不常见。主要是企业在累积盈余公积比较多，而未分配利润比较少的情况下，为了维护企业信誉，给投资者以合理的回报而进行的一种行为。

(二) 未分配利润的形成和用途

未分配利润是企业留待以后年度进行分配的结存利润，也是企业所有者权益的组成部分。相对于所有者权益的其他部分来讲，企业对于未分配利润的使用分配有较大的自主权。从数量上来讲，未分配利润是期初未分配利润，加上本期实现的净利润，减去提取的各种盈余公积和分配利润后的余额。

二、盈余公积的核算

为了总括反映企业各项盈余公积的提取和使用情况，企业应设置"盈余公积"总账科目，该科目贷方反映从税后利润中提取的各项盈余公积，借方反映盈余公积的使用，贷方余额反映提取的盈余公积余额。为了具体反映各项盈余公积的提取和使用，该科目应按盈余公积的种类设置明细账，进行明细核算。一般企业和股份有限公司应设置"法定盈余公积"和"任意盈余公积"两个明细科目；外商投资企业应设置"储备基金"、"企业发展基金"和"利润归还投资"三个明细科目。

(一) 提取盈余公积

企业按规定提取的盈余公积，借记"利润分配——提取法定盈余公积、提取任意盈余公积"科目，贷记"盈余公积——法定盈余公积、任意盈余公积"科目。

【同步操练3-12】某股份有限公司本年实现净利润为 5 000 000 元，年初未分配利润为0。经股东大会批准，公司按当年净利润的10%提取法定盈余公积，按净利润的5%提取任意盈余公积。假定不考虑其他因素，该公司的会计分录如下：

借：利润分配——提取法定盈余公积　　　　　　　　　　　　500 000
　　　　　　——提取任意盈余公积　　　　　　　　　　　　250 000
　贷：盈余公积——法定盈余公积　　　　　　　　　　　　　500 000
　　　　　　——任意盈余公积　　　　　　　　　　　　　　250 000

外商投资企业按规定提取储备基金、企业发展基金、职工奖励及福利基金，借记"利润分配——提取储备基金、提取企业发展基金、提取职工奖励及福利基金"科目，贷记"盈余公积——储备基金、企业发展基金"科目、"应付职工薪酬"科目。

(二) 盈余公积转增资本

企业经股东大会或类似机构决议，用盈余公积转增资本，应借记"盈余公积"科目，贷记"实收资本"或"股本"科目。

【同步操练3-13】某股份公司经股东大会决议，决定将法定盈余公积50万元转增资本，按规定增资程序获得批准后，该公司应作如下会计分录：

借：盈余公积——法定盈余公积　　　　　　　　　　　　　　　500 000
　　贷：股本　　　　　　　　　　　　　　　　　　　　　　　　　500 000

（三）盈余公积补亏

企业经股东大会或类似机构决议，将盈余公积用于弥补亏损时，应当借记"盈余公积"科目，贷记"利润分配——盈余公积补亏"科目。

【同步操练3-14】 某股份有限公司发生经营亏损20万元，经股东大会决议，用法定盈余公积弥补，会计核算上应作如下会计分录：

借：盈余公积——法定盈余公积　　　　　　　　　　　　　　　200 000
　　贷：利润分配——盈余公积补亏　　　　　　　　　　　　　　　200 000

（四）用盈余公积发放现金股利或利润

企业在用盈余公积弥补亏损后，如果仍有结余，经股东大会或类似机构决议，用于发放现金股利或利润时，应当借记"盈余公积"科目，贷记"应付股利"科目。

【同步操练3-15】 某股份有限公司本年经营状况不佳，发生少量亏损，考虑到公司前景和股票信誉，经股东大会决议，决定按股票面值的4%分配股利，由结存的任意盈余公积列支。假设该公司发行在外普通股1 500万股，每股面值为1元，则本次用于发放股利的盈余公积为60万元（1×4%×1 500），应作如下会计分录：

借：盈余公积——任意盈余公积　　　　　　　　　　　　　　　600 000
　　贷：应付股利　　　　　　　　　　　　　　　　　　　　　　　600 000

此外，企业经股东大会决议，可用盈余公积派送新股，按派送新股计算的金额，借记"盈余公积"科目，按股票面值和派送新股总数计算的股票面值总额，贷记"股本"科目，按其差额，贷记"资本公积——股本溢价"科目。

中外合作经营企业在经营期间用利润归还投资，应按实际归还投资的金额，借记"实收资本——已归还投资"科目，贷记"银行存款"等科目；同时，借记"利润分配——利润归还投资"科目，贷记"盈余公积——利润归还投资"科目。

三、未分配利润的核算

企业应通过"利润分配"科目，核算企业利润的分配（或亏损的弥补）和历年分配（或弥补）后的未分配利润（或未弥补亏损）。该科目应分别"提取法定盈余公积"、"提取任意盈余公积"、"应付现金股利或利润"、"盈余公积补亏"、"未分配利润"等进行明细核算。

企业未分配利润通过"利润分配——未分配利润"明细科目进行核算。年度终了，企业应将全年实现的净利润或发生的净亏损，自"本年利润"科目转入"利润分配——未分配利润"科目，并将"利润分配"科目所属其他明细科目的余额，转入"未分配利润"明细科目。结转后，"利润分配——未分配利润"科目如为贷方余额，表示累积未分配的利润数额；如为借方余额，则表示累积未弥补的亏损数额。

【同步操练 3-16】 甲股份有限公司年初未分配利润为 0，本年实现净利润 2 000 000 元，本年提取法定盈余公积 200 000 元，宣告发放现金股利 800 000 元。假定不考虑其他因素，甲公司会计处理如下：

（1）结转本年利润：

借：本年利润　　　　　　　　　　　　　　　　　　　　　　　　2 000 000
　　贷：利润分配——未分配利润　　　　　　　　　　　　　　　　　　2 000 000

如企业当年发生亏损，则应借记"利润分配——未分配利润"科目，贷记"本年利润"科目。

（2）提取法定盈余公积、宣告发放现金股利：

借：利润分配——提取法定盈余公积　　　　　　　　　　　　　　　200 000
　　　　　　——应付现金股利　　　　　　　　　　　　　　　　　　800 000
　　贷：盈余公积——法定盈余公积　　　　　　　　　　　　　　　　200 000
　　　　应付股利　　　　　　　　　　　　　　　　　　　　　　　　800 000

同时：

借：利润分配——未分配利润　　　　　　　　　　　　　　　　　1 000 000
　　贷：利润分配——提取法定盈余公积　　　　　　　　　　　　　　200 000
　　　　　　　　——应付现金股利　　　　　　　　　　　　　　　　800 000

结转后，如果"未分配利润"明细科目的余额在贷方，表示累计未分配的利润；如果余额在借方，则表示累积未弥补的亏损。

在期末编制资产负债表时，应根据"未分配利润"明细账户余额单独列示，如果属年度内各月月末，未分配利润项目应根据"本年利润"账户和"利润分配"账户的余额计算填列，如累计到年末，未分配利润项目应根据"未分配利润"明细账户的年末余额填列。未弥补的亏损，在本项目内以"-"号反映。

【同步案例 3-4】 资料：（1）甲公司 2014 年税后利润为 1 800 000 元，公司董事会决定按 10% 提取法定盈余公积，25% 提取任意盈余公积，分派现金股利 500 000 元。

（2）2015 年甲公司现有股东情况如下：A 公司占 25%，B 公司占 30%，C 公司占 10%，D 公司占 5%，其他公司占 30%。经公司股东大会决议，以盈余公积 500 000 元转增资本，并已办妥转增手续。

（3）2015 年甲公司亏损 100 000 元，决议用盈余公积补亏。

要求：根据以上资料作相应的会计处理。

【练习题】

一、单项选择题

1. （　　）是由企业非日常活动所形成的，会导致所有者权益增加的、与所有者投入资本无关的经济利益的流入。

　　A. 收入　　　　　　B. 利润　　　　　　C. 利得　　　　　　D. 营业外收入

2. 当企业接受投资人的投资时，对于投资者的出资超过其占企业注册资本份额的部分应通过（　　）账户核算。

A. 实收资本　　　　B. 资本公积　　　　C. 股本　　　　D. 盈余公积
3. 盈余公积是企业从（　　）中提取的公积金。
　　A. 税后净利润　　　B. 营业利润　　　　C. 利润总额　　　D. 税前利润
4. 当法定盈余公积达到注册资本的（　　）时，可以不再提取。
　　A. 10%　　　　　　B. 20%　　　　　　C. 50%　　　　　D. 30%
5. 用盈余公积弥补亏损时，应借记"盈余公积"，贷记（　　）。
　　A. "利润分配——未分配利润"　　　　B. "利润分配——提取盈余公积"
　　C. "本年利润"　　　　　　　　　　　D. "利润分配——盈余公积补亏"
6. 下列事项中，会引起企业所有者权益变动的是（　　）。
　　A. 提取盈余公积　　　　　　　　　　B. 用盈余公积弥补亏损
　　C. 用盈余公积转增资本　　　　　　　D. 用未分配利润分派现金股利
7. 股份有限公司为核算投资者投入的资本应当设置（　　）科目。
　　A. "实收资本"　　　B. "股东权益"　　C. "股本"　　　D. "所有者权益"
8. 企业溢价发行股票，实收款项超过股票面值的部分，应计入（　　）。
　　A. 主营业务收入　　B. 资本公积　　　　C. 盈余公积　　　D. 财务费用
9. 企业用盈余公积弥补亏损，应贷记（　　）科目。
　　A. 不做账务处理　　B. 利润分配　　　　C. 本年利润　　　D. 主营业务收入
10. 所有者权益在数量上表现为（　　）后的净额。
　　A. 资产总额减去负债总额　　　　　　B. 流动资产总额减去流动负债总额
　　C. 资产总额减去流动负债总额　　　　D. 非流动资产总额减去非流动负债总额
11. 企业用盈余公积转增资本时，转增后留存的盈余公积的数额不得少于注册资本（　　）。
　　A. 20%　　　　　　B. 15%　　　　　　C. 25%　　　　　D. 50%
12. 甲公司"盈余公积"科目的年初余额为 1 000 000 元，本期提取 1 350 000 元，转增资本 800 000 元。甲公司"盈余公积"科目的年末余额为（　　）元。
　　A. 950 000　　　　B. 1 550 000　　　C. 1 750 000　　　D. 2 350 000
13. 某股份有限公司发行股票 5 000 万股，面值 1 元/股，发行价 1.02 元/股，发行股票前该公司"资本公积——股本溢价"、"资本公积——其他资本公积"、"盈余公积"和"利润分配——未分配利润"科目的贷方余额分别为 0 万元、30 万元、200 万元和 160 万元。该公司发行股票发生的手续费、佣金等交易费用 150 万元。该公司应冲减盈余公积的金额是（　　）万元。
　　A. 150　　　　　　B. 20　　　　　　　C. 120　　　　　　D. 50
14. 某股份有限公司按法定程序报经批准采用收购本公司股票方式减资，该公司收购本公司股票 100 万股，收购价格 0.9 元/股，面值 1 元/股，发生的佣金、印花税等交易费用 1.5 万元。该公司应增加的资本公积（股本溢价）的金额是（　　）万元。
　　A. 1.5　　　　　　B. 8.5　　　　　　C. 10　　　　　　D. 11.5
15. 股份有限公司按法定程序报经批准采用收购本公司股票方式减资的，购回股票支付的价款（含交易费用）超过其面值总额的，如果资本公积（股本溢价）不足冲减的，应最先冲减（　　）。
　　A. 资本公积——其他资本公积　　　　B. 股本
　　C. 未分配利润　　　　　　　　　　　D. 盈余公积
16. 将"本年利润"科目和"利润分配"科目下的其他有关明细科目的余额转入"未分配利润"明细科目后，"未分配利润"明细科目的贷方余额，就是（　　）。
　　A. 当年实现的净利润　　　　　　　　B. 累计留存收益
　　C. 累计实现的净利润　　　　　　　　D. 累计未分配的利润数额
17. 经股东大会或类似机构决议，用资本公积转增资本时，应冲减（　　）。

A. 资本公积（资本溢价或股本溢价） B. 资本公积（其他资本公积）
C. 留存收益 D. 未分配利润

18. 甲股份有限公司以每股 4 元的价格回购股票 1 000 万股，股票每股面值 1 元，共支付回购款 4 050 万元。回购时，公司的股本为 11 000 万元，资本公积溢价为 3 000 万元（均为该股票产生），盈余公积为 450 万元，未分配利润为 550 万元。回购股票后甲公司的所有者权益总额为（ ）万元。
A. 15 000 B. 14 000 C. 11 950 D. 10 950

19. 某股份制公司委托某证券公司代理发行普通股 100 000 股，每股面值 1 元，每股按 1.2 元的价格出售。按协议，证券公司从发行收入中收取 3% 的手续费，从发行收入中扣除。则该公司计入资本公积的数额为（ ）元。
A. 16 400 B. 100 000 C. 116 400 D. 0

20. 企业用当年实现的利润弥补亏损时，应作的会计处理是（ ）。
A. 借记"本年利润"科目，贷记"利润分配——未分配利润"科目
B. 借记"利润分配——未分配利润"科目，贷记"本年利润"科目
C. 借记"利润分配——未分配利润"科目，贷记"利润分配——未分配利润"科目
D. 无须专门作会计处理

二、多项选择题

1. 所有者权益与负债的区别表现在（ ）等方面。
A. 对象不同 B. 清偿的次序不同 C. 享受的权利不同 D. 偿还的期限不同

2. 实收资本减少的原因主要有（ ）。
A. 投资者收回投资 B. 资本过剩
C. 企业发生重大亏损而需要减少资本 D. 转增资本公积

3. 面值发行的股票在收购时，支付的超过面值的部分直接冲减（ ）。
A. 盈余公积 B. 溢价收入 C. 未分配利润 D. 资本公积

4. 资本公积包括的内容有（ ）。
A. 资本溢价 B. 股本溢价
C. 直接计入所有者权益的利得和损失 D. 收到的原始投资额

5. 法定盈余公积按税后利润的（ ）提取，超过资本金总额的（ ）时可不再提取。
A. 10% B. 15% C. 30% D. 50%

6. 企业接受投资者作为资本投入的资产，可以有（ ）。
A. 货币资金 B. 固定资产 C. 土地使用权 D. 以上均可

7. 可引起所有者权益减少的事项有（ ）。
A. 发生亏损 B. 用盈余公积弥补亏损
C. 发放股票股利 D. 向投资者分配利润

8. 下列项目中，能引起负债和所有者权益同时发生变动的有（ ）。
A. 发放股票股利 B. 以净利润分派现金股利
C. 以盈余公积分派现金股利 D. 摊销无形资产价值

9. 盈余公积可用于（ ）。
A. 弥补亏损 B. 分派股利 C. 转增资本或股本 D. 职工福利

10. 能够用于转增资本的所有者权益有（ ）。
A. 实收资本 B. 资本公积 C. 盈余公积 D. 未分配利润

11. 留存收益包括（ ）。
A. 实收资本 B. 盈余公积 C. 未分配利润 D. 资本公积

12. 以下关于盈余公积说法正确的有（ ）。

A. 法定盈余公积累计额已达到注册资本的60%时可不再提取该项公积金。
B. 任意盈余公积主要是公司制企业按照股东大会的决议提取。
C. 企业以盈余公积弥补亏损，应由公司董事会提议，经股东大会批准。
D. 盈余公积转增资本时，转增后的盈余公积的数额不得少于注册资本的25%。

13. 下列仅影响所有者权益这一要素结构变动的项目有（   ）。
    A. 用盈余公积弥补亏损   B. 用盈余公积转增资本
    C. 分配现金股利   D. 分配股票股利

14. 所有者权益的来源包括（   ）。
    A. 所有者投入的资本   B. 直接计入所有者权益的利得和损失
    C. 留存收益   D. 计入当期损益的利得和损失

15. 企业"资本公积"科目应设置（   ）明细科目进行核算。
    A. 资本溢价   B. 接受非现金资产捐赠准备
    C. 其他资本公积   D. 股本溢价

三、判断题

1. 所有者权益是指企业净资产扣除负债后，由所有者享有的剩余权益。（   ）
2. 实收资本的增减与变动超过注册资本的20%，应持资金使用证明或者验资证明向原登记机关申请变更登记。（   ）
3. 实收资本的核算，所有单位都应通过"实收资本"账户核算。（   ）
4. 企业的实收资本或股本一般不得随意变动。（   ）
5. 股份有限公司发行股票时支付的筹资费用一律作为财务费用处理。（   ）
6. 企业提取的盈余公积可以转增资本，但是转增后的余额不得少于注册资本的25%。（   ）
7. "利润分配——未分配利润"科目的年末借方余额，反映企业年末未弥补亏损的数额。（   ）
8. 所有者权益的风险要大于债权人权益。（   ）
9. 债权人对企业资产的求偿权优先于所有者的求偿权。（   ）
10. 任何情况下，企业的注册资本必须与实有资本相一致。（   ）
11. 企业提取的法定盈余公积达到注册资本的50%时，还要继续提取盈余公积。（   ）
12. 资本公积不能转增资本。（   ）
13. 资本公积是从销售收入中提取的公积金。（   ）
14. 法定盈余公积和任意盈余公积的区别在于它们提取的比率不同。（   ）
15. 盈余公积不能用于分配现金股利。（   ）
16. 企业资产增加时，企业所有者权益必然会增加。（   ）
17. 企业以盈余公积向投资者分配现金股利，不会引起留存收益金额的变动。（   ）
18. 用法定盈余公积转增资本或弥补亏损时，均不导致所有者权益总额的变化。（   ）
19. 收入能够导致企业所有者权益增加，但导致所有者权益增加的不一定都是收入。（   ）
20. 一般来说，只有利得才会增加所有者权益，损失才会减少所有者权益。（   ）

四、业务题

1. 某有限责任公司发生以下经济业务：
(1) 2016年，由A、B、C三个公司组建而成，注册资本300 000元：A公司投入100 000元货币资金，B公司投入60 000元一生产线和40 000元一栋厂房，C公司投入100 000元一项专利技术。
(2) 三年后，该公司留存收益420 000元。经股东会决定，吸收D公司加入，经协商D公司出资100 000元货币资金，占该公司20%的股份。

要求：根据以上资料编制相关会计分录。

2. 2016年1月某公司委托证券公司发行股票7 000 000股，每股面值1元，支付发行收入3%的手续费，按每股 4 元发行。

要求：根据以上资料编制会计分录。

3. 某股份有限公司按法定程序报经批准采用收购本公司股票方式减资，该公司收购本公司股票 100 万股，回购价格 1.5 元/股，面值 1 元/股，发生的佣金、印花税等交易费用 2 万元。以上款项均以银行存款付讫。该公司注销股票时"资本公积——股本溢价"科目贷方余额 20 万元，"资本公积——其他资本公积"科目贷方余额 10 万元，"盈余公积"科目贷方余额 30 万元，"利润分配——未分配利润"科目贷方余额 80 万元。

要求：

（1）计算该公司回购股票所支付的价款（含交易费用）。

（2）计算确定该公司回购股票所支付的价款（含交易费用）与其面值总额的差额。

（3）编制该公司回购股票的会计分录。

（4）若公司回购股票的价款为 0.9 元/股，其他条件不变，则计算确定该公司回购股票所支付的价款（含交易费用）与其面值总额的差额并编制回购股票的会计分录（"资本公积"科目须写出明细科目，金额单位用万元）。

4. 甲公司 2015 年年初未分配利润 300 000 元，任意盈余公积 200 000 元，当年实现税后利润为 1 800 000 元，公司董事会决定按 10% 提取法定盈余公积，25% 提取任意盈余公积，分派现金股利 500 000 元。

甲公司现有股东情况如下：A 公司占 25%，B 公司占 30%，C 公司占 10%，D 公司占 5%，其他占 30%。2016 年 5 月，经公司股东大会决议，以任意盈余公积 500 000 元转增资本，并已办妥转增手续。

2016 年度甲公司亏损 350 000 元。

要求：

（1）根据以上资料，编制 2015 年有关利润分配的会计处理。

（2）编制甲公司盈余公积转增资本的会计分录。

（3）编制 2016 年末结转亏损的会计分录，并计算未分配利润的年末金额。

（盈余公积和利润分配的核算写明明细科目）

5. 某公司所得税率 25%，2016 年初未分配利润 120 000 元：

（1）本年实现税前利润 400 000 元。

（2）年终，按净利润的 10%、20% 的比例提取法定盈余公积金、向投资人分配现金股利。

要求：计算所得税、净利润和年终未分配利润的数额；编制结转所得税、结转净利润和年终有关利润分配的会计分录。

项目四
收入、费用和利润的核算

【学习目标】

能力目标：能判断商品收入确认的条件；能对商品销售业务进行会计核算；能对劳务收入业务进行会计核算；能对让渡资产使用权的业务进行会计核算；能对费用的业务进行会计核算；能对所得税费用进行核算；能对利润形成进行核算。

知识目标：了解收入的概念、特征；熟悉收入的内容和分类；熟悉费用的内容和分类；掌握商品销售收入的确认标准；掌握商品销售收入和劳务收入的会计处理方法；掌握费用的会计核算方法；掌握利润形成的会计核算。

【情境导入】

收入、费用和利润是会计要素中的重要组成部分。企业生产经营活动是通过耗费一定的费用获得经营业务收入，最终取得利润。企业在生产经营活动中，会发生各种收支事项，在会计期间终了时，应通过收入与成本费用的配比，合理确定经营损益，确定企业的经营成果，并依据相关的法律、法规进行利润的分配。

任务分解：(1) 销售商品收入的核算。(2) 提供劳务收入的核算。(3) 让渡资产使用权收入的核算。(4) 营业成本的核算。(5) 营业税金及附加的核算。(6) 期间费用的核算。(7) 营业外收支的核算。(8) 所得税费用的核算。(9) 本年利润的核算。

任务一 销售商品收入的核算

【任务分析】

销售过程是企业生产经营过程的最后阶段。企业通过销售，收取货币资金，以保证企业再生产的顺利进行，所以要做好销售活动业务的核算。企业发生销售业务以后，什么时间、如何确认销售收入并结转成本是会计人员需要学习的内容。

【知识准备及应用】

一、收入的特征

收入是指企业在日常活动中形成的、会导致所有者权益增加的、与所有者投入资本无关的经济利益的总流入。

收入具有以下特征：

（一）收入是企业在日常活动中形成的经济利益的总流入

日常活动是指企业为完成其经营目的所从事的经常性活动以及与之相关的活动。工业企业销售产品、商业企业销售商品、咨询公司提供咨询服务、软件开发企业为客户开发软件、安装公司提供安装服务、商业银行对外贷款、租赁公司出租资产等活动，均属于企业为完成其经营目标所从事的经常性活动，由此形成的经济利益的总流入构成收入。

【知识链接4-1】收入形成于企业日常经营活动的特征，有助于正确区分收入与产生于非日常活动的利得的不同。利得通常不经过经营过程就能取得或属于企业不曾期望获得的收益。这是因为企业所从事或发生的某些活动也能为企业带来经济利益，但不属于企业为完成其经营目标所从事的经常性活动，也不属于与经常性活动相关的活动。例如，工业企业处置固定资产、无形资产，因其他企业违约收取罚款等。所以，这些活动形成的经济利益的总流入属于企业的利得而不是收入。

（二）收入会导致企业所有者权益的增加

收入形成的经济利益总流入的形式多种多样，既可能表现为资产的增加，如增加银行存款、应收账款；也可能表现为负债的减少，如减少预收账款；还可能表现为两者的组合，如销售实现时，部分冲减预收账款，部分增加银行存款。收入形成的经济利益总流入能增加资产或减少负债或两者兼而有之，根据"资产-负债=所有者权益"的会计等式，收入一定能增加企业的所有者权益。

企业为第三方或客户代收的款项，如企业代国家收取的增值税等，一方面增加企业的资产，另一方面增加企业的负债，并不增加企业的所有者权益，因此不构成本企业的收入。

（三）收入与所有者投入资本无关

所有者投入资本主要是为谋求享有企业资产的剩余权益，由此形成的经济利益的总流入不构成收入，而应确认为企业所有者权益的组成部分。

二、收入的分类

（一）收入按企业从事日常活动的性质不同：分为销售商品收入、提供劳务收入和让渡资产使用权收入

1. 销售商品收入，是指企业通过销售商品实现的收入。这里的商品包括企业为销售而生产的产品和为转售而购进的商品。企业销售的其他存货如原材料、包装物等也视同商品。

2. 提供劳务收入，是指企业通过提供劳务实现的收入。例如，企业通过提供旅游、运输、咨询、代理、培训、产品安装等劳务所实现的收入。

3. 让渡资产使用权收入，是指企业通过让渡资产使用权实现的收入。让渡资产使用权收入包括利息收入和使用费收入。利息收入主要是指金融企业对外贷款形成的利息收入以及同业之间发生往来形成的利息收入等。使用费收入主要是指企业转让无形资产（如商标权、专利权、专营权、版权）等资产的使用权形成的使用费收入。企业对外出租固定资产收取

的租金、进行债权投资收取的利息、进行股权投资取得的现金股利等,也构成让渡资产使用权收入。

(二) 收入按企业经营业务的主次不同,分为主营业务收入和其他业务收入

1. 主营业务收入,是指企业为完成其经营目标所从事的经常性活动实现的收入。主营业务收入一般占企业总收入的较大比重,对企业的经济效益产生较大影响。不同行业企业的主营业务收入所包括的内容不同,例如,工业企业的主营业务收入主要包括销售商品、自制半成品、代制品、代修品,提供工业性劳务等实现的收入;商业企业的主营业务收入主要包括销售商品实现的收入;咨询公司的主营业务收入主要包括提供咨询服务实现的收入;安装公司的主营业务收入主要包括提供安装服务实现的收入。

企业实现的主营业务收入通过"主营业务收入"科目核算,并通过"主营业务成本"科目核算为取得主营业务收入发生的相关成本。

2. 其他业务收入,是指企业为完成其经营目标所从事的与经常性活动相关的活动实现的收入。其他业务收入属于企业日常活动中次要交易实现的收入,一般占企业总收入的比重较小。不同行业企业的其他业务收入所包括的内容不同,例如,工业企业的其他业务收入主要包括对外销售材料、对外出租包装物、商品或固定资产、对外转让无形资产使用权、对外进行权益性投资(取得现金股利)或债权性投资(取得利息)、提供非工业性劳务等实现的收入。

企业实现的原材料销售收入、包装物租金收入、固定资产租金收入、无形资产使用费收入等,通过"其他业务收入"科目核算,企业进行权益性投资或债权性投资取得的现金股利收入和利息收入,通过"投资收益"科目核算。通过"其他业务收入"科目核算的其他业务收入,需通过"其他业务成本"科目核算为取得其他业务收入发生的相关成本。

三、销售商品收入的确认与计量

(一) 销售商品收入的确认

《企业会计准则第14号——收入》规定,销售商品收入同时满足下列条件的,才能予以确认:

1. 企业已将商品所有权上的主要风险和报酬转移给购货方。企业已将商品所有权上的主要风险和报酬转移给购货方,是指与商品所有权有关的主要风险和报酬同时转移给了购货方。

【知识链接4-2】与商品所有权有关的风险,是指商品可能发生减值或毁损等形成的损失;与商品所有权有关的报酬,是指商品价值增值或通过使用商品等形成的经济利益。

判断企业是否已将商品所有权上的主要风险和报酬转移给购货方,应当关注交易的实质,并结合所有权凭证的转移进行判断。如果与商品所有权有关的任何损失均不需要销货方承担,与商品所有权有关的任何经济利益也不归销货方所有,就意味着商品所有权上的主要风险和报酬转移给了购货方。通常情况下,转移商品所有权凭证并交付实物后,商品所有权上的主要风险和报酬随之转移,如大多数商品零售、预收款销售商品等。

【知识链接 4-3】在有些情况下，商品所有权凭证转移或实物交付后，商品所有权上的风险和报酬并未随之转移。具体包括：

① 企业销售的商品在质量、品种、规格等方面不符合合同规定的要求，又没根据正当的保证条款予以弥补，因而仍负有责任，这种商品销售收入应递延到已按购货方要求进行弥补时确认。

② 企业销售商品的收入是否能够取得取决于购货方销售其商品的收入是否能够取得。如以代销商品方式销售，委托方发出商品时，有关商品所有权上的风险和报酬并没有转移给受托方，委托方需在受托方售出商品并取得受托方提供的代销清单时确认收入。

③ 企业尚未完成售出商品的安装或检验工作，且此项安装或检验任务是销售合同的重要组成部分，在这种情况下，只有在完成安装或检验合格后才能确认收入。

④ 销售合同中规定了由于特定原因买方有权退货的条款，而企业又不能确定退货的可能性，在这种情况下，只有当购货方正式接受商品时或退货期满时才能确认收入。

2. 企业既没有保留通常与所有权相联系的继续管理权，也没有对已售出的商品实施有效控制。通常情况下，企业售出商品后不再保留与商品所有权相联系的继续管理权，也不再对售出商品实施有效控制，商品所有权上的主要风险和报酬已经转移给购货方，通常应在发出商品时确认收入。如果企业在商品销售后保留了与商品所有权相联系的继续管理权，或能够继续对其实施有效控制，说明商品所有权上的主要风险和报酬没有转移，销售交易不能成立，不应确认收入，如售出后租回。

3. 相关的经济利益很可能流入企业。在销售商品的交易中，与交易相关的经济利益主要表现为销售商品的价款。相关的经济利益很可能流入企业，是指销售商品价款收回的可能性大于不能收回的可能性，即销售商品价款收回的可能性超过 50%。企业在销售商品时，如估计销售价款不是很可能收回，即使收入确认的其他条件均已满足，也不应当确认收入。

4. 收入的金额能够可靠地计量。收入的金额能够可靠地计量，是指收入金额能够合理地估计。由于销售商品过程中某些不确定因素的影响，也有可能存在商品销售价格发生变动的情况。在这种情况下，新的商品销售价格未确定前通常不应确认销售商品收入。

5. 相关的已发生或将发生的成本能够可靠地计量。根据收入和费用配比原则，与同一项销售有关的收入和费用应在同一会计期间予以确认，即企业应在确认收入的同时或同一会计期间结转相关的成本。因此，如果成本不能可靠计量，相关的收入就不能确认。

企业销售商品应同时满足上述 5 个条件，才能确认收入，任何一个条件没有满足，即使收到货款，也不能确认收入。

（二）销售商品收入的计量

销售商品收入的计量是指在商品销售实现时，其收入的货币金额的确定。根据《企业会计准则第 14 号——收入》的规定：企业与购买方签订的合同或协议金额确定，无合同或协议的，应按购销双方同意或都能接受的价格确定。

在对销售商品收入进行计量时，对于在商品销售过程中，代第三方或客户收取的一些款项，不应作为本企业的收入，而应作为暂收款记入相应的负债类账户。同时，企业在确定销售商品收入金额时，可以不考虑各种预计可能发生的现金折扣、销售折让。

四、销售商品收入的会计核算

(一) 科目设置

1. "主营业务收入"科目。

(1) 定义。核算企业确认的销售商品、提供劳务等主营业务的收入。

(2) 核算内容。贷方登记企业销售商品或提供劳务确认的收入;借方登记企业本期(月)发生的销售退回或销售折让冲减的营业收入和转入"本年利润"科目的金额;期末,结转后本科目应无余额。

(3) 明细分类账的设置。按商品(产品)或劳务种类设置明细账,进行明细分类核算。

2. "其他业务收入"科目。

(1) 定义。核算企业确认的除主营业务活动以外的其他经营活动实现的收入,包括出租固定资产、出租无形资产、出租包装物和商品、销售材料、用材料进行非货币性交换或债务重组等实现的收入。

(2) 核算内容。贷方登记企业确认的其他业务收入;借方登记期末转入"本年利润"科目的金额,结转后本科目应无余额。

(3) 明细分类账的设置。按其他业务的种类设置明细账,进行明细分类核算。

(二) 一般商品销售业务的账务处理

1. 企业销售商品符合收入的确认条件。企业销售商品符合收入确认条件的,应及时确认收入,借记"银行存款"、"应收账款"、"应收票据"、"预收账款"等科目,贷记"主营业务收入"、"应交税费——应交增值税(销项税额)"等。

企业销售商品产品后,通常在月份终了编制"商品发出汇总表",汇总结转已销商品、已提供劳务的实际成本,按结转的实际成本,借记"主营业务成本"科目,贷记"库存商品"等科目。

【同步操练 4 – 1】甲公司向乙公司销售商品一批,开出的增值税专用发票上注明售价为 400 000 元,增值税额为 68 000 元;甲公司收到乙公司开出的不带息银行承兑汇票一张,票面金额为 468 000 元,期限为 2 个月,该批商品已经发出,甲公司以银行存款代垫运杂费 2 000 元;该批商品成本为 320 000 元。甲公司会计分录如下:

(1) 销售商品时:

借:应收票据　　　　　　　　　　　　　　　　468 000
　　应收账款——乙公司　　　　　　　　　　　　2 000
　　贷:主营业务收入　　　　　　　　　　　　　　400 000
　　　　应交税费——应交增值税(销项税额)　　　68 000
　　　　银行存款　　　　　　　　　　　　　　　　2 000

(2) 结转已销商品成本:

借:主营业务成本　　　　　　　　　　　　　　320 000
　　贷:库存商品　　　　　　　　　　　　　　　320 000

2. 商品已经发出但不符合销售商品收入的确认条件。

如果企业售出商品不符合销售商品收入确认的五项条件，不应确认收入。为了单独反映已经发出但尚未确认销售收入的商品成本，企业应增设"发出商品"科目。"发出商品"科目核算一般销售方式下，已经发出但尚未确认销售收入的商品成本。

另外，尽管发出的商品不符合收入确认条件，但如果销售该商品的纳税义务已经发生，比如已经开出增值税专用发票，则应确认应交的增值税销项税额。借记"应收账款"等科目，贷记"应交税费——应交增值税（销项税额）"科目。如果纳税义务没有发生，则不需进行上述处理。

【同步操练4-2】 A公司于2015年5月3日采用托收承付结算方式向B公司销售一批商品，开出的增值税专用发票上注明售价为100 000元，增值税税额为17 000元；该批商品成本为60 000元。A公司在销售该批商品时已得知B公司资金流转发生暂时困难，但为了减少存货积压，同时也为了维持与B公司长期以来建立的商业关系，A公司仍将商品发出，并办妥托收手续。假定A公司销售该批商品的纳税义务已经发生。

本训练中，由于B公司现金流转存在暂时困难，A公司不是很可能收回销售货款。根据销售商品收入的确认条件，A公司在发出商品时不能确认收入。为此，A公司应将已发出的商品成本通过"发出商品"科目反映。A公司会计分录如下：发出商品时：

借：发出商品　　　　　　　　　　　　　　　　　　60 000
　　贷：库存商品　　　　　　　　　　　　　　　　　　60 000

同时，因A公司销售该批商品的纳税义务已经发生，应确认应交的增值税销项税额：

借：应收账款——B公司　　　　　　　　　　　　　17 000
　　贷：应交税费——应交增值税（销项税额）　　　　17 000

注：如果销售该批商品的纳税义务尚未发生，则不作这笔分录，待纳税义务发生时再作应交增值税的分录。

假定2015年10月A公司得知B公司经营情况逐渐好转，B公司承诺近期付款，A公司应在B公司承诺付款时确认收入，会计分录如下：

借：应收账款——B公司　　　　　　　　　　　　　100 000
　　贷：主营业务收入　　　　　　　　　　　　　　　100 000

同时结转成本：

借：主营业务成本　　　　　　　　　　　　　　　　60 000
　　贷：发出商品　　　　　　　　　　　　　　　　　60 000

假定A公司于2015年11月10日收到B公司支付的货款，应作如下会计分录：

借：银行存款　　　　　　　　　　　　　　　　　　117 000
　　贷：应收账款——B公司　　　　　　　　　　　　117 000

（三）销售折扣和折让的账务处理

企业销售商品有时也会遇到现金折扣、商业折扣、销售折让等问题，应当分别不同情况进行处理。

1. 商业折扣，是指企业为促进商品销售而在商品标价上给予的价格扣除。例如，企业为鼓励客户多买商品可能规定，购买10件以上商品给予客户10%的折扣。

商业折扣在销售时即已发生,并不构成最终成交价格的一部分。企业销售商品涉及商业折扣的,应当按照扣除商业折扣后的金额确定销售商品收入金额。

2. 现金折扣,是指在赊销情况下,销货企业(债权人)为鼓励债务人在规定的期限内提前付款而向债务人提供的债务扣除,是为鼓励客户尽早付款而给予的价格优惠。现金折扣一般用符号"折扣率/付款期限"表示,例如,"2/10,1/20,n/30"表示:销货方允许客户最长的付款期限为30天,如果客户在10天内付款,销货方可按商品售价给予客户2%的折扣;如果客户在10天以后、20天内付款,销货方可按商品售价给予客户1%的折扣;如果客户在21~30天内付款,将不能享受现金折扣。

现金折扣发生在企业销售商品之后,企业销售商品后现金折扣是否发生以及发生多少要视买方的付款情况而定,企业在确认销售商品收入时不能确定现金折扣金额。因此,企业销售商品涉及现金折扣的,应当按照扣除现金折扣前的金额确定销售商品收入金额。现金折扣实际上是企业为了尽快回笼资金而发生的理财费用,应在实际发生时计入当期财务费用。

【知识链接4-4】 在计算现金折扣时,应注意销售方是按不包含增值税的价款提供现金折扣,还是按包含增值税地价款提供现金折扣,两种情况下购买方享有的现金折扣金额不同。例如,销售价格为1 000元的商品,增值税税额为170元,购买方应享有的现金折扣为1%。如果购销双方约定计算现金折扣时不考虑增值税,则购买方应享有的现金折扣金额为10元;如果购销双方约定计算现金折扣时一并考虑增值税,则购买方享有的现金折扣金额为11.7元。

【同步操练4-3】 甲公司为增值税一般纳税企业,2015年3月1日向乙企业销售A商品10 000件,每件商品的标价为20元(不含增值税),实际成本为12元,A商品适用的增值税税率为17%;由于是成批销售,甲公司给予购货方10%的商业折扣,并在销售合同中规定现金折扣条件为2/10,1/20,N/30;A商品于3月1日发出,购货方于3月9日付款。假定计算现金折扣时考虑增值税。

甲公司会计处理如下:
(1) 3月1日销售实现时:
借:应收账款——乙企业　　　　　　　　　　　　　　　　210 600
　　贷:主营业务收入——A商品　　　　　　　　　　　　　180 000
　　　　应交税费——应交增值税(销项税额)　　　　　　　 30 600
借:主营业务成本　　　　　　　　　　　　　　　　　　　 120 000
　　贷:库存商品——A商品　　　　　　　　　　　　　　　 120 000
(2) 3月9日收到货款时:
借:银行存款　　　　　　　　　　　　　　　　　　　　　 206 388
　　财务费用　　　　　　　　　　　　　　　　　　　　　　 4 212
　　贷:应收账款——乙企业　　　　　　　　　　　　　　　 210 600

以上的4 212元为考虑增值税时的现金折扣,若本例假设计算现金折扣时不考虑增值税,则甲公司给予购货方的现金折扣为180 000×2% = 3 600(元)本训练中,若购货方于3月19日付款,则享有的现金折扣为2 106元(210 600×1%)。甲公司在收到货款时的会计分录为:

借：银行存款	208 494
财务费用	2 106
贷：应收账款——乙企业	210 600

若购货方于3月底才付款，则应按全额付款。甲公司在收到货款时的会计分录为：

借：银行存款	210 600
贷：应收账款——乙企业	210 600

3. 销售折让，是指企业因售出商品的质量不合格等原因而在售价上给予的减让。

企业将商品销售给买方后，如买方发现商品在质量、规格等方面不符合要求，可能要求卖方在价格上给予一定的减让。

销售折让如发生在确认销售收入之前，则应在确认销售收入时直接按扣除销售折让后的金额确认；已确认销售收入的售出商品发生销售折让，且不属于资产负债表日后事项的，应在发生时冲减当期销售商品收入，如按规定允许扣减增值税额的，还应冲减已确认的应交增值税销项税额。

【同步操练4-4】甲公司销售一批商品给乙公司，开出的增值税专用发票上注明的售价为100 000元，增值税税额为17 000元。该批商品的成本为70 000元。货到后乙公司发现商品质量不合格，要求在价格上给予5%的折让。乙公司提出的销售折让要求符合原合同的约定，甲公司同意并办妥了相关手续，开具了增值税专用发票（红字）。假定此前甲公司已确认该批商品的销售收入，销售款项尚未收到，发生的销售折让允许扣减当期增值税销项税额。甲公司会计处理如下：

(1) 销售实现时：

借：应收账款——乙公司	117 000
贷：主营业务收入	100 000
应交税费——应交增值税（销项税额）	17 000
借：主营业务成本	70 000
贷：库存商品	70 000

(2) 发生销售折让时：

借：主营业务收入	5 000（100 000×5%）
应交税费——应交增值税（销项税额）	850
贷：应收账款——乙公司	5 850

(3) 实际收到款项时：

借：银行存款	111 150
贷：应收账款——乙公司	111 150

本操练中，假定发生销售折让前，因该项销售在货款回收上存在不确定性，甲公司未确认该批商品的销售收入，纳税义务也未发生；发生销售折让后2个月，乙公司承诺近期付款。则甲公司会计处理如下：

(1) 发出商品时：

借：发出商品	70 000
贷：库存商品	70 000

（2）乙公司承诺付款，甲公司确认销售收入时：
借：应收账款——乙公司　　　　　　　　　　　　　　　111 150
　　贷：主营业务收入　　　　　　　95 000（100 000 - 100 000 × 5%）
　　　　应交税费——应交增值税（销项税额）　　　　　　16 150
借：主营业务成本　　　　　　　　　　　　　　　　　　　70 000
　　贷：发出商品　　　　　　　　　　　　　　　　　　　70 000
（3）实际收到款项时：
借：银行存款　　　　　　　　　　　　　　　　　　　　111 150
　　贷：应收账款——乙公司　　　　　　　　　　　　　111 150

（四）销售退回的账务处理

销售退回，是指企业售出的商品由于质量、品种不符合要求等原因而发生的退货。企业应分别不同情况进行会计处理：

1. 对于未确认收入的售出商品发生销售退回的，企业应按已记入"发出商品"科目的商品成本金额，冲减"发出商品"，借记"库存商品"科目，贷记"发出商品"科目。

2. 对于已确认收入的售出商品发生退回的，一般在发生销售退回时冲减当期销售商品收入，同时冲减当期销售商品成本，如按规定允许扣减增值税税额的，应同时用红字冲减"应交税费——应交增值税"科目的"销项税额"专栏。收到退货时，应借记"主营业务收入"、"应交税费——应交增值税（销项税额）"科目，贷记"银行存款"、"应收账款"等科目。如果已经结转销售成本，应同时借记"库存商品"科目，贷记"主营业务成本"科目。

3. 已确认收入的售出商品发生的销售退回属于资产负债表日后事项的，应当按照有关资产负债表日后事项的相关规定进行会计处理。

【同步操练 4 – 5】甲公司在 2014 年 11 月 18 日向乙公司销售一批商品，开出的增值税专用发票上注明的销售价款为 50 000 元，增值税税额为 8 500 元。该批商品成本为 26 000 元。为及早收回货款，甲公司和乙公司约定的现金折扣条件为：2/10，1/20，N/30。乙公司在 2014 年 11 月 27 日支付货款。2015 年 4 月 15 日，该批商品因质量问题被乙公司退回，甲公司当日支付有关款项。

假定计算现金折扣时不考虑增值税，假定销售退回不属于资产负债表日后事项。甲公司的账务处理如下：

（1）2014 年 11 月 18 日销售实现，按销售总价确认收入时：
借：应收账款——乙公司　　　　　　　　　　　　　　　58 500
　　贷：主营业务收入　　　　　　　　　　　　　　　　50 000
　　　　应交税费——应交增值税（销项税额）　　　　　　8 500
借：主营业务成本　　　　　　　　　　　　　　　　　　　26 000
　　贷：库存商品　　　　　　　　　　　　　　　　　　　26 000
（2）在 2014 年 11 月 27 日收到货款时，按销售总价 50 000 元的 2% 享受现金折扣 1 000 元，实际收款 57 500 元（58 500 - 1 000）：
借：银行存款　　　　　　　　　　　　　　　　　　　　57 500

财务费用	1 000
贷：应收账款——乙公司	58 500

(3) 2015 年 4 月 15 日发生销售退回时：

借：主营业务收入	50 000
应交税费——应交增值税（销项税额）	8 500
贷：银行存款	57 500
财务费用	1 000
借：库存商品	26 000
贷：主营业务成本	26 000

【同步案例 4-1】 万达公司 12 月发生以下经济业务，要求作出会计处理：

(1) 1 日销售一批商品，价款 10 万元，成本 9.2 万元，增值税率为 17%，销售合同中规定的现金折扣条件为：2/10、1/20、N/30，（增值税不予折扣），企业 20 日收到货款存入银行。

(2) 3 日销售商品一批，价款 30 万元，成本 25 万元，增值税率 17%，买方提货后发现商品等级与合同规定不一致，经双方协商，在价格上给予 10% 的折让（货款尚未收到）。

(3) 5 日售出商品一批，价款 560 000 元，成本 500 000 元，增值税率为 17%，货款已收。当月 10 日该批商品因质量严重不合格被退回。退回商品已验收入库，货款已退回购买方。

(4) 5 日售出商品一批，价款 15 000 元，成本 12 000 元，增值税率为 17%，货款尚未收到。合同规定的现金折扣条件为：2/10、1/20、N/30，购货方 15 日支付了货款。30 日该商品因质量问题被退货，万达公司已将货物验收入库，货款已退回购买方。

要求：编制有关会计分录。

（五）采用预收款方式销售商品的处理

预收款销售方式下，销售方直到收到最后一笔款项才将商品交付购货方，表明商品所有权上的主要风险和报酬只有在收到最后一笔款项时才转移给购货方，销售方通常应在发出商品时确认收入，在此之前预收的货款应确认为预收账款。

【同步操练 4-6】 甲公司与乙公司签订协议，采用预收款方式向乙公司销售一批商品。该批商品实际成本为 600 000 元。协议约定，该批商品销售价格为 800 000 元，增值税额为 136 000 元；乙公司应在协议签订时预付 60% 的货款（按销售价格计算），剩余货款于 30 天后支付。甲公司的会计处理如下：

(1) 收到 60% 货款时：

借：银行存款	480 000
贷：预收账款——乙公司	480 000

(2) 收到剩余货款及增值税税款时：

借：预收账款——乙公司	480 000
银行存款	456 000
贷：主营业务收入	800 000

应交税费——应交增值税（销项税额）	136 000
借：主营业务成本	600 000
贷：库存商品	600 000

（六）委托代销商品的核算

企业商品代销通常有两种方式：一是视同买断；二是收取手续费。

为核算商品代销业务，需要设置"委托代销商品"、"受托代销商品"、"受托代销商品款"三个账户。

"委托代销商品"是资产类账户，核算企业委托其他单位代销的商品实际成本，本账户应当按受托单位设置明细账，进行明细分类核算。

"受托代销商品"是资产类账户，核算企业接受其他单位委托代销的商品，本账户应当按委托单位设置明细账，进行明细核算。

"受托代销商品款"是负债类账户，核算企业接受代销商品的款项。

1. 视同买断的会计处理。视同买断方式，是指委托方和受托方签订合同或协议，委托方按合同或协议收取代销的货款，实际售价由受托方自定，实际售价与合同或协议价之间的差额归受托方所有的销售方式。

如果委托方和受托方之间的协议明确标明，受托方在取得代销商品后，无论是否能够卖出、是否获利，均与委托方无关，那么委托方和受托方之间的代销商品交易，与委托方直接销售商品给受托方没有实质区别。在符合销售商品收入确认条件时，受托方应确认相关的销售商品收入。

如果委托方和受托方之间的协议明确标明，将来受托方未售出的商品可以退回给委托方，或受托方因代销商品出现亏损时可以要求委托方补偿，那么委托方在交付商品时，商品所有权上的风险和报酬并未转移给受托方，此时不应确认销售收入，受托方也不作购进商品处理。受托方将商品销售后，按实际售价确认销售收入，并向委托方开具代销清单；委托方收到代销清单时，再确认本企业的销售收入。

【同步操练4－7】甲公司于9月1日委托乙公司代销商品500件，每件成本250元，双方协议价为350元，代销协议标明，将来受托方没有将商品售出时可以将商品退回给委托方。甲公司向乙公司发出商品后，乙公司以每件400元对外销售。9月30日甲公司收到乙公司的代销清单，标明售出500件，甲公司据此开出增值税发票，价款尚未结算。

甲公司的会计处理如下：

（1）发出商品时：

借：委托代销商品——乙公司	125 000
贷：库存商品	125 000

（2）收到代销清单，开出增值税发票：

借：应收账款——乙公司	204 750
贷：主营业务收入	175 000
应交税费——应交增值税（销项税额）	29 750

（3）结转销售商品的成本时：

借：主营业务成本	125 000

　　　　贷：委托代销商品——乙公司　　　　　　　　　　　　　　　125 000
乙公司的会计处理如下：
（1）收到受托代销商品时：
借：受托代销商品——甲公司　　　　　　　　　　　　　　　　175 000
　　　　贷：受托代销商品款　　　　　　　　　　　　　　　　　175 000
（2）销售商品时：
借：银行存款　　　　　　　　　　　　　　　　　　　　　　　234 000
　　　　贷：主营业务收入　　　　　　　　　　　　　　　　　　200 000
　　　　　　应交税费——应交增值税（销项税额）　　　　　　　 34 000
（3）结转销售商品的成本时：
借：主营业务成本　　　　　　　　　　　　　　　　　　　　　175 000
　　　　贷：受托代销商品——甲公司　　　　　　　　　　　　　175 000
（4）向甲公司开出代销清单取得专用发票：
借：受托代销商品款　　　　　　　　　　　　　　　　　　　　175 000
　　应交税费——应交增值税（进项税额）　　　　　　　　　　　29 750
　　　　贷：应付账款——甲公司　　　　　　　　　　　　　　　204 750

2. 收取手续费的会计处理。收取手续费，是指委托方和受托方签订合同或协议，受托方根据所代销的商品金额或数量向委托方收取手续费的销售方式。在这种代销方式下，受托方必须按照委托方规定的价格销售，而不得自行改变售价，受托方应在将受托商品销售后，向委托方开具代销清单，委托方在收到代销清单后确认销售商品收入；受托方在商品销售后，按应合同或协议约定的方法计算确定的手续费确认收入。

【同步操作4-8】甲公司委托丙公司销售商品200件，商品已经发出，每件成本为60元。合同约定丙公司应按每件100元对外销售，甲公司按售价的10%向丙公司支付手续费。丙公司对外实际销售100件，开出的增值税专用发票上注明的销售价格为10 000元，增值税税额为1 700元，款项已经收到。甲公司收到丙公司开具的代销清单时，向丙公司开具一张相同金额的增值税专用发票。假定甲公司发出商品时纳税义务尚未发生；甲公司采用实际成本核算，丙公司采用进价核算代销商品。

甲公司的会计处理如下：
（1）发出商品时：
借：委托代销商品　　　　　　　　　　　　　　　　　　　　　 12 000
　　　　贷：库存商品　　　　　　　　　　　　　　　　　　　　 12 000
（2）收到代销清单时：
借：应收账款——丙公司　　　　　　　　　　　　　　　　　　 11 700
　　　　贷：主营业务收入　　　　　　　　　　　　　　　　　　 10 000
　　　　　　应交税费——应交增值税（销项税额）　　　　　　　　1 700
借：主营业务成本　　　　　　　　　　　　　　　　　　　　　　 6 000
　　　　贷：委托代销商品　　　　　　　　　　　　　　　　　　　6 000
借：销售费用　　　　　　　　　　　　　　　　　　　　　　　　 1 000

  贷：应收账款——丙公司　　　　　　　　　　　　　　　　　1 000
代销手续费金额 = 10 000 × 10% = 1 000（元）
(3) 收到丙公司支付的货款时：
  借：银行存款　　　　　　　　　　　　　　　　　　　　　10 700
   贷：应收账款——丙公司　　　　　　　　　　　　　　　　10 700
丙公司的会计处理如下：
(1) 收到商品时：
  借：受托代销商品　　　　　　　　　　　　　　　　　　　20 000
   贷：受托代销商品款　　　　　　　　　　　　　　　　　　20 000
(2) 对外销售时：
  借：银行存款　　　　　　　　　　　　　　　　　　　　　11 700
   贷：受托代销商品　　　　　　　　　　　　　　　　　　　10 000
    应交税费——应交增值税（销项税额）　　　　　　　　 1 700
(3) 收到增值税专用发票时：
  借：应交税费——应交增值税（进项税额）　　　　　　　　 1 700
   贷：应付账款——甲公司　　　　　　　　　　　　　　　　 1 700
(4) 支付货款并计算代销手续费时：
  借：受托代销商品款　　　　　　　　　　　　　　　　　　10 000
    应付账款——甲公司　　　　　　　　　　　　　　　　 1 700
   贷：银行存款　　　　　　　　　　　　　　　　　　　　　10 700
    其他业务收入　　　　　　　　　　　　　　　　　　　 1 000

【同步案例 4-2】 万达公司 12 月发生以下经济业务：

委托丙企业销售甲商品 1 000 件，假定代销合同规定，丙企业应按每件 1 000 元售给顾客，万达公司按售价的 10% 支付丙企业手续费，该商品成本 600 元/件。丙企业实际销售时，向买方开具一张增值税专用发票，发票上注明：销售数量 100 件，价款 100 000 元，增值税额 17 000 元。万达公司在收到丙企业交来的代销清单时，向丙企业开具一张相同金额的增值税发票。随后丙公司将货款净额支付给万达公司。

(七) 采用递延方式分期收款销售商品业务的会计核算

企业采用递延方式分期收款方式销售商品，实质上具有融资性质的，在满足收入确认条件时，应按应收合同或协议价款，借记"长期应收款"科目，按应收合同或协议价款的公允价值，贷记"主营业务收入"科目，按销售商品等应交纳的增值税额，贷记"应交税费——应交增值税（销项税额）"科目，按其差额，贷记"未实现融资收益"科目。每期收到价款时，借记"银行存款"科目，贷记"长期应收款"科目。月末一并计算并结转销售商品成本。

按期采用实际利率法计算确定利息收入，借记"未实现融资收益"科目，贷记"财务费用"科目。

【同步操练 4-9】 某公司于 2015 年 1 月 1 日采用分期收款方式销售大型设备，合同价格为 1 000 万元，分 5 年于每年年末收取。假定该大型设备不采用分期收款方式时的销售价格为800万元,不考虑增值税。

该项销售应收款项的收取时间较长,相当于对客户提供信贷,具有融资性质,因此应按800万元确认收入,合同价格1 000万元与800万元的差额200万元应当作为未实现融资收益,在5年内采用实际利率法进行摊销,冲减财务费用。

根据1元年金现值系数表,可计算得出年金200万元、期数5年、现值800万元的折现率为7.93%,即为该笔应收款项的实际利率。

该笔应收款项账面余额。减去未实现融资收益账面余额后的差额,即为应收款项的摊余成本;摊余成本和实际利率7.93%的乘积即为当期应冲减的财务费用。

各年应摊销的未实现融资收益计算如下:

第1年 = (1 000 - 200) × 7.93% = 63.44(万元)
第2年 = [800 - (200 - 63.44)] × 7.93% = 52.61(万元)
第3年 = [600 - (200 - 63.44 - 52.61)] × 7.93% = 40.92(万元)
第4年 = [400 - (200 - 63.44 - 52.61 - 40.92)] × 7.93% = 28.31(万元)
第5年 = 200 - 63.44 - 52.61 - 40.92 - 28.31 = 14.72(万元)

会计分录如下:

(1) 销售成立时:

借:长期应收款　　　　　　　　　　　　　　　　　　　　　　　10 000 000
　　贷:主营业务收入　　　　　　　　　　　　　　　　　　　　　　8 000 000
　　　　未实现融资收益　　　　　　　　　　　　　　　　　　　　　2 000 000

(2) 第1年末:

借:银行存款　　　　　　　　　　　　　　　　　　　　　　　　　2 000 000
　　贷:长期应收款　　　　　　　　　　　　　　　　　　　　　　　2 000 000
借:未实现融资收益　　　　　　　　　　　　　　　　　　　　　　　　634 400
　　贷:财务费用　　　　　　　　　　　　　　　　　　　　　　　　　634 400

(3) 第5年末:

借:银行存款　　　　　　　　　　　　　　　　　　　　　　　　　2 000 000
　　贷:长期应收款　　　　　　　　　　　　　　　　　　　　　　　2 000 000
借:未实现融资收益　　　　　　　　　　　　　　　　　　　　　　　　147 200
　　贷:财务费用　　　　　　　　　　　　　　　　　　　　　　　　　147 200

(八) 其他销售业务的会计核算

企业在日常活动中还可能发生对外销售原材料、周转材料等业务。企业销售原材料、周转材料等存货也视同商品销售,其收入确认和计量原则比照商品销售。企业销售原材料、包装物等存货实现的收入作为其他业务收入处理,结转的相关成本作为其他业务成本处理。

【同步操练4-10】甲公司向乙公司销售一批原材料,开出的增值税专用发票上注明的售价为10 000元,增值税税额为1 700元,款项已由银行收妥。该批原材料的实际成本为9 000元。甲公司会计处理如下:

(1) 取得原材料销售收入:

借:银行存款　　　　　　　　　　　　　　　　　　　　　　　　　　　11 700

  贷：其他业务收入   10 000
    应交税费——应交增值税（销项税额）   1 700
（2）结转已销原材料的实际成本：
借：其他业务成本   9 000
  贷：原材料   9 000

（九）其他特殊销售业务的会计核算

  附有销售退回条件的商品销售，是指购买方依照有关协议有权退货的销售方式。在这种销售方式下，企业根据以往经验能够合理估计退货可能性且确认与退货相关负债的，通常应在发出商品时确认收入；企业不能合理估计退货可能性的，通常应在售出商品退货期满时确认收入。

  以旧换新销售，是指销售方在销售商品的同时，回收与所售商品相同的旧商品，在这种销售方式下，销售的商品按照商品销售的方法确认收入，回收商品作为购进商品、材料处理。

  售后回购，是指销售商品的同时，销售方同意日后再将同样或类似的商品购回的销售方式。在这种方式下，销售方应根据合同或协议条款判断企业是否已将商品所有权上的主要风险和报酬转移给购货方，以确定是否确认销售商品收入。在大多数情况下，回购价格固定或等于原售价加合理回报，售后回购交易属于融资交易，商品所有权上的主要风险和报酬没有转移，收到的款项应确认为负债；回购价格大于原售价的差额，企业应在回购期间按期计提利息，计入财务费用。

  售后租回，是指销售商品的同时，销售方同意在日后再将同样的商品租回的销售方式。在这种方式下，销售方应根据合同或协议条款判断销售商品是否满足收入确认条件。通常情况下，售后租回属于融资交易，企业保留了与所有权相联系的继续管理权，或能够对其实施有效控制，企业不应确认收入，收到的款项应确认为负债；售价与资产账面价值之间的差额应当采用合理的方法进行分摊，作为折旧费用或租金费用的调整。有确凿证据表明认定为经营租赁的售后租回交易是按照公允价值达成的，销售的商品按照售价确认收入，并按账面价值结转成本。

任务二 提供劳务收入的核算

【任务分析】

  企业除了销售商品，还对外提供劳务取得收入，如旅游、运输、广告等。劳务相对于销售商品而言，不同的劳务完成的时间长短不同，那么劳务收入该如何核算呢？

【知识准备及应用】

  劳务收入是指企业通过对外提供劳务实现的收入。

  企业提供劳务的种类很多，如旅游、运输、广告、饮食、咨询、培训、建筑安装等。有的劳务一次就能完成，且一般为现金交易，如饮食、国内运输等；有的劳务需要花费一段较长的时间才能完成，如建筑安装、旅游、培训、远洋运输等。企业提供劳务收入的确认原则与计量方法，因劳务开始、完成时间的差异而不同。

一、在同一会计期间内开始并完成的劳务

对于一次就能完成的劳务，或在同一会计期间内开始并完成的劳务，应在提供劳务交易完成时确认收入，确认的金额通常为从接受劳务方已收或应收的合同或协议价款，确认原则可参照销售商品收入的确认原则。

企业对外提供劳务，如属于企业的主营业务所实现的收入应作为主营业务收入处理，结转的相关成本应作为主营业务成本处理；如属于主营业务以外的其他经营活动，所实现的收入应作为其他业务收入处理，结转的相关成本应作为其他业务成本处理。企业对外提供劳务发生的支出一般先通过"劳务成本"科目予以归集，待确认为费用时，再由"劳务成本"科目转入"主营业务成本"或"其他业务成本"科目。

对于一次就能完成的劳务，企业应在提供劳务完成时确认收入及相关成本。对于持续一段时间但在同一会计期间内开始并完成的劳务，企业应在为提供劳务发生相关支出时确认劳务成本，劳务完成时再确认劳务收入，并结转相关劳务成本。

【同步操练4-11】甲公司于2015年5月10日接受一项设备安装任务，该安装任务可一天完成，合同总价款为9 000元，实际发生安装成本5 000元。该安装业务属于甲公司的主营业务。

(1) 确认收入时：
借：银行存款　　　　　　　　　　　　　　　　　　　　　　　　　9 000
　　贷：主营业务收入　　　　　　　　　　　　　　　　　　　　　　9 000
(2) 结转成本时：
借：主营业务成本　　　　　　　　　　　　　　　　　　　　　　　5 000
　　贷：银行存款等　　　　　　　　　　　　　　　　　　　　　　　5 000

二、劳务的开始和完成分属不同会计期间

（一）提供劳务交易的结果能够可靠估计的会计处理

如劳务的开始和完成分属不同的会计期间，且企业在资产负债表日提供劳务交易的结果能够可靠估计的，应采用完工百分比法确认提供劳务收入。

1. 提供劳务交易的结果能够可靠估计的条件（要求同时满足）。
(1) 收入的金额能够可靠地计量。
(2) 相关的经济利益很可能流入企业。
(3) 交易的完工进度能够可靠地确定。
(4) 交易中已发生和将发生的成本能够可靠地计量。
2. 确定提供劳务交易的完工进度方法。
(1) 按已完工作的测量结果确定。

(2) 按已经提供的劳务占应提供劳务总量的比例确定。

(3) 按已经发生的成本占估计总成本的比例确定。

3. 完工百分比法。完工百分比法是指按照提供劳务交易的完工进度确认收入与费用的方法。

企业应当在资产负债表日按照提供劳务收入总额乘以完工进度扣除以前会计期间累计已确认提供劳务收入后的金额，确认当期提供劳务收入；同时，按照提供劳务估计总成本乘以完工进度扣除以前会计期间累计已确认劳务成本后的金额，结转当期劳务成本。用公式表示如下：

$$本期确认的收入 = 劳务总收入 \times 本年末止劳务的完成程度 - 以前期间累计已确认的收入合计$$

$$本期确认的费用 = 劳务总成本 \times 本年末止劳务的完成程度 - 以前期间累计已确认的费用合计$$

企业采用完工百分比法确认提供劳务收入时，应按计算确定的提供劳务收入金额，借记"应收账款"、"银行存款"等科目，贷记"主营业务收入"科目。结转提供劳务成本时，借记"主营业务成本"科目，贷记"劳务成本"科目。

【同步操练 4 – 12】甲公司于 2015 年 12 月 1 日接受一项设备安装任务，安装期为 3 个月，合同总收入 300 000 元，至年底已预收安装费 220 000 元，实际发生安装费用 140 000 元，(假定均为安装人员薪酬)，估计完成安装任务还需发生安装费用 60 000 元。假定甲公司按实际发生的成本占估计总成本的比例确定劳务的完工进度。

劳务完工程度 = 140 000 ÷ (140 000 + 60 000) × 100% = 70%

2015 年 12 月 31 日确认的劳务收入 = 300 000 × 70% – 0 = 210 000（元）

2015 年 12 月 31 日确认的费用 = (140 000 + 60 000) × 70% – 0 = 140 000（元）

(1) 实际发生成本支出时：

借：劳务成本　　　　　　　　　　　　　　　　　　　　　　140 000

　　贷：应付职工薪酬　　　　　　　　　　　　　　　　　　　　140 000

(2) 预收劳务款项时：

借：银行存款　　　　　　　　　　　　　　　　　　　　　　220 000

　　贷：预收账款　　　　　　　　　　　　　　　　　　　　　　220 000

(3) 12 月 31 日确认收入时：

借：预收账款　　　　　　　　　　　　　　　　　　　　　　210 000

　　贷：主营业务收入　　　　　　　　　　　　　　　　　　　　210 000

(4) 12 月 31 日结转成本时：

借：主营业务成本　　　　　　　　　　　　　　　　　　　　140 000

　　贷：劳务成本　　　　　　　　　　　　　　　　　　　　　　140 000

（二）提供劳务交易的结果不能可靠估计的会计处理

如劳务的开始和完成分属不同的会计期间，且企业在资产负债表日对提供劳务交易的结果不能可靠估计的，不能采用完工百分比法确认提供劳务收入。此时，企业应当正确预计已

经发生的劳务成本能否得到补偿,分别按下列情况处理:

1. 已经发生的劳务成本预计能够得到补偿的,应按已经发生的能够得到补偿的劳务成本金额确认提供劳务收入,并结转已经发生的劳务成本。在这种情况下,企业应按已经发生的能够得到补偿的劳务成本金额,借记"应收账款"、"预收账款"等科目,贷记"主营业务收入"科目;按已经发生的劳务成本金额,借记"主营业务成本"科目,贷记"劳务成本"科目。

2. 已经发生的劳务成本预计全部不能得到补偿的,应将已经发生的劳务成本计入当期损益,不确认提供劳务收入。在这种情况下,企业应按已经发生的劳务成本金额,借记"主营业务成本"科目,贷记"劳务成本"科目。

【同步操练4-13】 甲公司于2015年12月1日为客户研制一项软件,合同规定的研制开发期为3个月,合同总收入为400 000元,至2015年12月31日已发生成本180 000元,预收账款200 000元。2015年12月31日,知悉客户发生重大经济损失,合同总收入很可能不能收回。

(1) 实际发生成本支出时:
借:劳务成本   180 000
    贷:银行存款   180 000

(2) 预收劳务款项时:
借:银行存款   200 000
    贷:预收账款   200 000

(3) 12月31日确认收入时:
借:预收账款   200 000
    贷:主营业务收入   200 000

(4) 12月31日结转成本时:
借:主营业务成本   180 000
    贷:劳务成本   180 000

【同步操练4-14】 甲公司接受乙公司委托,为其培训一批学员,培训期为6个月,2015年11月1日开学。协议约定,乙公司应向甲公司支付培训费总额为60 000元,培训结束时支付。至2015年12月31日,甲公司发生培训成本30 000元(假定均为培训人员薪酬)并得知乙公司经营发生困难,培训费确定不能收回。

(1) 实际发生成本支出时:
借:劳务成本   30 000
    贷:应付职工薪酬   30 000

(2) 12月31日结转成本时:
借:主营业务成本   30 000
    贷:劳务成本   30 000

三、其他特殊劳务收入

下列提供劳务满足收入确认条件的,应按规定确认收入:

1. 安装费，在资产负债表日根据安装的完工进度确认为收入。安装工作是商品销售附带条件的，安装费通常应在确认商品销售实现时确认为收入。

2. 宣传媒介的收费，在相关的广告或商业行为开始出现于公众面前时确认为收入。广告的制作费，通常应在资产负债表日根据广告的完工进度确认为收入。

3. 为特定客户开发软件的收费，在资产负债表日根据开发的完工进度确认为收入。

4. 包括在商品售价内可区分的服务费，在提供服务的期间分期确认为收入。

5. 艺术表演、招待宴会和其他特殊活动的收费，在相关活动发生时确认为收入。收费涉及几项活动的，预收的款项应合理分配给每项活动，分别确认为收入。

6. 申请入会费和会员费只允许取得会籍，所有其他服务或商品都要另行收费的，通常应在款项收回不存在重大不确定性时确认为收入。申请入会费和会员费能使会员在会员期内得到各种服务或出版物，或者以低于非会员的价格销售商品或提供服务的，通常应在整个受益期内分期确认为收入。

7. 属于提供设备和其他有形资产的特许权费，通常应在交付资产或转移资产所有权时确认为收入；属于提供初始及后续服务的特许权费，通常应在提供服务时确认为收入。

8. 长期为客户提供重复劳务收取的劳务费，通常应在相关劳务活动发生时确认为收入。

【同步案例 4-3】万达公司 2015 年 9 月 1 日开始为某客户提供建筑安装服务，期限为半年，合同总收入 20 万元，至 2015 年 12 月 31 日已发生成本 12 万元，预收账款 15 万元，预计完成全部劳务的成本为 16 万元。该企业按成本比例确定完工程度。

要求：编制有关会计分录。

任务三　让渡资产使用权收入的核算

【任务分析】

当企业有了闲置资产时，为了提高经济效益，企业可以将资产出租给他人使用，收取租金和利息，这就是让渡资产使用权。对该业务活动，会计人员应该掌握其业务流程的会计处理。

【知识准备及应用】

让渡资产使用权收入包括利息收入和使用费收入。使用费收入主要指让渡无形资产等资产使用权的使用费收入，出租固定资产取得的租金，进行债权投资收取的利息，进行股权投资取得的现金股利等，也构成让渡资产使用权收入。

一、让渡资产使用权收入的确认与计量

让渡资产使用权的使用费收入同时满足下列条件的，才能予以确认：

1. 相关的经济利益很可能流入企业。企业在确定让渡资产使用权的使用费收入金额是否很可能收回时，应当根据对方企业的信誉和生产经营情况、双方就结算方式和期限等达成的合同或协议条款等因素，综合进行判断。如果企业估计使用费收入金额收回的可能性不大

的，就不应确认收入。

2. 收入的金额能够可靠地计量。当让渡资产使用权的使用费收入金额能够可靠估计时，企业才能确认收入。

二、让渡资产使用权收入的核算

企业让渡资产使用权的使用费收入，一般作为其他业务收入处理；让渡资产使用权的资产所计提的摊销额等，一般作为其他业务成本处理。

【同步操练4-15】甲公司向乙公司转让某软件的使用权，一次性收取使用费60 000元，不提供后续服务，款项已经收回。甲公司确认使用费收入的会计分录如下：

借：银行存款　　　　　　　　　　　　　　　　　　　　　60 000
　　贷：其他业务收入　　　　　　　　　　　　　　　　　　　60 000

【同步操练4-16】甲公司于2015年1月1日向乙公司转让某专利权的使用权，协议约定转让期为3年，每年年初收取使用费160 000元。2015年该专利权计提的摊销额为120 000元，每月计提金额为10 000元。假定不考虑其他因素。

（1）2015年年初确认使用费收入：
借：银行存款　　　　　　　　　　　　　　　　　　　　　160 000
　　贷：其他业务收入　　　　　　　　　　　　　　　　　　160 000

（2）2015年每月计提专利权摊销额：
借：其他业务成本　　　　　　　　　　　　　　　　　　　　10 000
　　贷：累计摊销　　　　　　　　　　　　　　　　　　　　　10 000

任务四　营业成本的核算

【任务分析】

企业为了取得营业收入，必定要产生一定的营业成本。为了能够准确计算营业利润，企业应该做好营业成本的核算。

【知识准备及应用】

一、费用的概念和特征

费用是指企业日常活动中发生的、会导致所有者权益减少的、与向所有者分配利润无关的经济利益的总流出。主要包括成本费用和期间费用，具体为主营业务成本、其他业务成本、营业税金及附加、销售费用、管理费用和财务费用等。

费用具有以下特点：

1. 费用是企业在日常活动中发生经济利益的总流出。费用形成于企业日常活动的特征使其与产生于非日常活动的损失相区分。企业从事或发生的某些活动或事项也能导致经济利益流出企业，但不属于企业的日常活动。例如，企业处置固定资产、无形资产等非流动资产，因违约支付罚款，对外捐赠，因自然灾害等非常原因造成财产毁损等，这些活动或事项形成的经济利益的总流出属于企业的损失而不是费用。

2. 费用会导致企业所有者权益的减少。

3. 费用与向所有者分配利润无关。向所有者分配利润或股利属于企业利润分配的内容，不构成企业的费用。

二、营业成本

营业成本是指企业为生产产品、提供劳务等发生的可归属于产品成本、劳务成本等的费用，应当在确认销售商品收入、提供劳务收入等时，将已销售商品、已提供劳务的成本等计入当期损益。营业成本包括主营业务成本和其他业务成本。

（一）主营业务成本

主营业务成本是指企业销售商品、提供劳务等经常性活动所发生的成本。企业在确认销售商品、提供劳务等主营业务收入时，或在月末，将已销售商品、已提供劳务的成本转入主营业务成本。主营业务成本按主营业务的种类进行明细核算，期末，将主营业务成本的余额转入"本年利润"科目，结转后本科目无余额。

【同步操练 4-17】 2015 年 3 月 10 日甲公司向乙公司销售一批产品，开出的增值税专用发票上注明售价为 200 000 元，增值税税额为 34 000 元；甲公司已收到乙公司支付的货款 234 000 元，并将提货单送交乙公司；该批产品成本为 180 000 元。甲公司应编制如下会计分录：

（1）实现销售时：
借：银行存款　　　　　　　　　　　　　　　　　　　　　234 000
　　贷：主营业务收入　　　　　　　　　　　　　　　　　　　200 000
　　　　应交税费——应交增值税（销项税额）　　　　　　　　 34 000
借：主营业务成本　　　　　　　　　　　　　　　　　　　180 000
　　贷：库存商品　　　　　　　　　　　　　　　　　　　　　180 000
（2）期末结转损益：
借：本年利润　　　　　　　　　　　　　　　　　　　　　180 000
　　贷：主营业务成本　　　　　　　　　　　　　　　　　　　180 000

（二）其他业务成本

其他业务成本是指企业确认的除主营业务活动以外的其他经营活动所发生的支出。包括销售材料的成本、出租固定资产的折旧额、出租无形资产的摊销额、出租包装物的成本或摊销额等。本科目按其他业务的种类进行明细核算。期末，本科目余额转入"本年利润"科目，结转后本科目无余额。

【同步操练 4-18】 2015 年 4 月 1 日，甲公司销售一批原材料，开具的增值税专用发票上注明的售价为 10 000 元，增值税税额为 1 700 元，款项已由银行收妥。该批原材料的实际成本为 6 000 元。甲公司应编制如下会计分录：

（1）实现销售时：

借：银行存款　　　　　　　　　　　　　　　　　　　　　　　　11 700
　　贷：其他业务收入　　　　　　　　　　　　　　　　　　　　10 000
　　　　应交税费——应交增值税（销项税额）　　　　　　　　　 1 700
借：其他业务成本　　　　　　　　　　　　　　　　　　　　　　 6 000
　　贷：原材料　　　　　　　　　　　　　　　　　　　　　　　 6 000

（2）期末结转损益：

借：本年利润　　　　　　　　　　　　　　　　　　　　　　　　 6 000
　　贷：其他业务成本　　　　　　　　　　　　　　　　　　　　 6 000

任务五　营业税金及附加的核算

【任务分析】

企业从事经营活动需要向国家缴纳相应的营业税费。会计人员应该掌握相关税费的计算和账务处理。

【知识准备及应用】

营业税金及附加是指企业经营活动中应负担的相关税费，包括营业税、消费税、城市维护建设税、教育费附加和资源税等。

营业税是对在中国境内提供应税劳务、转让无形资产或销售不动产的单位和个人，就其所取得的营业额征收的一种税。应税劳务是指属于交通运输业、建筑业、金融保险业、邮电通信业、文化体育业、娱乐业、服务业税目征收范围的劳务。

消费税是对生产、委托加工及进口应税消费品（主要指烟、酒、化妆品、高档次及高能耗的消费品）征收的一种税。消费税实行从价定率、从量定额，或者从价定率和从量定额复合计税的办法计算应纳税额。

城市维护建设税和教育费附加是对从事生产经营活动的单位和个人，以其实际缴纳的增值税、消费税、营业税为依据，按纳税人所在地使用的不同税率计算征收的一种税。

资源税是对在我国境内开采应税矿产品和生产盐的单位和个人，就其应税数量征收的一种税。

【同步操练 4-19】甲公司取得应纳消费税的销售商品收入 3 000 000 元，该产品适用的消费税税率为 25%。

（1）计算应交消费税时：

借：营业税金及附加　　　　　　　　　　　　　　　　　　　　750 000
　　贷：应交税费——应交消费税　　　　　　　　　　　　　　750 000

（2）实际交纳消费税时：

借：应交税费——应交消费税　　　　　　　　　　　　　　　　750 000

　　　　贷：银行存款　　　　　　　　　　　　　　　　　　　　　　　　750 000

【同步操练 4-20】 2015 年 5 月，甲公司当月实际应交增值税为 350 000 元，应交消费税 150 000 元，城建税税率 7%，教育费附加 3%。有关会计分录如下：

（1）计算应交城建税和教育费附加时：

借：营业税金及附加　　　　　　　　　　　　　　　　　　　　　　50 000
　　贷：应交税费——应交城建税　　　　　　　　　　　　　　　　　35 000
　　　　　　　　——应交教育费附加　　　　　　　　　　　　　　　15 000

（2）实际交纳消费税时：

借：应交税费——应交城建税　　　　　　　　　　　　　　　　　　35 000
　　　　　　——应交教育费附加　　　　　　　　　　　　　　　　15 000
　　贷：银行存款　　　　　　　　　　　　　　　　　　　　　　　　50 000

任务六　期间费用的核算

【任务分析】

　　企业发生的费用一部分计入了特定的核算对象，有一部分不能计入特定核算对象，这部分费用就是期间费用。会计人员应该掌握期间费用的具体内容和业务核算。

【知识准备及应用】

　　期间费用是指企业日常活动发生的不能计入特定核算对象的成本，而应计入发生当期损益的费用，包括管理费用、财务费用、销售费用。

一、管理费用

　　管理费用是指企业为组织和管理生产经营活动而发生的各种管理费用，包括企业在筹建期间发生的开办费、董事会和行政管理部门在企业的经营管理中发生的或者应由企业统一负担的公司经费（包括行政管理部门职工薪酬、物料消耗、低值易耗品摊销、办公费和差旅费等）、董事会费（包括董事会成员津贴、会议费和差旅费等）、聘请中介机构费、咨询费（含顾问费）、诉讼费、业务招待费、房产税、车船税、土地使用税、印花税、技术转让费、矿产资源补偿费、研究费用、排污费以及企业行政管理部门发生的固定资产修理费等。

　　企业应通过"管理费用"科目，核算管理费用的发生和结转情况。该科目借方登记企业发生的各项管理费用，贷方登记期末全转入、"本年利润"科目的管理费用，结转后该科目应无余额。该科目应按管理费用的费用项目进行明细核算。

【同步操练 4-21】 甲公司本月发生办公费、差旅费 25 000 元，均用银行存款支付。

发生费用支出时

借：管理费用　　　　　　　　　　　　　　　　　　　　　　　　　25 000
　　贷：银行存款　　　　　　　　　　　　　　　　　　　　　　　　25 000

【同步操练 4-22】甲公司当月按规定计算确定的应交房产税为 3 000 元、应交车船税为 2 800 元、应交土地使用税为 4 200 元。

计算税费时

借：管理费用　　　　　　　　　　　　　　　　　　　　　　　10 000
　　贷：应交税费——应交房产税　　　　　　　　　　　　　　　　3 000
　　　　　　　　——应交车船税　　　　　　　　　　　　　　　　2 800
　　　　　　　　——应交土地使用税　　　　　　　　　　　　　　4 200

二、销售费用

销售费用是指企业在销售商品和材料、提供劳务过程中发生的各项费用，包括企业在销售商品过程中发生的包装费、保险费、展览费和广告费商品维修费、预计产品质量保证损失、运输费、装卸费等费用，以及企业发生的为销售本企业商品而专设的销售机构的职工薪酬、业务费、折旧费、固定资产修理费等费用。

企业应通过"销售费用"科目，核算销售费用的发生和结转情况。该科目借方登记企业所发生的各项销售费用，贷方登记期末转入"本年利润"科目的销售费用，结转后该科目应无余额。该科目应按销售费用的费用项目进行明细核算。

【同步操练 4-23】甲公司为宣传新产品发生广告费 80 000 元，均用银行存款支付。会计分录如下：

借：销售费用　　　　　　　　　　　　　　　　　　　　　　　80 000
　　贷：银行存款　　　　　　　　　　　　　　　　　　　　　　80 000

【同步操练 4-24】甲公司销售部本月共发生费用 250 000 元，其中：销售人员薪酬 120 000 元，销售部专用办公设备折旧费 50 000 元，业务费 80 000 元（已用银行存款支付）。会计分录如下：

借：销售费用　　　　　　　　　　　　　　　　　　　　　　　250 000
　　贷：应付职工薪酬　　　　　　　　　　　　　　　　　　　　120 000
　　　　累计折旧　　　　　　　　　　　　　　　　　　　　　　50 000
　　　　银行存款　　　　　　　　　　　　　　　　　　　　　　80 000

【同步操练 4-25】甲公司销售一批产品，销售过程中发生运输费 5 000 元、装卸费 2 000 元，均用银行存款支付。会计分录如下：

借：销售费用　　　　　　　　　　　　　　　　　　　　　　　7 000
　　贷：银行存款　　　　　　　　　　　　　　　　　　　　　　7 000

三、财务费用

财务费用是指企业为筹集生产经营所需资金等而发生的筹资费用，包括利息支出（减息收入）、汇兑损益以及相关的手续费、企业发生或收到的现金折扣等。

企业应通过"财务费用"科目，核算财务费用的发生和结转情况。该科目借方登记已发生的各项财务费用,贷方登记期末结转入"本年利润"科目的财务费用。结转后该科目应无余额。该科目应按财务费用的费用项目进行明细核算。

【同步操练 4-26】 甲公司 2015 年 9 月 30 日用银行存款支付本月负担的短期借款利息 24 000 元。

发生费用支出时:

借:财务费用——利息支出　　　　　　　　　　　　　　　　　24 000
　　贷:银行存款　　　　　　　　　　　　　　　　　　　　　　　　24 000

【同步操练 4-27】 甲公司用银行存款支付银行手续费 400 元。

发生费用支出时:

借:财务费用——手续费　　　　　　　　　　　　　　　　　　　400
　　贷:银行存款　　　　　　　　　　　　　　　　　　　　　　　　　400

【同步案例 4-4】 万达公司发生下列经济业务,要求进行会计处理:

(1) 5 月 5 日,签发转账支票一张支付产品广告费 1 500 元。

(2) 5 月 10 日,签发转账支票一张支付商店办公用品采购费用 800 元。

(3) 6 月 1 日,向银行借入期限 3 个月的流动资金借款 100 000 元,年利率 6%,到期一次还本付息;30 日,预提当月借款利息。

(4) 6 月 5 日销售商品一批,价值 30 000 元,增值税 5 100 元。企业为了尽早收回货款,在合同上规定的现金折扣条件为 2/10,1/20,n/30;12 日买方付清货款。

(5) 6 月 25 日,专设销售机构业务员出差归来,报销差旅费 560 元,交回现金 40 元,结清原预借款 600 元。

任务七　营业外收支的核算

【任务分析】

企业除了发生的与其日常活动有直接关系的各项收入和费用外,还会发生与其日常活动无直接关系的各项收支,这就是营业外收支。会计人员应该掌握营业外收支的内容和会计核算方法。

【知识准备及应用】

一、营业外收入

(一) 营业外收入核算的内容

营业外收入是指企业发生的与其日常活动无直接关系的各项利得。营业外收入并不是企业经营资金耗费所产生的,不需要企业付出代价,实际上是经济利益的净流入,不可能也不需要与有关的费用进行配比。营业外收入主要包括非流动资产处置利得、盘盈利得、罚没利得、捐赠利得、确实无法支付而按规定程序经批准后转作营业外收入的应付款项等。

其中非流动资产处置利得包括固定资产处置利得和无形资产出售利得。固定资产处置利得，指企业出售固定资产所取得价款和报废固定资产回收的材料价值和变价收入等，扣除处置固定资产的账面价值、清理费用、处置相关税费后的净收益；无形资产出售利得，指企业出售无形资产所取得价款，扣除出售无形资产的账面价值以及相关税费后的净收益。

盘盈利得主要指对于现金等清查盘点中盘盈的现金等，报经批准后计入营业外收入的金额。

罚没利得是指企业取得的各项罚款，在弥补由于对违反合同或协议而造成的经济损失后的罚款净收益。

捐赠利得是指企业接受捐赠产生的利得。

（二）营业外收入的会计处理

企业应通过"营业外收入"科目，核算营业外收入的取得及结转情况。该科目贷方登记企业确认的各项营业外收入，借方登记期末结转入本年利润的营业外收入。结转后该科目应无余额。该科目应按照营业外收入的项目进行明细核算。

企业确认营业外收入，借记"固定资产清理"、"银行存款"、"待处理财产损溢"、"应付账款"等科目，贷记"营业外收入"科目。期末，应将"营业外收入"科目余额转入"本年利润"科目，借记"营业外收入"科目，贷记"本年利润"科目。

【同步操练4-28】 甲企业将固定资产报废清理的净收益8 000元转作营业外收入。会计分录如下：

借：固定资产清理　　　　　　　　　　　　　　　　　　　　　　8 000
　　贷：营业外收入　　　　　　　　　　　　　　　　　　　　　　　8 000

【同步操练4-29】 甲企业本期营业外收入总额为180 000元，期末结转本年利润。会计分录如下：

借：营业外收入　　　　　　　　　　　　　　　　　　　　　　180 000
　　贷：本年利润　　　　　　　　　　　　　　　　　　　　　　　180 000

二、营业外支出

（一）营业外支出核算的内容

营业外支出是指企业发生的与其日常活动无直接关系的各项损失，主要包括非流动资产处置损失、盘亏损失、罚款支出、公益性捐赠支出、非常损失等。其中非流动资产处置损失包括固定资产处置损失和无形资产出售损失。固定资产处置损失，指企业出售固定资产所取得价款或报废固定资产的材料价值和变价收入等，不足以抵补处置固定资产的账面价值、清理费用、处置相关税费所发生的净损失；无形资产出售损失，指企业出售无形资产所取得价款，不足以抵补出售无形资产的账面价值、出售相关税费后所发生的净损失。

盘亏损失，主要指对于财产清查盘点中盘亏的资产，在查明原因处理时按确定的损失计入营业外支出的金额。

罚款支出，指企业由于违反税收法规、经济合同等而支付的各种滞纳金和罚款。

公益性捐赠支出,指企业对外进行公益性捐赠发生的支出。

非常损失,指企业对于因客观因素(如自然灾害等)造成的损失,在扣除保险公司赔偿后应计入营业外支出的净损失。

(二) 营业外支出的会计处理

企业应通过"营业外支出"科目,核算营业外支出的发生及结转情况。该科目借方登记企业发生的各项营业外支出,贷方登记期末结转入本年利润的营业外支出。结转后该科目应无余额。该科目应按照营业外支出的项目进行明细核算。

企业发生营业外支出时,借记"营业外支出"科目,贷记"固定资产清理"、"待处理财产损溢"、"库存现金"、"银行存款"等科目。期末,应将"营业外支出"科目余额结转入"本年利润"科目,借记"本年利润"科目,贷记"营业外支出"科目。

【同步操练4-30】甲企业将已经发生的原材料意外灾害损失270 000元转作营业外支出。会计分录如下:

借:营业外支出　　　　　　　　　　　　　　　　　　　　　270 000
　　贷:待处理财产损溢　　　　　　　　　　　　　　　　　　　　270 000

【同步操练4-31】甲企业将拥有的一项非专利技术出售,取得价款900 000元,应交纳的营业税为45 000元。该非专利技术的账面余额为1 000 000元,累计摊销额为100 000元,未计提减值准备。会计分录如下:

借:银行存款　　　　　　　　　　　　　　　　　　　　　　900 000
　　累计摊销　　　　　　　　　　　　　　　　　　　　　　100 000
　　营业外支出　　　　　　　　　　　　　　　　　　　　　　45 000
　　贷:无形资产　　　　　　　　　　　　　　　　　　　　1 000 000
　　　　应交税费——应交营业税　　　　　　　　　　　　　　45 000

【同步操练4-32】甲企业本期营业外支出总额为315 000元,期末结转本年利润。会计分录如下:

借:本年利润　　　　　　　　　　　　　　　　　　　　　　315 000
　　贷:营业外支出　　　　　　　　　　　　　　　　　　　　315 000

【同步案例4-5】为达公司12月发生下列经济业务,要求作出会计处理:

1. 出售设备一台,扣除清理费用后的净收益为6 000元,结转出售净收益。
2. 收到外单位因违约而交来的赔款2 000元,存入银行。
3. 对外赞助支出5 000元,以银行存款支付。
4. 上月清查中盘亏机器一台,经批准现予以转销,其净值为38 000元。
5. 捐赠给某企业机器一台,原值50 000元,已提折旧40 000元。
6. 用银行存款支付行政罚款1 000元。

任务八　所得税费用的核算

【任务分析】

企业实现的经营成果按税法规定要上缴企业所得税。会计人员应该掌握企业所得税的计算和会计核算方法。

【知识准备及应用】

企业的所得税费用包括当期所得税费用和递延所得税两部分，其中，当期所得税是指当期应交所得税。

一、应交所得税的计算

应交所得税是指企业按照税法规定计算确定的针对当期发生的交易和事项，应交纳给税务部门的所得税金额，即当期应交所得税。应纳税所得额是在企业税前会计利润（即利润总额）的基础上调整确定的，计算公式为：

应纳税所得额 = 税前会计利润 + 纳税调整增加额 − 纳税调整减少额

纳税调整增加额主要包括税法规定允许扣除项目中，企业已计入当期费用但超过税法规定扣除标准的金额（如超过税法规定标准的职工福利费、工会经费、职工教育经费、业务招待费、公益性捐赠支出、广告费和业务宣传费等），以及企业已计入当期损益但税法规定不允许扣除项目的金额（如税收滞纳金、罚金、罚款等）。

纳税调整减少额主要包括按税法规定允许弥补的亏损和准予免税的项目，如前五年内未弥补亏损、国债利息收入和符合条件的居民企业取得的股息、红利等权益性投资收益等。

企业当期应交所得税的计算公式为：

应交所得税 = 应纳税所得额 × 所得税税率

【同步操练 4 − 33】 甲公司 2015 年度按企业会计准则计算的税前会计利润为 19 800 000 元，所得税税率为 25%。甲公司全年工资、薪金为 2 000 000 元，职工福利费 300 000 元，工会经费 50 000 元，职工教育经费 100 000 元；经查，甲公司当年营业外支出中有 120 000 元为税收滞纳金。假定甲公司全年无其他纳税调整因素。

本训练中，按税法规定，企业在计算当期应纳税所得额时，可以扣除工资、薪金支出 2 000 000 元，扣除职工福利费支出 280 000 元（2 000 000 × 14%），工会经费支出 40 000 元（2 000 000 × 2%），职工教育经费支出 50 000 元（2 000 000 × 2.5%）。甲公司有两种纳税调整因素，一是已计入当期费用但超过税法规定标准的费用支出；二是已计入当期营业外支出但税法规定不允许扣除的税收滞纳金，这两种因素均应调整增加应纳税所得额。甲公司当期所得税的计算如下：

纳税调整数 = (300 000 − 280 000) + (50 000 − 40 000) + (100 000 − 50 000) + 120 000 = 200 000 （元）

应纳税所得额 = 19 800 000 + 200 000 = 20 000 000（元）
当期应交所得税额 = 20 000 000 × 25% = 5 000 000（元）

【同步操练 4-34】 甲公司 2015 年全年利润总额（即税前会计利润）为 20 200 000 元，其中包括本年收到的国债利息收入 200 000 元，所得税税率为 25%。假定甲公司全年无其他纳税调整因素。

按照税法规定，企业购买国债的利息收入免交所得税，即在计算应纳税所得额时可将其扣除。甲公司当期所得税的计算如下：

应纳税所得额 = 20 200 000 - 200 000 = 20 000 000（元）
当期应交所得税额 = 20 000 000 × 25% = 5 000 000（元）

二、所得税费用的账务处理

企业根据会计准则的规定，计算确定的当期所得税和递延所得税之和，即为应从当期利润总额中扣除的所得税费用。即：

所得税费用 = 当期所得税 + 递延所得税 = 当期应交所得税额 +（期末递延所得税负债 - 期初递延所得税负债）-（期末递延所得税资产 - 期初递延所得税资产）

企业应设置"所得税费用"科目核算企业确认的应从当期利润总额中扣除的所得税费用。

资产负债表日，企业按照税法规定计算确定的当期应交所得税，借记本科目（当期所得税费用），贷记"应交税费——应交所得税"科目。期末，应将本科目的余额转入"本年利润"科目，结转后本科目无余额。应按"当期所得税费用"、"递延所得税费用"进行明细核算。

【同步操练 4-35】 承【同步操练 4-34】甲公司递延所得税负债年初数为 500 000 元，年末数为 600 000 元，递延所得税资产年初数为 150 000 元，年末数为 100 000 元。甲公司进行以下会计处理。

甲公司所得税费用的计算如下：
递延所得税 =（600 000 - 500 000）+（150 000 - 100 000）= 150 000（元）
所得税费用 = 5 000 000 + 150 000 = 5 150 000（元）

（1）计算所得税时：

借：所得税费用 　　　　　　　　　　　　　　　　　　　5 150 000
　　贷：应交税费——应交所得税　　　　　　　　　　　　　　5 000 000
　　　　递延所得税负债　　　　　　　　　　　　　　　　　　100 000
　　　　递延所得税资产　　　　　　　　　　　　　　　　　　 50 000

（2）结转所得税时：

借：本年利润　　　　　　　　　　　　　　　　　　　　　5 150 000
　　贷：所得税费用　　　　　　　　　　　　　　　　　　　　5 150 000

任务九　本年利润的核算

【任务分析】

利润是企业最终的经营成果，它关系到企业相关各方的经济利益。会计人员应该掌握利润的计算过程及其账务处理。

【知识准备及应用】

一、利润的构成

利润是指企业在一定会计期间的经营成果。利润包括收入减去费用后的净额、直接计入当期利润的利得和损失等。

直接计入当期利润的利得和损失，是指应当计入当期损益、会导致所有者权益发生增减变动的、与所有者投入资本或者向所有者分配利润无关的利得或者损失。

1. 营业利润。

营业利润＝营业收入－营业成本－营业税金及附加－销售费用－管理费用
　　　　　－财务费用－资产减值损失＋公允价值变动收益（－损失）
　　　　　＋投资收益（－损失）

2. 利润总额。

利润总额＝营业利润＋营业外收入－营业外支出

3. 净利润。

净利润＝利润总额－所得税费用

二、期末利润结转的方法

在实际工作中，利润的核算方法有"账结法"、"表结法"两种，每月月末，企业可根据实际情况自行选用，年终则都要采用"账结法"。

1. 账结法，是通过编制记账凭证来完成损益结转工作的方法。即在账上每月进行损益类账户的结转，每月末结出损益类账户余额，并从余额的反方向结转入"本年利润"账户。损益类账户结转后均无余额。企业各月的财务成果，直接体现在"本年利润"账户中，将各月利润累计即可求得当期累计实现的财务成果。采用这种方法，各月均要通过"本年利润"账户提供其当期利润额，记账业务程序完整。但从实用角度讲，采用账结法增加了每月编制结转损益分录的工作量。

2. 表结法，即用"利润表"结转期末损益类项目，计算体现期末财务成果的方法。每月月末只结出损益类账户的月末余额，但不结转到"本年利润"账户，只有在年末结转时才使用"本年利润"账户。"本年利润"账户集中反映当年利润及构成情况。使用表结法，每月末只结计损益类账户的本月发生额合计并填入利润表的本月栏，将本月余额填入利润表的本年累计栏，账户不结转。表结法平时直接在利润表结转，省去了转账环节并可以从账户余额得出本年累计的指标，同时并不影响利润表的编制及有关损益指标的利用。到了年末再使用账结法结转整个年度的累计余额。

三、本年利润的核算

企业应设置"本年利润"科目，核算企业当期实现的净利润（或发生的净亏损）。

该科目贷方登记期末从损益类账户转入的、企业本期实现的构成利润总额的各种收入和利得；借方登记期末从损益类账户转入的、企业本期发生的各种影响利润总额减少的成本、费用和损失等；经过期末损益类账户的结转，本账户如果出现贷方余额，反映为企业本年度自年初至本期末累计实现的利润总额，如果出现借方余额，则反映为企业本年度自年初至本期末累计发生的亏损总额。

【同步操练 4–36】 甲公司平时采用表结法计算利润总额，年末一次结转损益类科目，适用所得税税率为25%。2015年有关损益类科目的年末余额如表4–1所示。

表4–1　　　　　　　　2015年末损益类账户期末余额　　　　　　　　单位：元

科目名称	借方余额	贷方余额
主营业务收入		9 800 000
其他业务收入		700 000
公允价值变动损益		150 000
投资收益		600 000
营业外收入		50 000
主营业务成本	5 000 000	
其他业务成本	400 000	
营业税金及附加	80 000	
销售费用	500 000	
管理费用	770 000	
财务费用	200 000	
资产减值损失	100 000	
营业外支出	250 000	

根据以上资料企业应做如下处理：
（1）将收入类科目余额转入"本年利润"科目时：
借：主营业务收入　　　　　　　　　　　　　　　　　　9 800 000
　　其他业务收入　　　　　　　　　　　　　　　　　　　700 000

公允价值变动损益	150 000
投资收益	600 000
营业外收入	50 000
贷：本年利润	11 300 000

（2）将支出类科目余额转入"本年利润"科目时：

借：本年利润	7 300 000
贷：主营业务成本	5 000 000
其他业务成本	400 000
营业税金及附加	80 000
销售费用	500 000
管理费用	770 000
财务费用	200 000
资产减值损失	100 000
营业外支出	250 000

（3）经过上述结转后，"本年利润"科目的贷方发生额合计 11 300 000 元减去借方发生额合计 7 300 000 元即为税前会计利润 4 000 000 元，应交所得税额 = 4 000 000 × 25% = 1 000 000（元），假定无纳税调整。

确认所得税费用，会计分录略。

将所得税费用结转入"本年利润"科目：

借：本年利润	1 000 000
贷：所得税费用	1 000 000

结转净利润时：

借：本年利润	3 000 000
贷：利润分配——未分配利润	3 000 000

【练习题】

一、单项选择题

1. 下列各项，符合收入定义，可以确认为收入的是（　　）。
   A. 出售固定资产收取的价款　　　　B. 出售原材料收取的价款
   C. 出售无形资产收取的价款　　　　D. 出售长期股权收取的价款

2. 下列各项目中，属于工业企业的主营业务收入的是（　　）。
   A. 产品销售收入　　　　　　　　　B. 原材料销售收入
   C. 包装物出租收入　　　　　　　　D. 购买债券取得的收入

3. 以下属于让渡资产使用权的收入的是（　　）。
   A. 他人使用本企业无形资产的使用费收入　　B. 为他人提供运输服务的收入
   C. 转让包装物收入　　　　　　　　D. 销售库存商品收入

4. 销货方对于现金折扣的入账应在（　　）。
   A. 销售时　　B. 预计可能发生时　　C. 期末　　D. 实际发生时

5. 销售一批产品，价目表标明不含税价格为 40 000 元，增值税税率为 17%，商业折扣为 10%，现金折扣条件为"5/10, 3/20, N/30"，代垫运费 500 元（不考虑运费增值税），客户于第 8 天付款。该销售业务的应收账款入账金额为（　　）元。

  A. 40 000   B. 44 320   C. 40 820   D. 42 620

6. 企业销售商品时代垫的运杂费应记入（　　）科目。

  A. 应收账款   B. 预付账款   C. 其他应收款   D. 应付账款

7. 企业采用预收账款方式销售商品，确认收入的时点是（　　）。

  A. 收到货款时   B. 按合同约定的日期

  C. 发出商品时   D. 收到支付凭证时

8. 我国会计准则规定，企业发生的销售折让应（　　）。

  A. 冲减主营业务收入   B. 计入营业外支出

  C. 增加主营业务收入   D. 增加销售费用

9. 在采用收取手续费方式委托代销商品时，委托方确认销售商品收入的时点为（　　）。

  A. 委托方发出商品时   B. 委托方销售商品时

  C. 委托方收到受托方代销清单时   D. 受托方收到受托代销商品的销售货款时

10. 光明公司委托某超市代销一批产品，代销价款200万元，3个月后收到超市交来的代销清单，代销清单列明已销售代销商品的50%。光明公司收到清单时向超市开具增值税发票，超市按代销价款的5%收取手续费，该批产品的实际成本为120万元，光明公司应确认的销售收入为（　　）万元。

  A. 120   B. 100   C. 80   D. 150

11. 委托代销商品中，采用收取手续费方式，委托方计算应支付的代销手续费，所作的会计分录为（　　）。

  A. 借：销售费用   B. 借：销售费用

    贷：主营业务收入   贷：应收账款

  C. 借：应付账款   D. 借：主营业务收入

    贷：主营业务收入   贷：应收账款

12. 企业对于已经发生但尚未确认销售收入的商品成本，应借记的会计科目是（　　）。

  A. 在途物资   B. 库存商品   C. 主营业务成本   D. 发出商品

13. 销售合同中规定了由于特定原因买方有权退货的条款，而企业又不能确定退货的可能性，其收入应在（　　）时确认。

  A. 签订合同   B. 发出商品   C. 收到货款   D. 退货期满

14. 作为收入确认的一种方法，完工百分比法主要适用于（　　）。

  A. 商品销售收入的确认   B. 提供劳务收入的确认

  C. 让渡资产使用权收入的确认   D. 对外投资收益的确认

15. 某企业2015年1月1日签订一项总额为2 000万元的劳务合同，合同期为3年，预计总成本为1 600万元。2015年发生成本500万元，2016年发生成本600万元，2017年发生成本500万元。假定该劳务的结果能够可靠估计，则该公司2016年度应确认的劳务收入为（　　）万元。

  A. 1 315   B. 1 000   C. 600   D. 750

16. 企业为扩大生产经营而发生的业务招待费，应计入（　　）科目。

  A. 管理费用   B. 财务费用   C. 销售费用   D. 其他业务成本

17. 企业生产车间发生的固定资产的修理费应计入（　　）科目。

  A. 制造费用   B. 生产成本   C. 长期待摊费用   D. 管理费用

18. 以下不属于期间费用的是（　　）。

  A. 管理费用   B. 财务费用   C. 制造费用   D. 销售费用

19. 销售费用不包括（　　）。

  A. 包装费   B. 公司经费   C. 广告费   D. 保险费

20. 下列交易和事项中，不应确认为营业外支出的是（　　）。

  A. 对外捐赠支出   B. 债务重组损失
  C. 计提的存货跌价准备   D. 固定资产盘亏损失

21. 某企业去年发生亏损 235 000 元，按规定可以用本年度实现的利润弥补去年全部亏损时，应当（   ）。
  A. 借：利润分配——弥补亏损   235 000
     贷：利润分配——未分配利润   235 000
  B. 借：盈余公积   235 000
     贷：利润分配——未分配利润   235 000
  C. 借：其他应收款   235 000
     贷：利润分配——未分配利润   235 000
  D. 不做账务处理

22. 下列各项，不影响企业营业利润的项目是（   ）。
  A. 主营业务收入   B. 劳务收入
  C. 固定资产租金收入   D. 营业外收入

23. 某企业本期的营业收入 100 万元，营业成本 50 万元，管理费用 10 万元，投资收益 20 万元，所得税费用 18 万元。假定不考虑其他因素，该企业本期营业利润为（   ）万元。
  A. 40   B. 42   C. 60   D. 72

24. 根据企业会计准则的规定，企业支付的税款滞纳金应当计入（   ）科目。
  A. 财务费用   B. 其他业务成本
  C. 销售费用   D. 营业外支出

25. 完工百分比法确认收入适用于下列（   ）。
  A. 委托代销商品   B. 在同一会计年度开始并完成的劳务
  C. 分期收款销售商品   D. 跨越一个会计年度才能完成的劳务

26. 下列项目中，属于工业企业其他业务收入的是（   ）。
  A. 无法支付的应付账款   B. 出售固定资产收入
  C. 转让无形资产使用权收入   D. 罚款收入

27. 下列各项中，应列作管理费用处理的是（   ）。
  A. 自然灾害造成的流动资产损失   B. 车间管理人员的工资
  C. 固定资产盘亏净损失   D. 存货盘盈

28. 企业发生的违约金支出应计入（   ）。
  A. 销售费用   B. 营业外支出
  C. 其他业务成本   D. 财务费用

29. A 公司以预收货款的方式向 B 公司销售一批产品。预收货款的时间是 2016 年 3 月 1 日；该批产品发出时间为 3 月 5 日；A 公司于 3 月 7 日向 B 公司开出销货发票。两公司于 3 月 11 日结清货款，多收的预收款项于当日退回 B 公司。请问，对于 A 公司而言，该笔销售业务收入确定的时间应为（   ）。
  A. 2016 年 3 月 1 日   B. 2016 年 3 月 5 日
  C. 2016 年 3 月 7 日   D. 2016 年 3 月 11 日

30. 甲企业某月产品销售收入为 480 000 元，发生一笔销售退回 60 000 元，另给购货方折让 24 000 元，月末填列"利润表"时，"主营业务收入"项目填列（   ）元。
  A. 396 000   B. 420 000   C. 456 000   D. 480 000

二、多项选择题

1. 下列各项中，不应计入商品销售收入的有（   ）。

A. 应收取的代垫运杂费 B. 应收取增值税销项税额
C. 预计可能发生的现金折扣 D. 实际发生的商业折扣

2. 按我国企业会计准则规定，下列项目中不应确认为收入的有（　　）。
A. 销售商品收取的增值税 B. 出售飞机票时代收的保险费
C. 旅行社代客户购买景点门票收取的款项 D. 销售商品代垫的运杂费

3. 按现行会计制度的规定，下列项目中，不应确认为收入的有（　　）。
A. 固定资产出售收入 B. 设备出租收入
C. 罚款收入 D. 销售商品收取的增值税

4. 下列各项收入中，属于工业企业的其他业务收入的有（　　）。
A. 提供运输劳务所取得的收入 B. 提供加工装配劳务所取得的收入
C. 出租无形资产所取得的收入 D. 销售材料产生的收入

5. 收入的特征表现为（　　）。
A. 收入从日常活动中产生 B. 收入可能表现为资产的增加
C. 收入可能表现所有者权益的增加 D. 收入包括代收的增值税

6. 关于收入，下列说法中正确的有（　　）。
A. 工业企业转让无形资产使用权产生的经济利益的总流入属于收入
B. 收入，是指企业在日常活动中形成的、会导致所有者权益增加的、与所有者投入资本无关的经济利益的总流入
C. 咨询公司提供咨询服务产生的经济利益的总流入构成收入
D. 工业企业处置固定资产产生的收入属于收入

7. 关于销售商品收入的确认，下列说法中正确的有（　　）。
A. 企业已将商品所有权上的主要风险和报酬转移给购货方，构成确认销售商品收入的重要条件
B. 判断企业是否已将商品所有权上的主要风险和报酬转移给购货方，应当关注交易的实质而不是形式
C. 采用托收承付方式销售商品的，应在办妥托收手续时确认收入
D. 交付实物后，商品所有权上的主要风险和报酬一定随之转移，应确认收入

8. 甲公司在2016年3月18日向乙公司销售一批商品，开出的增值税专用发票上注明的售价为10 000元，增值税额为1 700元。该批商品成本为5 000元。为及早收回货款，甲公司和乙公司约定的现金折扣条件为：2/10，1/20，N/30。乙公司在2016年3月27日支付货款。2016年5月9日，该批商品因质量问题被乙公司退回，甲公司当日支付有关退货款。假定计算现金折扣时不考虑增值税。甲公司5月所作的会计处理为（　　）。

A. 借：主营业务收入　　　　　　　　　　　　　　　　　　　　　　　10 000
　　贷：银行存款　　　　　　　　　　　　　　　　　　　　　　　　11 500
　　　　应交税费——应交增值税（销项税额）　　　　　　　　1 700（红色金额）
　　　　财务费用　　　　　　　　　　　　　　　　　　　　　　　　　200
B. 借：库存商品　　　　　　　　　　　　　　　　　　　　　　　　　5 000
　　贷：主营业务成本　　　　　　　　　　　　　　　　　　　　　　　5 000
C. 借：主营业务收入　　　　　　　　　　　　　　　　　　　　　　　10 000
　　　　应交税费——应交增值税（销项税额）　　　　　　　　　　　1 700
　　贷：银行存款　　　　　　　　　　　　　　　　　　　　　　　　11 466
　　　　财务费用　　　　　　　　　　　　　　　　　　　　　　　　　234
D. 借：库存商品　　　　　　　　　　　　　　　　　　　　　　　　　4 900
　　贷：主营业务成本　　　　　　　　　　　　　　　　　　　　　　　4 900

9. 提供劳务交易的结果能够可靠估计，应同时满足的条件包括（　　）。
   A. 收入的金额能够可靠地计量
   B. 相关的经济利益很可能流入企业
   C. 交易中已发生的成本能够可靠地计量
   D. 交易中将发生的成本能够可靠地计量

10. 关于让渡资产使用权产生的收入的确认与计量，下列说法中正确的有（　　）。
    A. 让渡资产使用权收入同时满足"相关的经济利益很可能流入企业"和"收入的金额能够可靠地计量"时才能予以确认
    B. 让渡资产使用权收入同时满足"相关的经济利益很可能流入企业"和"发生的成本能够可靠地计量"时才能予以确认
    C. 使用费收入金额，按照实际收费时间计算确定
    D. 利息收入金额，按照他人使用本企业货币资金的时间和实际利率计算确定

11. 企业对外提供的下列各项劳务中，应当在本年度全部确认收入或按完工百分比法确认收入的有（　　）。
    A. 本年度开始并完成的劳务所取得的收入
    B. 年末未完工但劳务的交易结果能可靠估计的，按完工百分比法计算的收入
    C. 年末未完工但劳务的交易结果不能可靠估计的，按完工百分比法计算的收入
    D. 年末已完工但已经发生的劳务成本全部不能得到补偿的，按合同规定计算的收入

12. 在完工百分比法中，确定完工比例的方法有（　　）。
    A. 按专业测量师测量的结果确定
    B. 按提供的劳务量占应提供劳务总量的比例确定
    C. 按劳务各期耗时长短来确定
    D. 按已发生成本占估计总成本的比例来确定

13. 企业费用的主要内容包括（　　）。
    A. 主营业务成本　　　B. 营业税金及附加　　　C. 销售费用　　　D. 管理费用

14. 下列项目中，应列入财务费用的有（　　）。
    A. 银行存款的利息收入
    B. 外币兑换发生的汇兑损失
    C. 金融机构手续费
    D. 购货方享受的现金折扣

15. 下列各项，影响企业营业利润的有（　　）。
    A. 管理费用　　　B. 营业税金及附加　　　C. 所得税费用　　　D. 投资收益

16. 下列税金中应列入管理费用的有（　　）。
    A. 印花税　　　B. 土地增值税　　　C. 房产税　　　D. 土地使用税

17. 下列费用中，应当作为管理费用核算的有（　　）。
    A. 排污费
    B. 业务招待费
    C. 矿产资源补偿费
    D. 车间固定资产修理费

18. 下列各项中，属于企业销售费用核算范围的有（　　）。
    A. 广告费
    B. 预计产品质量保证损失
    C. 业务招待费
    D. 专设销售机构发生的固定资产修理费

19. 下列项目中，应计入营业外支出的有（　　）。
    A. 出售无形资产净损失
    B. 火灾造成的存货损毁净损失
    C. 交纳的税收滞纳金
    D. 捐赠支出

20. 下列项目不属于营业外收入的有（　　）。
    A. 转让无形资产使用权取得的收入
    B. 存货的盘盈
    C. 无法支付的应付账款
    D. 出租固定资产的收入

三、判断题

1. 收入能够导致企业所有者权益增加,但导致所有者权益增加的并不一定都是收入。（ ）
2. 企业为客户代收的款项先记为收入,待以后再冲减。（ ）
3. 如果企业保留与商品所有权相联系的继续管理权,则在发出商品时不能确认该项商品的销售收入。（ ）
4. 企业在销售商品时,如果商品的成本不能可靠的计量,则不能确认相关的收入。（ ）
5. 采用分期收款销售时,只有在符合收入确认条件的前提下,才能按合同约定的收款日期分期确认收入;如不符合收入确认条件的,即使合同约定采用分期收款销售形式,也不能按合同约定的收款日期分期确认收入。（ ）
6. 在采用完工百分比法确认劳务收入时,其相关的销售成本应以实际发生的全部成本确认。（ ）
7. 如劳务的开始和完成分属不同的会计年度,就应按完工百分比法确认收入。（ ）
8. 按准则规定,企业发生的现金折扣应冲减主营业务收入。（ ）
9. 企业发生销售退回时,不论销售退回的商品是本年销售的还是以前年度销售的,均可冲减本年度的销售收入与销售成本。（ ）
10. 按准则规定,企业发生的销售折让应作为财务费用处理。（ ）
11. 企业在销售收入确认之后发生的销售折让,应在实际发生时冲减发生当期的收入。（ ）
12. 对于附有销售退回条件的商品销售,如果企业不能合理地确定退货的可能性,则应在退货期满时确认收入。（ ）
13. 在采用预收货款方式销售产品的情况下,应当在收到货款时确认收入的实现。（ ）
14. 企业在确定销售商品收入时,不考虑各种可能发生的现金折扣和销售折让。（ ）
15. 企业在销售商品时,如果估计价款收回的可能性不大,即使收入确认的其他条件均已满足,也不应当确认收入。（ ）
16. 小规模纳税企业销售商品应收取的增值税额,应当与销售商品价款一并确认收入。（ ）
17. 在代销业务中,委托方收到代销清单时可以确认收入。（ ）
18. 属于提供设备和其他有形资产的特许权收入,应在交付资产或资产的所有权转移时,确认为收入。（ ）
19. 宣传媒介的佣金收入应在相关的广告或商业行为开始出现于公众面前时予以确认。（ ）
20. 企业发生的借款利息费用都计入"财务费用"。（ ）

四、业务题

1. 某企业生产甲、乙两种产品,甲产品单位售价80元,单位成本45元;乙产品单位售价50元,单位成本33元。该企业为一般纳税人,增值税税率17%。2015年12月该企业甲、乙两产品销售情况如下:

（1）发往A公司甲产品1 000件,乙产品2 000件,代垫运杂费20 000元,已向银行办妥托收手续,开出增值税专用发票。

（2）接到银行通知,收到A公司承付的货款和代垫运杂费。

（3）收到B公司汇来的预付货款30 000元。

（4）发出B公司预订的甲产品100件,代垫运杂费100元,所汇余额退回B公司。

要求:根据上述业务编制会计分录。

2. 甲公司为增值税一般纳税企业,适用的增值税税率为17%。2015年12月,甲公司销售商品的资料如下:

（1）12月1日,对A公司销售商品一批,增值税专用发票上注明销售价格为200万元,增值税额为34万元。提货单和增值税专用发票已交A公司,甲公司已承诺付款。为及时收回货款,给予A公司的现金折扣条件如下:2/10,1/20,n/30。该批商品的实际成本为160万元。12月12日,收到A公司支付的、扣除所享受现金折扣金额后的款项,并存入银行。

（2）12月2日,收到B公司来函,要求对当年11月10日所购商品在价格上给予10%的折让（甲公司在该批商品售出时确认销售收入 500 万元，未收款）。经查核，该批商品外观存在质量问题。甲公司同意了 B 公司提出的折让要求。当日，收到 B 公司交来的税务机关开具的索取折让证明单，并开具红字增值税专用发票。

（3）12 月 18 日，收到 A 公司退回的当月 1 日所购商品的 20%。经查核，该批商品存在质量问题，甲公司同意了 A 公司的退货要求。当日，收到 A 公司交来的退货证明单并开具了增值税专用发票，甲公司支付退货款项。

要求：根据上述业务编制会计分录。

3. 2016 年 1 月 1 日，甲公司采用分期收款方式向乙公司出售大型设备一套，合同约定的价款为 2 000 000 元，分五年于每年末分期收款，每年收取 400 000 元。该套设备的成本为 1 500 000 元，若购货方在销售当日支付货款，只需付 1 600 000 元即可。甲公司收取最后一笔货款时开具增值税专用发票，同时收取增值税税额 340 000 元，企业经计算得出实际利率为 7.93%。不考虑其他因素。

要求：根据上述业务编制会计分录。

4. A 企业委托 B 企业视同买断方式的代销甲商品 100 件，协议价为 100 元/件，该商品成本 60 元/件，增值税率 17%。A 企业收到 B 企业开来的代销清单时开具增值税发票，发票上注明：售价 10 000 元，增值税 1 700 元。B 企业实际销售时开具的增值税发票上注明：售价 12 000 元，增值税为 2 040 元。

要求：根据上述业务编制 A、B 企业会计分录。

5. 甲公司 2015 年 3 月 1 日与客户签订了一项工期为 1 年的劳务供应合同。合同总收入为 1 000 000 元，预计合同总成本为 800 000 元，预收客户支付的劳务款 750 000 元存入银行。至 2015 年 12 月 31 日，实际发生劳务费用 640 000 元（均以银行存款支付）；此外，经专业测量师测量，至 2015 年 12 月 31 日，该工程的完工程度为 70%。

要求：分别采用以下方法确定 2015 年的劳务收入与成本，并编制有关会计分录：（1）按专业测量的完工程度确定该劳务的完成程度。（2）按已发生的成本占估计总成本的百分比确定该劳务的完成程度。

6. 某企业 2015 年 12 月发生下列业务：

（1）以银行存款支付本月应负担的借款利息 30 000 元，其中在建工程利息费用 20 000 元。

（2）以银行存款支付咨询费 1 000 元；支付业务招待费 5 000 元，其中销售部门 3 000 元，管理部门 2 000 元；支付营业税 2 200 元，消费税 5 000 元；支付专设销售部门的办公费 5 000 元。

（3）本月共发出材料共 35 000 元，其中生产产品领用 20 000 元，车间领用 5 000 元，辅助部门领用 2 000 元，管理部门领用 3 000 元，销售材料的成本为 5 000 元，售价为 4 000 元，增值税税率为 17%。

（4）本月发生固定资产修理费 3000 元，其中专设销售部门 1 000 元，生产车间 2 000 元。

要求：根据上述业务编制会计分录。

7. 某企业 2015 年 1~11 月累计实现利润总额为 2 000 000 元，所得税税率为 25%，应交所得税为 500 000 元（假设没有纳税调整事项）。12 月末结账前，各损益类账户的余额如表 4-2 所示。

表 4-2

账户名称	借方余额	贷方余额	备注
主营业务收入		800 000	
其他业务收入		150 000	
投资收益		100 000	与投资单位所得税率相同
营业外收入		30 000	
主营业务成本	300 000		
销售费用	50 000		

续表

账户名称	借方余额	贷方余额	备 注
营业税金及附加	9 000		
其他业务成本	100 000		
管理费用	201 000		
财务费用	100 000		
营业外支出	40 000		

要求：

1. 根据上述资料计算：

（1）本月营业利润。

（2）本月利润总额。

（3）本月净利润。

（4）本年利润总额。

（5）本年净利润。

2. 计算本年应交所得税，并作出12月相应的账务处理。

3. 企业年末按全年净利润提取法定盈余公积10%，分配现金股利60%，请进行相应的计算和账务处理。

项目五
非货币性资产交换的核算

【学习目标】

能力目标：能正确判定非货币性资产交换；能对换入的非货币性资产的入账价值进行确认和计量；能正确地对不同情况的非货币性资产交换进行账务处理。

知识目标：熟悉非货币性资产交换的概念；掌握非货币性资产交换的认定标准；掌握非货币性资产交换的会计处理方法。

【情境导入】

货币性资产，是指企业持有的货币资金和将以固定或可确定的金额收取的资产，包括现金、银行存款、应收账款和应收票据以及准备持有至到期的债券投资等。

非货币性资产是指货币性资产以外的资产，包括存货、固定资产、在建工程、工程物资、无形资产、长期股权投资、不准备持有至到期的债券投资等。

非货币性资产有别于货币性资产的最基本特征是其在将来为企业带来的经济利益，即货币金额是不固定的或不可确定的。因此，对于非货币性资产交换要进行准确的认定和正确的处理。

任务分解：（1）以公允价值计量的非货币性资产交换核算。（2）以账面价值计量的非货币性资产交换的核算。（3）涉及多项资产的非货币性资产交换核算。

任务一　以公允价值计量的非货币性资产交换核算

【任务分析】

非货币性资产交换具有商业实质且换入资产或换出资产的公允价值能够可靠计量的，此时非货币性资产交换以公允价值计量。会计人员应该掌握以公允价值计量的非货币性资产交换的会计核算。

【知识准备及应用】

非货币性资产交换是指交易双方主要以存货、固定资产、无形资产和长期股权投资等非货币性资产进行的交换。该交换不涉及或只涉及少量的货币性资产（即补价）。

非货币性资产交换不包括两种：一是与所有者或所有者以外方面的非货币性资产的非互惠转让。二是在企业合并、债务重组中和发行股票取得的非货币性资产。

一、非货币性资产交换的认定

非货币性资产交换一般不涉及货币性资产或只涉及少量货币性资产，即涉及少量的补价。非货币性资产交换准则规定：按补价占整个资产交换金额的比例是否低于25%作为判断标准。也就是说，支付的货币性资产占换入资产公允价值（或者占换出资产的公允价值与支付的货币性资产之和）的比例或者收到的货币性资产占换出资产公允价值（或者占换入资产的公允价值与收到的货币性资产之和）的比例低于25%的视为非货币性资产交换；高于25%（含25%）的，视为货币性资产交换；即以货币性资产取得非货币性资产。

补价÷整个资产交换金额<25%——非货币性资产交换

补价÷整个资产交换金额≥25%——货币性资产交换

二、以公允价值计量的非货币性资产交换的核算

非货币性资产交换同时满足下列两个条件的，应当以公允价值和应支付的相关税费作为换入资产的成本，公允价值与换出资产账面价值的差额计入当期损益：

（1）该项交换具有商业实质。

（2）换入资产或换出资产的公允价值能够可靠地计量。

【知识链接5-1】 非货币性资产交换是否具有商业实质的判断：当换出资产和换入资产预计未来现金流量或其现值两者之间的差额较大时，表明交易的发生使企业经济状况发生了改变，可确认非货币性资产交换具有商业实质。同时，在确定非货币性资产交换交易是否具有商业实质时，应当关注交易各方之间是否存在关联方关系。关联方关系的存在可能导致发生的非货币性资产交换不具有商业实质。

【知识链接5-2】 公允价值（Fair Value），亦称公允市价、公允价格。熟悉市场情况的买卖双方在公平交易的条件下和自愿的情况下所确定的价格，或无关联的双方在公平交易的条件下一项资产可以被买卖或者一项负债可以被清偿的成交价格。

属于以下三种情形之一的，公允价值视为能够可靠计量：

（1）换入资产或换出资产存在活跃市场。

（2）换入资产或换出资产不存在活跃市场，但同类或类似资产存在活跃市场。

（3）换入资产或换出资产不存在同类或类似资产可比市场交易，但可采用估值技术确定的公允价值。

换入资产和换出资产公允价值均能够可靠计量的，应当以换出资产公允价值作为确定换入资产成本的基础，一般来说，取得资产的成本应当按照所放弃资产的对价来确定，在非货币性资产交换中，换出资产的价值就是放弃的对价，如果其公允价值能够可靠确定，应当优先考虑按照换出资产的公允价值作为确定换入资产成本的基础；如果有确凿证据表明换入资产的公允价值更加可靠的，应当以换入资产公允价值为基础确定换入资产的成本。

在以公允价值计量的情况下，不论是否涉及补价，只要换出资产的公允价值与其账面价值不同，通常就会涉及损益的确认，因为非货币性资产交换损益通常是由换出资产公允价值与换出资产账面价值的差额通过非货币性资产交换予以实现。

非货币性资产交换的会计处理，视换出资产的类别不同而有所区别：

（1）换出资产为存货的，应当视同存货销售处理，按照公允价值确认销售收入，同时结转销售成本，销售收入与销售成本之间的差额即换出资产公允价值与换出资产账面价值的

差额，在利润表中作为营业利润的构成部分予以列示。

（2）换出资产为固定资产、无形资产的，应当视同固定资产、无形资产处置处理，换出资产公允价值与换出资产账面价值的差额计入营业外收入或营业外支出。

（3）换出资产为长期股权投资的，应当视同长期股权投资处置处理，换出资产公允价值与换出资产账面价值的差额计入投资收益。

非货币性资产交换涉及相关税费的，如换出存货视同销售计算的增值税销项税额，换入资产作为存货、固定资产应当确认的增值税进项税额，以及换出固定资产、无形资产视同转让应交纳的增值税、营业税等，按照相关税收规定计算确定。

（一）不涉及补价的会计处理

【同步操练5-1】2015年9月，A公司以生产经营过程中使用的一台设备交换B公司生产的一批打印机，换入的打印机作为固定资产管理。设备的账面原价为1 500 000元，在交换日的累计折旧为450 000元，公允价值为900 000元。打印机的账面价值为1 100 000元，在交换日的公允价值为900 000元，计税价格等于公允价值。B公司换入A公司的设备作为固定资产管理。

A公司没有为该项设备计提资产减值准备，整个交易过程中，除支付运杂费15 000元外，没有发生其他相关税费。B公司也没有为库存打印机计提存货跌价准备，销售打印机的增值税税率为17%，其在整个交易过程中没有发生除增值税以外的其他税费。

第一步，分析判断：整个资产交换过程没有涉及收付货币性资产，因此，该项交换属于非货币性资产交换。

第二步，确认换入资产的入账价值：

换入资产的入账价值 = 换出资产的公允价值 + 为取得换入资产所支付的相关税费

A公司换入打印机的入账价值 = 900 000 + 900 000 × 17% − 900 000 × 17% = 900 000（元）

B公司换入设备的入账价值 = 900 000 + 900 000 × 17% − 900 000 × 17% = 900 000（元）

第三步，编写会计分录：

(1) A公司的会计分录：

生产设备转入清理：

借：固定资产清理	1 050 000
累计折旧	450 000
贷：固定资产——换出设备	1 500 000

支付清理过程中发生的运杂费：

借：固定资产清理	15 000
贷：银行存款	15 000

换入一批打印机：

借：固定资产——打印机	900 000
应交税费——应交增值税（进项税额）	153 000
营业外支出	165 000

贷：固定资产清理		1 065 000
应交税费——应交增值税（销项税额）		153 000

（2）B 公司的账务处理如下：

根据税法的有关规定，企业以库存商品换入其他资产，视同销售行为发生，应计算增值税销项税额，缴纳增值税。

换出打印机的增值税销项税额为 900 000 × 17% = 153 000（元）

换入设备的增值税进项税额 = 900 000 × 17% = 153 000（元）

借：固定资产——设备		900 000
应交税费——应交增值税（进项税额）		153 000
贷：主营业务收入		900 000
应交税费——应交增值税（销项税额）		153 000
借：主营业务成本		1 100 000
贷：库存商品——打印机		1 100 000

（二）涉及补价的情况

在以公允价值确定换入资产成本的情况下，发生补价的，支付补价方和收到补价方应当分别进行处理：

1. 支付补价方。应当以换出资产的公允价值加上支付的补价（即换入资产的公允价值）和应支付的相关税费，作为换入资产的成本；换入资产成本与换出资产账面价值加支付的补价、应支付的相关税费之和的差额，应当计入当期损益。

2. 收到补价方。应当以换入资产的公允价值（或换出资产的公允价值减去补价）和应支付的相关税费，作为换入资产的成本；换入资产成本加上收到的补价之和与换出资产账面价值加上应支付的相关税费之和的差额，应当计入当期损益。

在涉及补价的情况下，对于支付补价方而言，作为补价的货币性资产构成换入资产所放弃对价的一部分，对于收到补价方而言，作为补价的货币性资产构成换入资产的一部分。

【同步操练 5-2】甲公司与乙公司经协商，甲公司以其拥有的全部用于经营出租目的的一幢公寓楼与乙公司持有的交易目的的股票投资交换。甲公司的公寓楼符合投资性房地产定义，公司未采用公允价值模式计量。在交换日，该幢公寓楼的账面原价为 400 万元，已提折旧 80 万元，未计提减值准备，在交换日的公允价值为 450 万元，营业税额为 22.5 万元；乙公司持有的交易目的的股票投资账面价值为 300 万元，乙公司对该股票投资采用公允价值模式计量，在交换日的公允价值为 400 万元，乙公司支付了 50 万元给甲公司。乙公司换入公寓楼后仍然继续用于经营出租目的，并拟采用公允价值计量模式，甲公司换入股票投资后仍然用于交易目的。转让公寓楼的营业税尚未支付，假定除营业税外，该项交易过程中不涉及其他相关税费。

第一步，分析判断：该项资产交换涉及收付货币性资产，即补价 50 万元。

对甲公司而言：收到的补价 50 万元 ÷ 换入资产的公允价值 450 万元（换入股票投资公允价值 400 万元 + 收到的补价 50 万元） = 11.11% < 25%，属于非货币性资产交换。

对乙公司而言：支付的补价 50 万元 ÷ 换入资产的公允价值 450 万元 = 11.11% < 25%，属于非货币性资产交换。

第二步,确认换入资产的入账价值:

换入资产的入账价值=换出资产的公允价值±支付或收取的补价+为取得换入资产所支付的相关税费-可以抵扣的增值税进项税额

甲公司换入股票的入账价值=4 500 000-500 000=4 000 000(元)

乙公司换入公寓楼的入账价值=4 000 000+500 000=4 500 000(元)

第三步,编写会计分录:

(1) 甲公司将投资性房地产转入处置的会计分录:

借:其他业务成本	3 200 000
投资性房地产累计折旧	800 000
贷:投资性房地产	4 000 000

计算应交的营业税:

借:营业税金及附加	225 000
贷:应交税费——应交营业税	225 000

换入作为交易性资产管理的股票:

借:交易性金融资产	4 000 000
银行存款	500 000
贷:其他业务收入	4 500 000

(2) 乙公司交换取得用于出租的公寓楼的会计分录:

借:投资性房地产	4 500 000
贷:交易性金融资产	3 000 000
银行存款	500 000
投资收益	1 000 000

任务二 以账面价值计量的非货币性资产交换核算

【任务分析】

非货币性资产交换不具有商业实质,或换入资产或换出资产的公允价值均不能可靠计量的,此时非货币性资产交换以账面价值计量。会计人员应该掌握以账面价值计量的非货币性资产交换的会计核算。

【知识准备及应用】

如果非货币性资产交换交易不具有商业实质,换入资产的成本按照换出资产的账面价值加上应支付的相关税费确定,不确认损益。非货币性交易虽具有商业实质,但换入资产或换出资产的公允价值均不能可靠计量的,按照不具有商业实质的非货币性资产交换的原则进行会计处理。

一、不涉及补价的非货币性资产交换

换入资产的入账价值 = 换出资产的账面价值 + 交换过程中支付的相关税费

【同步操作 5-3】 甲公司以其生产经营用的设备与乙公司的无形资产交换。资料如下：

① 甲公司换出固定资产——设备：原价为 2 700 000 元，已提折旧为 450 000 元，以银行存款支付了设备清理费用 22 500 元。

② 乙公司换出无形资产：原价为 3 150 000 元，已摊销 675 000 元。甲公司未对换出设备计提减值准备。假定该项交换不具有商业实质。

第一步，分析判断：整个资产交换过程没有涉及收付货币性资产，因此，该项交换属于非货币性资产交换。

第二步，确认换入资产的入账价值：

换入资产的入账价值 = 换出资产的账面价值 + 交换过程中支付的相关税费

甲公司换入无形资产的入账价值 = 2 700 000 − 450 000 + 22 500 = 2 272 500（元）

乙公司换入设备的入账价值 = 3 150 000 − 675 000 = 2 475 000（元）

第三步，编写会计分录：

（1）甲公司固定资产——设备转入清理的会计分录：

借：固定资产清理	2 250 000
累计折旧	450 000
贷：固定资产	2 700 000

取得交换的无形资产：

借：无形资产	2 272 500
贷：固定资产清理	2 272 500

支付设备清理费用：

借：固定资产清理	22 500
贷：银行存款	22 500

（2）乙公司资产交换，取得固定资产的会计分录：

借：固定资产	2 475 000
累计摊销	675 000
贷：无形资产	3 150 000

二、涉及补价的非货币性资产交换

不具有商业实质的非货币性资产交换中，在涉及补价的情况下，换入资产的入账价值应分别确定：

1. 支付补价方。换出资产账面价值 + 支付的补价 + 交换过程中支付的相关税费，作为换入资产的成本。

2. 收到补价方。换出资产账面价值 − 收到的补价 + 交换过程中支付的相关税费，作为换入资产的成本。

【同步操练 5-4】丙公司拥有一台闲置的专有设备,该设备账面价值 450 万元,已计提折旧 330 万元。丁公司拥有一幢建筑物,账面原价 300 万元,已计提折旧 210 万元,两项资产均未计提减值准备。丙公司决定以其专有设备交换丁公司该幢建筑物拟改造为办公室使用,该专有设备是生产某种产品必需的设备。由于专有设备系当时专门制造、性质特殊,其公允价值不能可靠计量;丁公司拥有的建筑物因建筑年代久远,性质比较特殊,其公允价值也不能可靠计量。双方商定,丁公司另外支付了 20 万元补价给丙公司。假定交易中没有涉及相关税费。

第一步,分析判断:整个资产交换过程只涉及少量的货币性资产,即涉及补价 20 万元。补价÷整个资产交换金额<25%,因此,该项交换属于非货币性资产交换。

第二步,确认换入资产的入账价值:

丙公司换入建筑物的入账价值 = 450 - 330 - 20 = 100(万元)

丁公司换入设备的入账价值 = 300 - 210 + 20 = 110(万元)

第三步,编写会计分录:

(1) 丙公司将闲置的专有设备转入清理的会计核算:

借:固定资产清理　　　　　　　　　　　　　　　1 200 000
　　累计折旧　　　　　　　　　　　　　　　　　3 300 000
　　贷:固定资产——专有设备　　　　　　　　　4 500 000

资产交换、取得换入的建筑物:

借:固定资产——建筑物　　　　　　　　　　　1 000 000
　　银行存款　　　　　　　　　　　　　　　　　200 000
　　贷:固定资产清理　　　　　　　　　　　　　1 200 000

(2) 丁公司将建筑物转入清理的会计核算:

借:固定资产清理　　　　　　　　　　　　　　　900 000
　　累计折旧　　　　　　　　　　　　　　　　　2 100 000
　　贷:固定资产——建筑物　　　　　　　　　　3 000 000

资产交换、取得换入的专有设备:

借:固定资产——专有设备　　　　　　　　　　1 100 000
　　贷:固定资产清理　　　　　　　　　　　　　900 000
　　　　银行存款　　　　　　　　　　　　　　　200 000

【同步案例 5-1】A 公司以一台设备换入 B 公司的一项专利权。设备的账面原值为 10 000 元,已提折旧 20 000 元,已提减值准备为 10 000 元。A 公司另向 B 公司支付补价 30 000 元。两家公司之间的资产交换具有商业实质,但公允价值不能可靠计量。

要求:(1) 判断该项交易是否属于非货币性资产交换。

(2) 分别编制 A 公司及 B 公司的资产交换的会计分录。

任务三 涉及多项资产的非货币性资产交换核算

【任务分析】

非货币性资产交换有时会涉及多项资产，会计人员需要根据不同的情况确定各项换入资产的成本。

【知识准备及应用】

非货币性资产交换涉及多项资产的情况包括，企业以一项非货币性资产换入另一企业的多项非货币性资产，或同时以多项非货币性资产换入另一企业的一项非货币性资产，或以多项非货币性资产同时换入多项非货币性资产，也可能涉及补价。在涉及多项资产的非货币性资产交换中，企业无法将换出的某一资产与换入的某一特定资产相对应。与单项非货币性资产之间的交换一样，涉及多项资产的非货币性资产交换的计量，企业也应当按以下步骤操作：

第一步：分析是否是非货币性资产交换，是否符合以公允价值计量的两个条件。

第二步：分别情况确定换入资产总成本。

如是按公允价值计量：

  换入资产总成本 = 换出资产的公允价值总额 + 支付的补价（-收到的补价）
  　　　　　　　　+ 应支付的相关税费

如是按账面价值计量：

  换入资产总成本 = 换出资产的账面价值总额 + 支付的补价（-收到的补价）
  　　　　　　　　+ 应支付相关税费

第三步：分别情况确定各项换入资产的成本。

如是按公允价值计量：

  某项换入资产入账价值 = 该项换入资产的公允价值 ÷ 换入资产公允价值总额
  　　　　　　　　　　　× 换入资产总的入账价值

如是按账面价值计量：

  某项换入资产入账价值 = 该项换入资产的账面价值 ÷ 换入资产的账面价值总额
  　　　　　　　　　　　× 换入资产总的入账价值

【同步操练 5-5】甲公司和乙公司均为增值税一般纳税企业，其适用的增值税税率均为 17%。甲公司为适应经营业务发展的需要，经与乙公司协商，将甲公司原生产用的厂房、设备以及库存商品，与乙公司的办公楼、生产经营用小汽车、客运汽车交换（均作为固定资产核算）。

甲公司换出：

厂房的账面原价为 1 500 万元，已提折旧为 300 万元，公允价值为 1 000 万元；

设备的账面原价为 600 万元，已提折旧为 480 万元，公允价值为 100 万元；

库存商品的账面价值为 300 万元，公允价值和计税价格均为 350 万元；
公允价值合计为 1 450 万元。
乙公司换出：
办公楼的账面原价为 2 000 万元，已提折旧为 1 000 万元，公允价值为 1 100 万元；
小轿车的账面原价为 300 万元，已提折旧为 190 万元，公允价值为 100 万元；
客运汽车的账面原价为 300 万元，已提折旧为 180 万元，公允价值为 150 万元；
公允价值合计为 1 350 万元。
乙公司向甲公司另支付补价 134 万元（公允价值差价 100 万元，以及增值税差额 34 万元）。假定甲公司和乙公司换出资产均未计提减值准备，且在交换过程中除增值税外未发生其他相关税费。甲公司换入的乙公司的办公楼、小汽车、客运大汽车均作为固定资产核算。乙公司换入的甲公司的厂房、设备作为固定资产核算，换入的甲公司的库存商品作为库存原材料核算。
假定该交易具有商业实质，且公允价值均能够可靠计量。
甲公司的会计处理：
第一步：收到的补价 100 万元 ÷ 换出资产的公允价值总额 1 450 万元 = 6.9% < 25%，可以认定这一涉及多项资产的交换行为属于非货币性资产交换。同时，该交易具有商业实质，且公允价值均能够可靠计量。
第二步：确定换入资产的总成本。
甲公司换入资产价值总额 = 换出资产公允价值 + 应支付的相关税费 - 收到的补价 - 可以抵扣的增值税进项税额 = (1 000 + 100 + 350) + (100 + 350) × 17% - 134 - (100 + 150) × 17% = 1 450 + 76.5 - 134 - 42.5 = 1350（万元）
第三步：确定各项换入资产的成本。
(1) 甲公司换入各项资产的入账价值：
换入乙公司办公楼应分配的价值 = 1 350 × 1 100/ 1350 = 1 350 × 81.5% = 1 100（万元）
换入乙公司小轿车应分配的价值 = 1 350 × 100/1 350 = 1 350 × 7.4% = 100（万元）
换入乙公司客运汽车应分配的价值 = 1 350 × 150/1 350 = 1 350 × 11.1% = 150（万元）
将厂房及设备转入清理：
借：固定资产清理　　　　　　　　　　　　　　　　　　13 200 000
　　累计折旧　　　　　　　　　　　　　　　　　　　　 7 800 000
　　贷：固定资产——厂房　　　　　　　　　　　　　　15 000 000
　　　　　　　　——设备　　　　　　　　　　　　　　 6 000 000
资产交换，取得换入的资产：
借：固定资产——办公楼　　　　　　　　　　　　　　11 000 000
　　　　　　——小轿车　　　　　　　　　　　　　　 1 000 000
　　　　　　——客运汽车　　　　　　　　　　　　　 1 500 000
　　银行存款　　　　　　　　　　　　　　　　　　　 1 340 000
　　应交税费——应交增值税（进项税额）　　　　　　　 425 000
　　营业外支出　　　　　　　　　　　　　　　　　　 2 200 000
　　贷：固定资产清理　　　　　　　　　　　　　　　13 200 000

主营业务收入		3 500 000
应交税费——应交增值税（销项税额）		765 000

结转发出的库存商品的成本

借：主营业务成本　　　　　　　　　　　　　　　　　　　3 000 000
　　贷：库存商品　　　　　　　　　　　　　　　　　　　　　　　3 000 000

（2）乙公司的会计核算：

第一步：支付的补价 100 万元 ÷ 换入资产的公允价值总额 1 450 万元 = 6.9% < 25%，可以认定这一涉及多项资产的交换行为属于非货币性资产交换；同时，该交易具有商业实质，且公允价值均能够可靠计量；

第二步：确定换入资产的总成本；

乙公司换入资产价值总额 = 换出资产公允价值 + 应支付的相关税费 + 支付的补价 − 可抵扣的增值税进项税额 = (1 100 + 100 + 150) + 134 + 250 × 17% − 350 × 17% = 1 450（万元）

第三步：确定各项换入资产的成本。

换入甲公司厂房应分配的价值 = 1 450 × 1 000/1 450 = 1 000（万元）
换入甲公司设备应分配的价值 = 1 450 × 100/1 450 = 100（万元）
换入甲公司原材料应分配的价值 = 1 450 × 350/1 450 = 350（万元）

将办公楼、小轿车、客运汽车转入清理：

借：固定资产清理　　　　　　　　　　　　　　　　　　　12 300 000
　　累计折旧　　　　　　　　　　　　　　　　　　　　　　13 700 000
　　贷：固定资产——办公楼　　　　　　　　　　　　　　　　　20 000 000
　　　　　　　　——小轿车　　　　　　　　　　　　　　　　　 3 000 000
　　　　　　　　——客运汽车　　　　　　　　　　　　　　　　 3 000 000

资产交换，取得换入的资产：

借：固定资产——厂房　　　　　　　　　　　　　　　　　10 000 000
　　　　　　——设备　　　　　　　　　　　　　　　　　 1 000 000
　　原材料　　　　　　　　　　　　　　　　　　　　　　 3 500 000
　　应交税费——应交增值税（进项税额）　　　　　　　　　　765 000
　　贷：固定资产清理　　　　　　　　　　　　　　　　　　　12 300 000
　　　　银行存款　　　　　　　　　　　　　　　　　　　　　 1 340 000
　　　　应交税费——应交增值税（销项税额）　　　　　　　　　 425 000
　　　　营业外收入——非货币性资产交换利得　　　　　　　　 1 200 000

【同步操练 5 – 6】 甲公司和乙公司均为增值税一般纳税人，其适用的增值税税率为 17%。甲公司因经营战略发生较大调整，原生产用设备、库存原材料等已不符合生产新产品的需要，经与乙公司协商，将其生产用设备、库存原材料与乙公司的生产用设备、专利权和库存商品进行交换。甲公司换出设备的账面原价为 8 000 000 元，已提折旧为 5 000 000 元，公允价值为 4 000 000 元；原材料的账面价值为 2 000 000 元，公允价值和计税价格均为 2 200 000 元。乙公司生产用设备的账面原价为 7 000 000 元，已提折旧为 4 000 000 元，公允价值为 3 200 000 元；专利权的账面价值为 1 800 000 元，公允价值为 2 200 000 元；库存商品的账面价值为 600 000 元，公允价值和计税价格均为 800 000 元。假定甲公司和乙公司换出资产均未计提减值准备,并假定在交换过程中除增值税以外未发生其他相关税费。甲公司换入的乙公司的设备作为固定资产核算,换入的乙公司的专利权作为无形资产核算,换入的乙公司的库存商品作为库存商品核算。乙公司换入的甲公司的设备作为固定资产核算,换入的甲公司的原材料作为库存原材料核算。假定该项交换不具有商业实质。

本训练中,甲公司和乙公司的资产交换属于不涉及补价的多项资产的交换,甲公司换出资产的账面价值合计为 5 000 000 元,公允价值合计为 6 200 000 元;乙公司换出资产的账面价值合计为 5 400 000 元,公允价值合计为 6 200 000 元。在此项交换中,由于不具有商业实质,并且甲公司和乙公司换出的各项资产无法直接与其换入各项资产的价值一一对应,因此,应对换出资产的账面价值加上应支付的相关税费进行分配。

(1) 甲公司的会计处理:

第一步:甲公司和乙公司的资产交换没有涉及货币性资产,属于非货币性资产交换;而且不具有商业实质。

第二步:确定换入资产的总成本。

应分配的换入资产的总成本 = 换入资产账面价值 + 应支付的相关税费 − 可抵扣的增值税进项税额 = 5 000 000 + 6 200 000 × 17% − 4 000 000 × 17% = 5 374 000(元)

第三步:换入各项资产应分配的价值。

甲公司换入乙公司设备应分配的价值 = 3 000 000 ÷ 5 400 000 × 5 374 000 = 2 985 555.56(元)

甲公司换入乙公司专利权应分配的价值 = 1 800 000 ÷ 5 400 000 × 5 374 000 = 1 791 333.33(元)

甲公司换入乙公司库存商品应分配的价值 = 600 000 ÷ 5 400 000 × 5 374 000 = 597 111.11(元)

将固定资产——生产设备转入清理:

借:固定资产清理	3 000 000
累计折旧	5 000 000
贷:固定资产	8 000 000

以生产设备、原材料换入生产设备、专利权、库存商品:

借:固定资产	2 985 555.56
无形资产	1 791 333.33
库存商品	597 111.11
应交税费——应交增值税(进项税额)	680 000
营业外支出	200 000
贷:固定资产清理	3 000 000
其他业务收入	2 200 000
应交税费——应交增值税(销项税额)	1 054 000

结转因资产交换而发出的原材料的成本:

借:其他业务成本	2 000 000
贷:原材料	2 000 000

(2) 乙公司的会计处理:

第一步：甲公司和乙公司的资产交换没有涉及货币性资产，属于非货币性资产交换；而且不具有商业实质。

第二步：确定换入资产价值总额。

应分配的换入资产价值总额 = 5 400 000 + 4 000 000 × 17% – 6 200 000 × 17% = 5 026 000（元）

第三步：换入各项资产应分配的价值。

乙公司换入甲公司设备应分配的价值 = 3 000 000 ÷ 5 000 000 × 5 026 000 = 3 015 600（元）

乙公司换入甲公司原材料应分配的价值 = 2 000 000 ÷ 5 000 000 × 5 026 000 = 2 010 400（元）

将固定资产——生产设备转入清理：

借：固定资产清理　　　　　　　　　　　　　　　　　　3 000 000
　　累计折旧　　　　　　　　　　　　　　　　　　　　4 000 000
　　贷：固定资产　　　　　　　　　　　　　　　　　　　　7 000 000

资产交换：

借：原材料　　　　　　　　　　　　　　　　　　　　　2 010 400
　　固定资产　　　　　　　　　　　　　　　　　　　　3 015 600
　　应交税费——应交增值税（进项税额）　　　　　　　1 054 000
　　营业外支出　　　　　　　　　　　　　　　　　　　　200 000
　　贷：主营业务收入　　　　　　　　　　　　　　　　　　800 000
　　　　固定资产清理　　　　　　　　　　　　　　　　3 000 000
　　　　应交税费——应交增值税（销项税额）　　　　　　680 000
　　　　无形资产　　　　　　　　　　　　　　　　　　1 800 000

结转发出的库存商品的成本：

借：主营业务成本　　　　　　　　　　　　　　　　　　600 000
　　贷：库存商品　　　　　　　　　　　　　　　　　　　　600 000

【同步案例5–2】2015年5月，甲公司经与乙公司协商，将其专有设备连同专利技术与乙公司正在建造的一幢建筑物、乙公司对丙公司的长期股权投资进行交换。甲公司换出的专有设备的账面原价为800万元，已提折旧为500万元；专利技术账面原价为300万元，已摊销金额为180万元。乙公司在建工程截至交换日的成本为350万元，对丙企业的长期股权投资账面价值为100万元。由于客观的种种原因，双方资产的公允价值均无法可靠计量。

要求：（1）判断该项交易是否属于非货币性资产交换。

（2）分别编制甲公司及乙公司的会计分录。

【练习题】

一、单项选择题

1. 下列资产中，不属于非货币性资产的是（　　）。

　　A. 库存现金　　　　　　　　　　　　　B. 应收票据
　　C. 准备持有至到期债券投资　　　　　　D. 准备在一个月内转让的交易性金融资产

2. 以下交易中属于非货币性资产交换的是（　　）。

A. 以准备持有至到期的债券投资与专利权交换
B. 以存货与准备持有至到期的债券投资交换
C. 以准备持有至到期的债券投资与股权投资交换
D. 以固定资产与存货交换

3. 甲股份有限公司发生的下列非关联交易中,属于非货币性资产交换的是（　　）。
A. 以公允价值为 260 万元的固定资产换入乙公司账面价值为 320 万元的无形资产,并支付补价 80 万元
B. 以账面价值为 280 万元的固定资产换入丙公司公允价值为 200 万元的确良项专利权,并收到补价 80 万元
C. 以公允价值为 320 万元的长期股权投资换入丁公司账面价值为 460 万元的短期股票投资,并支付补价 140 万元
D. 以账面价值为 420 万元、准备持有至到期的长期债券投资换入戊公司公允价值为 390 万元的一台设备,并收到补价 30 万元

4. 企业对具有商业实质且换入资产或换出资产的公允价值能够可靠计量的非货币性资产交换,在换出材料且其公允价值不含增值税的情况下,下列会计处理中,正确的是（　　）。
A. 按材料的公允价值确认营业外收入
B. 按材料的公允价值确认其他业务收入
C. 按材料的公允价值高于账面价值的差额确认营业外收入
D. 按材料的公允价值低于账面价值的差额确认资产减值损失

5. 在确定涉及补价的交易是否为非货币性资产交换时,支付补价的企业,应当按照支付的补价占（　　）的比例低于 25% 确定。
A. 换出资产的公允价值　　　　　　　　　B. 换出资产公允价值加上支付的补价
C. 换入资产公允价值加补价　　　　　　　D. 换出资产公允价值减补价

6. 甲企业以其持有的一项长期股权投资换取乙企业的一项无形资产,该项交易中不涉及补价。假定该项交易具有商业实质。甲企业该项长期股权投资的账面价值为 120 万元,公允价值为 150 万元。乙企业该项无形资产的账面价值为 100 万元,公允价值为 150 万元,甲企业在此项交易中发生了 10 万元税费。甲企业换入的该项无形资产入账价值为（　　）万元。
A. 150　　　　B. 160　　　　C. 120　　　　D. 130

7. 甲公司以生产经营用的客车和货车交换乙公司生产经营用的 C 设备和 D 设备。甲公司换出:客车原值 45 万元,已计提折旧 3 万元,公允价值 45 万元;货车原值 37.50 万元,已计提折旧 10.50 万元,公允价值 30 万元。乙公司换出:C 设备原值 22.50 万元,已计提折旧 9 万元,公允价值 15 万元;D 设备原值 63 万元,已计提折旧 7.50 万元,公允价值 80 万元。甲公司另向乙公司支付银行存款 23.4 万元（其中补价 20 万元,增值税进销差额 3.4 万元）。假定该项交换具有商业实质。则甲公司取得的 C 设备的入账价值为（　　）万元。
A. 15　　　　B. 63　　　　C. 60　　　　D. 55.20

8. 2015 年 10 月,A 公司以一台当年购入的设备与 B 公司的一项专利权交换。设备的账面原值为 20 万元,折旧为 4 万元,已提减值准备 2 万元,公允价值 10 万元。A 公司另向 B 公司支付银行存款 6 万元。假设该交换具有商业实质,增值税税率为 17%。A 公司应确认的资产转让损失为（　　）万元。
A. 4　　　　B. 12　　　　C. 8　　　　D. 1

9. 企业进行具有商业实质且公允价值能够可靠计量的非货币性资产交换,同一事项可能同时影响双方换入资产入账价值的因素是（　　）。
A. 企业支付的补价或收到的补价
B. 企业为换出资产支付的运杂费

C. 企业换出资产计提的资产减值准备

D. 企业换出资产的账面价值

10. 甲公司以一项专利权换入乙公司的一台设备。假设不具有商业实质。换出专利权的摊余价值为105万元，已提减值准备为5万元，公允价值为100万元，换入设备的公允价值为90万元，甲公司收到补价10万元。换出无形资产应交的营业税为5万元。则甲公司换入设备的入账价值为（　　）万元。

  A. 100　　　　　　B. 90　　　　　　C. 110　　　　　　D. 95

11. 甲、乙公司均为一般纳税企业，增值税率17%，公允价值和计税价格相同，于2015年12月20日进行非货币性资产交换并开具增值税专用发票，甲公司本期以自己的产品A交换乙公司的产品B，假设不具有商业实质。甲公司A产品成本为90万元，公允价值为100万元，消费税率10%，乙公司B产品成本为80万元，公允价值为90万元，资源税率5%，交换过程中乙公司向甲公司支付补价10万元，乙公司自付运费成本2万元，甲公司换入B产品的入账价值是（　　）万元。

  A. 117　　　　　　B. 107　　　　　　C. 105.3　　　　　D. 91.70

12. 企业发生的具有商业实质且公允价值能够可靠计量的非货币性资产交换，在没有补价的情况下，如果同时换入多项资产，应当按照（　　）的比例，对换入资产的成本总额进行分配，以确定各项换入资产的入账价值。

  A. 换入各项资产的公允价值占换入资产公允价值总额

  B. 换出各项资产的公允价值占换出资产公允价值总额

  C. 换入各项资产的账面价值占换入资产账面价值总额

  D. 换出各项资产的账面价值占换出资产账面价值总额

13. A公司用投资性房地产换入B公司的一项专利权。A公司对该投资性房地产采用成本模式计量。该投资性房地产的账面原价为1 000万元，已提折旧200万元，已提减值准备100万元。A公司另向B公司支付补价100万元。两公司资产交换不具有商业实质，不考虑增值税等其他因素，A公司换入专利权的入账价值为（　　）万元。

  A. 1 000　　　　　B. 1 200　　　　　C. 800　　　　　　D. 1 400

14. A公司、D公司均为增值税一般纳税人，适用的增值税税率为17%，A公司以一台甲设备换入D公司的一台乙设备。甲设备的账面原价为220万元，已提折旧30万元，已提减值准备30万元，其公允价值为200万元，换出甲设备应交的增值税为34万元。D公司另向A公司支付补价20万元。两公司资产交换具有商业实质，假定不考虑增值税以外的其他相关税费，A公司换入乙设备应计入当期收益的金额为（　　）万元。

  A. 40　　　　　　B. 0　　　　　　　C. 74　　　　　　D. -40

15. 甲公司以库存商品A产品、B产品交换乙公司一批原材料，双方均将收到的存货作为库存商品核算（具有商业实质）。甲公司和乙公司均为增值税一般纳税人，适用的增值税税率为17%，假定计税基础与公允价值相同，有关资料如下：甲公司换出：（1）库存商品——A产品，账面成本360万元，已计提存货跌价准备60万元，公允价值为300万元。（2）库存商品——B产品，账面成本80万元，已计提存货跌价准备20万元，公允价值60万元。乙公司换出原材料的账面成本413万元，已计提存货跌价准备8万元，公允价值400万元，甲公司另向乙公司支付46.8万元补价，不考虑除增值税以外的其他因素，则甲公司取得的原材料的入账价值为（　　）万元。

  A. 360　　　　　　B. 412.2　　　　　C. 468　　　　　　D. 400

二、多项选择题

1. 下列交易中，不属于非货币性资产交换的有（　　）。

  A. 以100万元应收票据换取生产用设备

  B. 以持有的一项土地使用权换取一栋生产用厂房

  C. 以持有至到期的公司债券换取一项长期股权投资

D. 以一批存货换取一台公允价值为100万元的设备并支付50万元补价

2. 企业发生的交易中，如果涉及补价，判断该项交换属于非货币性资产交换的标准有（   ）。

   A. 支付补价占换入资产公允价值的比例小于25%

   B. 支付的补价占换出资产公允价值的比例小于25%

   C. 支付的补价占换入资产公允价值的比例大于等于25%

   D. 支付的补价占换入资产公允价值和补价之和的比例小于25%

3. 下列项目中不属于货币性资产的有（   ）。

   A. 对没有市价的股票进行的投资　　　　B. 对有市价的股票进行的投资

   C. 不准备持有至到期的债券投资　　　　D. 准备持有至到期的债券投资

4. 下列项目中，属于非货币性资产的有（   ）。

   A. 交易性金融资产　　B. 预付账款　　C. 长期股权投资　　D. 应收账款

5. 下列各项中，能够据以判断非货币性资产交换具有商业实质的有（   ）。

   A. 换入资产与换出资产未来现金流量的风险、金额相同，时间显著不同

   B. 换入资产与换出资产未来现金流量的时间、金额相同，风险显著不同

   C. 换入资产与换出资产未来现金流量的风险、时间相同，金额显著不同

   D. 换入资产与换出资产的预计未来现金流量现值不同，且其差额与换入资产和换出资产的公允价值相比是重大的

6. 下列各项目中，属于非货币性资产的有（   ）。

   A. 交易性金融资产　　　　　　　　B. 持有至到期投资

   C. 可供出售金融资产　　　　　　　D. 长期股权投资

7. 下列表述符合"换入资产或换出资产公允价值能够可靠计量"条件的有（   ）。

   A. 换入资产或换出资产存在活跃市场

   B. 换入资产或换出资产不存在活跃市场、但同类或类似资产存在活跃市场

   C. 换入资产或换出资产不存在同类或类似资产的可比市场交易，应当采用估值技术确定其公允价值。该公允价值估计数的变动区间很小，或者在公允价值估计数变动区间内，各种用于确定公允价值估计数的概率能够合理确定的

   D. 换入资产或换出资产不存在同类或类似资产的可比市场交易，应当采用估值技术确定其公允价值。该公允价值估计数的变动区间比较大

8. 甲公司与乙公司（均为一般纳税企业）进行非货币性资产交换，具有商业实质且其换入或换出资产的公允价值能够可靠地计量，以下可能影响甲公司换入资产入账价值的项目有（   ）。

   A. 乙公司支付的补价

   B. 甲公司为换入资产支付的相关税费

   C. 甲公司换出资产的公允价值

   D. 甲公司换出资产支付的营业税

9. 非货币性资产交换同时换入多项资产的，在确定各项换入资产的成本时，下列说法中不正确的有（   ）。

   A. 非货币性资产交换不具有商业实质，或者虽具有商业实质但换入资产的公允价值不能可靠计量的，应当按照换入各项资产的原账面价值占换入资产原账面价值总额的比例，对换入资产的成本总额进行分配，确定各项换入资产的成本

   B. 均按各项换入资产的账面价值确定

   C. 均按各项换入资产的公允价值确定

   D. 非货币性资产交换不具有商业实质，或者虽具有商业实质但换入资产的公允价值不能可靠计量的，应当按照换入各项资产的公允价值占换入资产公允价值总额的比例，对换入资产的成本总

额进行分配，确定各项换入资产的成本

10. 下列关于非货币性资产交换的表述中，正确的有（　　）。
   A. 非货币性资产交换可以涉及少量的货币性资产，但货币性资产占整个资产交换金额的比例最高不能超过25%
   B. 在交易不具有商业实质的情况下，支付补价的企业，应按换出资产账面价值加上支付的补价和为换入资产发生的相关税费，作为换入资产的成本
   C. 在交易具有商业实质的情况下，收到补价的企业，按换出资产账面价值减去补价，加上应支付的相关税费，作为换入资产的入账价值
   D. 在交易具有商业实质的情况下，收到补价的企业，按换出资产公允价值减去补价，加上为换入资产发生的相关税费，作为换入资产的入账价值

11. 在非货币性资产交换中，以换出资产的公允价值和应支付的相关税费作为换入资产的入账价值，其应同时满足的条件有（　　）。
   A. 该项交换具有商业实质
   B. 换入资产或换出资产的公允价值能够可靠地计量
   C. 换入资产的公允价值大于换出资产的公允价值
   D. 换入资产的公允价值小于换出资产的公允价值

12. 下列各项交易中，属于非货币性资产交换的有（　　）。
   A. 以固定资产换入股权　　　　　　B. 以银行汇票购买原材料
   C. 以银行本票购买固定资产　　　　D. 以无形资产换入原材料

13. 非货币性资产交换符合下列（　　）条件之一的，视为具有商业实质。
   A. 换入资产未来现金流量的风险、金额与换出资产相同，时间不同
   B. 换入资产未来现金流量的时间、金额与换出资产相同，风险不同
   C. 换入资产未来现金流量的风险、时间与换出资产相同，金额不同
   D. 换入资产与换出资产的预计未来现金流量现值不同，且其差额与换入资产和换出资产的公允价值相比是重大的

14. 企业进行具有商业实质且公允价值能够可靠计量的非货币性资产交换，同一事项同时影响双方换入资产入账价值的因素有（　　）。
   A. 企业支付的补价或收到的补价　　B. 企业为换出存货而交纳的增值税
   C. 企业换出资产的账面价值　　　　D. 企业换出资产计提的资产减值准备

15. 在不具有商业实质、不涉及补价的非货币性资产交换中，确定换入资产入账价值应考虑的因素有（　　）。
   A. 换出资产的账面余额　　　　　　B. 换出资产计提的减值准备
   C. 换出资产应支付的相关税费　　　D. 换出资产账面价值与其公允价值的差额

三、判断题

1. 非货币性资产交换具有商业实质、换出资产的公允价值能够可靠计量，但是换入资产的公允价值不能可靠计量，以换出资产的公允价值为基础确定换入资产的总成本。（　　）

2. 非货币性资产交换具有商业实质，且换入资产的公允价值能够可靠计量的，应当按照换入各项资产的原账面价值占换入资产原账面价值总额的比例，对换入资产的成本总额进行分配，确定各项换入资产的成本。（　　）

3. 当具有商业实质且换入或换出资产的公允价值能够可靠计量的情况下，换出的长期股权投资账面价值和公允价值之间的差额，计入营业外收支。（　　）

4. 不具有商业实质且换入资产的公允价值不能可靠计量的非货币性资产交换，在同时换入多项资产的情况下，确定各项换入资产的入账价值时，需要按照换入各项资产的原账面价值占换入资产原账面价值总

额的比例，确定各项换入资产的成本。（   ）

5. 某企业以其不准备持有至到期的国库券换入一幢房屋以备出租，该项交易具有商业实质。（   ）

6. 以账面价值500万元，准备持有至到期的长期债券投资换入A公司公允价值为490万元的专利技术，并支付补价10万元，该项非关联交易属于非货币性资产交换。（   ）

7. 非货币性资产交换不具有商业实质或换入资产和换出资产的公允价值均不能可靠计量的，以换出资产账面价值总额为基础确定换入资产的总成本。（   ）

8. 非货币性资产交换不具有商业实质，或者虽具有商业实质但换入资产的公允价值不能可靠计量的，应当按照换入各项资产的原账面价值占换入资产原账面价值总额的比例，对换入资产的成本总额进行分配，确定各项换入资产的成本。（   ）

9. 非货币性资产交换是指交易双方主要以存货、固定资产、无形资产和长期股权投资等非货币性资产进行的交换。该交换不涉及或只涉及少量的货币性资产。（   ）

10. 企业购入准备在2个月后转让的债券投资，属于货币性资产。（   ）

11. 当具有商业实质且换入或换出资产的公允价值能够可靠计量的情况下，换出的长期股权投资账面价值和公允价值之间的差额，计入营业外收支。（   ）

12. 不具有商业实质且换入资产的公允价值不能可靠计量的非货币性资产交换，在同时换入多项资产的情况下，确定各项换入资产的入账价值时，需要按照换入各项资产的原账面价值占换入资产原账面价值总额的比例，确定各项换入资产的成本。（   ）

13. 以账面价值500万元，准备持有至到期的长期债券投资换入A公司公允价值为490万元的专利技术，并支付补价10万元，该项非关联交易属于非货币性资产交换。（   ）

14. 非货币性资产交换不具有商业实质或换入资产和换出资产的公允价值均不能可靠计量的，以换出资产账面价值总额为基础确定换入资产的总成本。（   ）

15. 非货币性资产交换不具有商业实质，或者虽具有商业实质但换入资产的公允价值不能可靠计量的，应当按照换入各项资产的原账面价值占换入资产原账面价值总额的比例，对换入资产的成本总额进行分配，确定各项换入资产的成本。（   ）

四、业务题

1. 甲公司与乙公司经协商，甲公司以其拥有的全部用于经营出租目的的一幢公寓楼与乙公司持有的交易目的的股票投资交换。甲公司的公寓楼符合投资性房地产定义，并采用成本模式计量。在交换日，该幢公寓楼的账面原价为4 500万元，已提折旧750万元，未计提减值准备，在交换日的公允价值和计税价格均为4 000万元，营业税税率为5%；乙公司持有的交易目的的股票投资账面价值为3 000万元，乙公司对该股票投资采用公允价值模式计量，在交换日的公允价值为3 750万元，由于甲公司急于处理该幢公寓楼，乙公司仅支付了225万元补价给甲公司。乙公司换入公寓楼后仍然继续用于经营出租目的，并拟采用公允价值计量模式，甲公司换入股票投资后仍然用于交易目的。转让公寓楼的营业税尚未支付，假定除营业税外，该项交易过程中不涉及其他相关税费。

要求：编制甲乙两公司非货币性资产交换业务的会计分录。

2. 甲公司拥有一台专有设备，该设备账面原价450万元，已计提折旧330万元，乙公司拥有一幢旧建筑物，账面原价300万元，已计提折旧210万元，两项资产均未计提减值准备。甲公司决定以其专有设备交换乙公司该幢旧建筑物拟改造为办公室使用，该专有设备是生产某种产品必需的设备。由于专有设备系当时专门制造、性质特殊，其公允价值不能可靠计量；乙公司拥有的建筑物因建筑年代久远，性质比较特殊，其公允价值也不能可靠计量。双方商定，乙公司以两项资产账面价值的差额为基础，支付甲公司20万元补价。假定交易中没有涉及相关税费。

要求：编制甲乙两公司非货币性资产交换业务的会计分录。

3. 甲股份有限公司（以下简称甲公司）2015年度发生如下有关业务：

（1）甲公司以其生产的一批产品换入A公司的一台设备，产品的账面余额为420 000元，已提存货跌价准备 10 000 元，计税价格（等于公允价值）为 500 000 元，增值税税率为 17%。甲公司另向 A 公司支付银行存款 15 000 元（其中包括支付补价 100 000 元，收取增值税销项税额 85 000 元），同时为换入资产支付相关费用 5 000 元。A 公司的设备原价为 800 000 元，已提折旧 220 000 元，已提减值准备 20 000 元，设备的公允价值为 600 000 元。

（2）甲公司以一项长期股权投资与 B 公司交换一台设备和一项无形资产，甲公司的长期股权投资账面余额为 250 万元，其中其他权益变动明细借方 30 万元，计提减值准备 30 万元，公允价值为 190 万元；B 公司的设备原价为 80 万元，累计折旧 40 万元，公允价值为 50 万元；无形资产账面价值为 170 万元，公允价值为 150 万元，甲公司支付给 B 公司银行存款 18.5 万元（其中包括支付补价 10 万元，增值税进项税额 8.5 万元），为换入资产支付共计相关税费 10 万元。

（3）甲公司以其持有的可供出售金融资产交换 C 公司的原材料，在交换日，甲公司的可供出售金融资产账面余额为 320 000 元（其中成本为 240 000 元，公允价值变动为 80 000 元），公允价值为 360 000 元。换入的原材料账面价值为 280 000 元，公允价值（计税价格）为 300 000 元，增值税为 51 000 元，甲公司收到 C 公司支付的银行存款 9 000 元（其中包括收取补价 60 000 元，支付增值税进项税额 51 000 元）。

（4）假设甲公司与 A、B、C 公司的非货币性资产交换均具有商业实质且公允价值能够可靠计量，增值税税率 17%。

要求：根据上述经济业务编制甲公司有关会计分录。

4. 资料：甲公司决定以库存商品和交易性金融资产——B 股票与乙公司交换其持有的长期股权投资和生产用设备一台。甲公司库存商品账面余额为 150 万元，公允价值（计税价格）为 200 万元；B 股票的账面余额为 260 万元（其中：成本为 210 万元，公允价值变动为 50 万元），公允价值为 300 万元。乙公司的长期股权投资的账面余额为 300 万元，公允价值为 336 万元；固定资产设备的账面原值为 240 万元，已计提折旧 100 万元，公允价值 144 万元，另外乙公司向甲公司支付银行存款 29.52 万元（其中补价 20 万元，增值税进销差价 9.52 万元）。甲公司和乙公司换入的资产均不改变其用途。

假设两公司都没有为资产计提减值准备，整个交易过程中没有发生除增值税以外的其他相关税费，甲公司和乙公司的增值税税率均为 17%。非货币性资产交换具有商业实质且公允价值能够可靠计量。

要求：
（1）计算甲公司换入各项资产的成本。
（2）编制甲公司有关会计分录。
（3）计算乙公司换入各项资产的成本。
（4）编制乙公司有关会计分录。

项目六
债务重组的核算

【学习目标】
　　能力目标：能正确判定债务重组交易；能对债务重组业务进行正确的会计核算。
　　知识目标：熟悉债务重组的概念和方式；掌握债务重组的会计处理方法。

【情境导入】
　　在市场经济条件下，竞争日趋激烈，企业为此需要不断地根据环境的变化，调整经营策略，防范和控制经营及财务风险。但有时，由于各种因素（包括内部和外部）的影响，企业可能出现一些暂时性或严重的财务困难，致使资金周转不灵，难以按期偿还债务。在此情况下，作为债权人，一种方式是可以通过法律程序，要求债务人破产，以清偿债务；另一种方式是可以通过互相协商，通过债务重组的方式，债权人作出某些让步，使债务人减轻负担，渡过难关。债务双方往往更希望在互相协商的基础上，通过债务重组解决好债务问题。
　　任务分解：(1) 以资产清偿债务的核算。(2) 将债务转为资本的核算。(3) 修改其他债务条件的核算。(4) 以上三种方式组合的核算。

任务一　以资产清偿债务的核算

【任务分析】
　　以资产清偿债务是债务重组的主要方式，通常是以低于债务账面价值的资产清偿债务。学习以资产清偿债务的核算，需要掌握其业务处理流程。

【知识准备及应用】

一、债务重组概述

（一）债务重组的定义

　　债务重组，是指在债务人发生财务困难的情况下，债权人按照其与债务人达成的协议或法院的裁定作出让步的事项。
　　债务人发生财务困难，是指债务人出现资金周转困难或经营陷入困境导致其无法或者没有能力按原定条件偿还债务。
　　债权人作出让步，是指债权人同意发生财务困难的债务人现在或者将来以低于重组债务账面价值的金额或者价值偿还债务。"债权人作出让步"的情形主要包括：债权人减免债务人部分债务本金或者利息、降低债务人应付债务的利率等。

债务人发生财务困难,是债务重组的前提条件,而债权人作出让步是债务重组的必要条件。

(二) 债务重组的方式

债务重组主要有以下几种方式:

1. 以资产清偿债务,是指债务人转让其资产给债权人以清偿债务的债务重组方式。债务人通常用于偿债的资产主要有:现金、存货、固定资产、无形资产等。这里的现金,是指货币资金,即库存现金、银行存款和其他货币资金,在债务重组的情况下,以现金清偿债务,通常是指以低于债务的账面价值的现金清偿债务,如果以等量的现金偿还所欠债务,则不属于本章所指的债务重组。

2. 债务转为资本,是指债务人将债务转为资本,同时债权人将债权转为股权的债务重组方式。但债务人根据转换协议,将应付可转换公司债券转为资本的,则属于正常情况下的债务转资本,不能作为债务重组处理。

债务转为资本时,对股份有限公司而言为将债务转为股本;对其他企业而言,是将债务转为实收资本。债务转为资本的结果是,债务人因此而增加股本(或实收资本),债权人因此而增加股权。

3. 修改其他债务条件,是指修改不包括上述第一、第二种情形在内的债务条件进行债务重组的方式,如减少债务本金、降低利率、免去应付未付的利息等。

4. 以上三种方式的组合,是指采用以上三种方法共同清偿债务的债务重组形式。例如,以转让资产清偿某项债务的一部分,另一部分债务通过修改其他债务条件进行债务重组。主要包括以下可能的方式:

(1) 债务的一部分以资产清偿,另一部分则转为资本。
(2) 债务的一部分以资产清偿,另一部分则修改其他债务条件。
(3) 债务的一部分转为资本,另一部分则修改其他债务条件。
(4) 债务的一部分以资产清偿,一部分转为资本,另一部分则修改其他债务条件。

二、以资产清偿债务的核算

在债务重组中,企业以资产清偿债务的,通常包括以现金清偿债务和以非现金资产清偿债务等方式。

(一) 以现金清偿债务

债务人以现金清偿债务的,债务人应当将重组债务的账面价值与支付的现金之间的差额确认为债务重组利得,作为营业外收入,计入当期损益,其中,相关重组债务应当在满足金融负债终止确认条件时予以终止确认。

债务人以现金清偿债务的,债权人应当将重组债权的账面余额与收到的现金之间的差额确认为债务重组损失,作为营业外支出,计入当期损益,其中,相关重组债权应当在满足金融资产终止确认条件时予以终止确认。重组债权已经计提减值准备的,应当先将上述差额冲减已计提的减值准备,冲减后仍有损失的,计入营业外支出(债务重组损失);冲减后减值准备仍有余额的,应予转回并抵减当期资产减值损失。

【同步操练6-1】甲企业于2015年1月20日销售一批材料给乙企业,不含税价格为200 000元,增值税税率为17%,按合同规定,乙企业应于2015年4月1日前偿付货款。由于乙企业发生财务困难,无法按合同规定的期限偿还债务,经双方协议于7月1日进行债务重组。债务重组协议规定,甲企业同意减免乙企业30 000元债务,余额用现金立即偿清。乙企业于当日通过银行转账支付了该笔剩余款项,甲企业随即收到了通过银行转账偿还的款项。甲企业已为该项应收债权计提了20 000元的坏账准备。

(1) 乙企业的账务处理:
① 计算债务重组利得:
应付账款账面余额　　　　　　　　　　　　　　　　　234 000
减:支付的现金　　　　　　　　　　　　　　　　　　204 000
债务重组利得　　　　　　　　　　　　　　　　　　　 30 000
② 应作会计分录:
借:应付账款　　　　　　　　　　　　234 000
　　贷:银行存款　　　　　　　　　　　　　　　　　204 000
　　　　营业外收入——债务重组利得　　　　　　　　 30 000
(2) 甲企业的账务处理:
① 计算债务重组损失:
应收账款账面余额　　　　　　　　　　　　　　　　　234 000
减:收到的现金　　　　　　　　　　　　　　　　　　204 000
差额　　　　　　　　　　　　　　　　　　　　　　　 30 000
减:已计提坏账准备　　　　　　　　　　　　　　　　 20 000
债务重组损失　　　　　　　　　　　　　　　　　　　 10 000
② 应作会计分录:
借:银行存款　　　　　　　　　　　　204 000
　　营业外支出——债务重组损失　　　 10 000
　　坏账准备　　　　　　　　　　　　 20 000
　　贷:应收账款　　　　　　　　　　　　　　　　　234 000

(二) 以非现金资产清偿某项债务

债务人以非现金资产清偿某项债务的,债务人应当将重组债务的账面价值与转让的非现金资产的公允价值之间的差额确认为债务重组利得,作为营业外收入,计入当期损益。其中,相关重组债务应当在满足金融负债终止确认条件时予以终止确认。转让的非现金资产的公允价值与其账面价值的差额作为转让资产损益,计入当期损益。

债务人在转让非现金资产的过程中发生的一些税费,如资产评估费、运杂费等,直接计入转让资产损益。对于增值税应税项目,如债权人不向债务人另行支付增值税,则债务重组利得应为转让非现金资产的公允价值和该非现金资产的增值税销项税额与重组债务账面价值的差额;如债权人向债务人另行支付增值税,则债务重组利得应为转让非现金资产的公允价值与重组债务账面价值的差额。

债务人以非现金资产清偿某项债务的，债权人应当对受让的非现金资产按其公允价值入账，重组债权的账面余额与受让的非现金资产的公允价值之间的差额，确认为债务重组损失，作为营业外支出，计入当期损益，其中，相关重组债权应当在满足金融资产终止确认条件时予以终止确认。重组债权已经计提减值准备的，应当先将上述差额冲减已计提的减值准备，冲减后仍有损失的，计入营业外支出（债务重组损失）；冲减后减值准备仍有余额的，应予转回并抵减当期资产减值损失。对于增值税应税项目，如债权人不向债务人另行支付增值税，则增值税进项税额可以作为冲减重组债权的账面余额处理；如债权人向债务人另行支付增值税，则增值税进项税额不能作为冲减重组债权的账面余额处理。

债权人收到非现金资产时发生的有关运杂费等，应当计入相关资产的价值。

1. 以库存材料、商品产品抵偿债务。债务人以库存材料、商品产品抵偿债务，应视同销售进行核算。企业可将该项业务分为两部分，一是将库存材料、商品产品出售给债权人，取得货款。出售库存材料、商品产品业务与企业正常的销售业务处理相同，其发生的损益计入当期损益。二是以取得的货币清偿债务。当然在这项业务中实际上并没有发生相应的货币流入与流出。

【同步操练6-2】甲公司欠乙公司购货款350 000元。由于甲公司财务发生困难，短期内不能支付已于2015年5月1日到期的货款。2015年7月1日，经双方协商，乙公司同意甲公司以其生产的产品偿还债务。该产品的公允价值为200 000元，实际成本为120 000元。甲公司为增值税一般纳税人，适用的增值税税率为17%。乙公司于2015年8月1日收到甲公司抵债的产品，并作为库存商品入库；乙公司对该项应收账款计提了50 000元的坏账准备。

（1）甲公司的账务处理：
① 计算债务重组利得：

应付账款的账面余额	350 000
减：所转让产品的公允价值	200 000
增值税销项税额（200 000×17%）	34 000
债务重组利得	116 000

② 应作会计分录如下：

借：应付账款	350 000
贷：主营业务收入	200 000
应交税费——应交增值税（销项税额）	34 000
营业外收入——债务重组利得	116 000
借：主营业务成本	120 000
贷：库存商品	120 000

在本练习中，甲公司销售产品取得的利润体现在营业利润中，债务重组利得作为营业外收入处理。

（2）乙公司的账务处理：
① 计算债务重组损失：

应收账款账面余额	350 000

减：受让资产的公允价值	200 000
增值税进项税额	34 000
差额	116 000
减：已计提坏账准备	50 000
债务重组损失	66 000

② 应作会计分录如下：

借：库存商品	200 000
应交税费——应交增值税（进项税额）	34 000
坏账准备	50 000
营业外支出——债务重组损失	66 000
贷：应收账款	350 000

2. 以固定资产抵偿债务。债务人以固定资产抵偿债务，应将固定资产的公允价值与该项固定资产账面价值和清理费用的差额作为转让固定资产的损益处理。同时，将固定资产的公允价值与应付债务的账面价值的差额，作为债务重组利得，计入营业外收入。债权人收到的固定资产应按公允价值计量。

【同步操练6-3】甲公司于2015年1月1日销售给乙公司一批材料，价值400 000元（包括应收取的增值税额），按购销合同约定，乙公司应于2015年10月31日前支付货款，但至2016年1月31日乙公司尚未支付货款。由于乙公司财务发生困难，短期内不能支付货款。2016年2月3日，与甲公司协商，甲公司同意乙公司以一台设备偿还债务。该项设备的账面原价为350 000元，已提折旧50 000元，设备的公允价值为360 000元（假定企业转让该项设备不需要交纳增值税）。

甲公司对该项应收账款已提取坏账准备20 000元。抵债设备已于2016年3月10日运抵甲公司。假定不考虑该项债务重组相关的税费。

(1) 乙公司的账务处理：

① 计算固定资产清理损益与债务重组利得：

固定资产公允价值	360 000
减：固定资产净值	300 000
处置固定资产净收益	60 000

② 计算债务重组利得：

应付账款的账面余额	400 000
减：固定资产公允价值	360 000
债务重组利得	40 000

③ 应作会计分录如下：

将固定资产净值转入固定资产清理：

借：固定资产清理	300 000
累计折旧	50 000
贷：固定资产	350 000

确认债务重组利得：

借：应付账款	400 000	
贷：固定资产清理		360 000
营业外收入——债务重组利得		40 000

确认固定资产处置利得：

借：固定资产清理	60 000	
贷：营业外收入——处置固定资产利得		60 000

（2）甲公司的账务处理：

① 计算债务重组损失：

应收账款账面余额	400 000
减：受让资产的公允价值	360 000
差额	40 000
减：已计提坏账准备	20 000
债务重组损失	20 000

② 应作会计分录如下：

借：固定资产	360 000	
坏账准备	20 000	
营业外支出——债务重组损失	20 000	
贷：应收账款		400 000

3. 以股票、债券等金融资产抵偿债务。债务人以股票、债券等金融资产清偿债务，应按相关金融资产的公允价值与其账面价值的差额，作为转让金融资产的利得或损失处理；相关金融资产的公允价值与重组债务的账面价值的差额，作为债务重组利得。债权人收到的相关金融资产应按公允价值计量。

【同步操练6-4】 甲公司于2015年7月1日销售给乙公司一批产品，价值450 000元（包括应收取的增值税额），乙公司于2015年7月1日开出6个月承兑的商业汇票。乙公司于2015年12月31日尚未支付货款。由于乙公司财务发生困难，短期内不能支付货款。当日经与甲公司协商，甲公司同意乙公司以其所拥有并作为以公允价值计量且公允价值变动计入当期损益的某公司股票抵偿债务。乙公司该股票的账面价值为400 000元（假定该资产账面公允价值变动额为零），当日的公允价值380 000元。假定甲公司为该项应收账款提取了坏账准备40 000元。用于抵债的股票于当日即办理相关转让手续，甲公司将取得的股票作为以公允价值计量且公允价值变动计入当期损益的金融资产处理。债务重组前甲公司已将该项应收票据转入应收账款；乙公司已将应付票据转入应付账款。假定不考虑与商业汇票或者应付款项有关的利息。

（1）乙公司的账务处理：

① 计算债务重组利得：

应付账款的账面余额	450 000
减：股票的公允价值	380 000
债务重组利得	70 000

② 计算转让股票损益：

股票的公允价值	380 000
减：股票的账面价值	400 000
转让股票损益	-20 000

③ 应作会计分录如下：

借：应付账款	450 000	
投资收益	20 000	
贷：交易性金融资产		400 000
营业外收入——债务重组利得		70 000

（2）甲公司的账务处理：

① 计算债务重组损失：

应收账款账面余额	450 000
减：受让股票的公允价值	380 000
差额	70 000
减：已计提坏账准备	40 000
债务重组损失	30 000

② 应作会计分录如下：

借：交易性金融资产	380 000	
营业外支出——债务重组损失	30 000	
坏账准备	40 000	
贷：应收账款		450 000

任务二　将债务转为资本的核算

【任务分析】

将债务转为资本是债务人将债务转为资本，同时债权人将债权转为股权的债务重组方式。学习将债务转为资本的核算，需要掌握其业务处理流程。

【知识准备及应用】

以债务转为资本方式进行债务重组的，应分别以下情况处理：

1. 债务人为股份有限公司时，债务人应将债权人因放弃债权而享有股份的面值总额确认为股本；股份的公允价值总额与股本之间的差额确认为资本公积。重组债务的账面价值与股份的公允价值总额之间的差额确认为债务重组利得，计入当期损益。债务人为其他企业时，债务人应将债权人因放弃债权而享有的股权份额确认为实收资本；股权的公允价值与实收资本之间的差额确认为资本公积。重组债务的账面价值与股权的公允价值之间的差额作为债务重组利得，计入当期损益。

2. 债务人将债务转为资本，即债权人将债权转为股权。在这种方式下，债权人应将重组债权的账面余额与因放弃债权而享有的股权的公允价值之间的差额，先冲减已提取的减值准备，减值准备不足冲减的部分，或未提取减值准备的，将该差额确认为债务重组损失。同时，债权人应将因放弃债权而享有的股权按公允价值计量。发生的相关税费，分别按照长期股权投资或者金融工具确认和计量的规定进行处理。

【同步操练6-5】2015年7月1日，甲公司应收乙公司账款的账面余额为60 000元，由于乙公司发生财务困难，无法偿付应付账款。经双方协商同意，采取将乙公司所欠债务转为乙公司股本的方式进行债务重组，假定乙公司普通股的面值为1元，乙公司以20 000股抵偿该项债务，股票每股市价为2.5元。甲公司对该项应收账款计提了坏账准备2 000元。股票登记手续已办理完毕，甲公司将其作为长期股权投资处理。

(1) 乙公司的账务处理：
① 计算应计入资本公积的金额：

股票的公允价值	50 000
减：股票的面值总额	20 000
应计入资本公积	30 000

② 计算应确认的债务重组利得：

债务账面价值	60 000
减：股票的公允价值	50 000
债务重组利得	10 000

③ 应作会计分录如下：

借：应付账款	60 000	
贷：股本		20 000
资本公积——股本溢价		30 000
营业外收入——债务重组利得		10 000

(2) 甲公司的账务处理：
① 计算债务重组损失：

应收账款账面余额	60 000
减：所转股权的公允价值	50 000
差额	10 000
减：已计提坏账准备	2 000
债务重组损失	8 000

② 应作会计分录如下：

借：长期股权投资	50 000	
营业外支出——债务重组损失	8 000	
坏账准备	2 000	
贷：应收账款		60 000

任务三　修改其他债务条件的核算

【任务分析】

当债务人不能以资产清偿债务，也不能进行债务转为资本时，就会进行修改其他债务条件债务重组方式。学习将修改其他债务条件的核算,需要掌握其业务处理流程。

【知识准备及应用】

以修改其他债务条件进行债务重组的,债务人和债权人应分别以下情况处理:

一、不附或有条件的债务重组

不附或有条件的债务重组,是指在债务重组中不存在或有应付(或应收)金额,该或有条件需要根据未来某种事项出现而发生的应付(或应收)金额,并且该未来事项的出现具有不确定性。

不附或有条件的债务重组。债务人应将修改其他债务条件后债务的公允价值作为重组后债务的入账价值。重组债务的账面价值与重组后债务的入账价值之间的差额计入损益。

以修改其他债务条件进行债务重组,如修改后的债务条款不涉及或有应收金额,则债权人应当将修改其他债务条件后的债权的公允价值作为重组后债权的账面价值,重组债权的账面余额与重组后债权账面价值之间的差额确认为债务重组损失,计入当期损益。如果债权人已对该项债权计提了减值准备,应当首先冲减已计提的减值准备,减值准备不足以冲减的部分,作为债务重组损失,计入营业外支出。

【同步操练6-6】 甲公司2014年12月31日应收乙公司票据的账面余额为65 400元,其中5 400元为累计未付的利息,票面年利率4%。由于乙公司连年亏损,资金周转困难,不能偿付应于2014年12月31日前支付的应付票据。经双方协商,于2015年1月5日进行债务重组。甲公司同意将债务本金减至50 000元;免去债务人所欠的全部利息;将利率从4%降低到2%(等于实际利率),并将债务到期日延至2016年12月31日,利息按年支付。该项债务重组协议从协议签订日起开始实施。甲、乙公司已将应收、应付票据转入应收、应付账款。甲公司已为该项应收款项计提了5 000元坏账准备。

(1) 乙公司的账务处理:
① 计算债务重组利得:

应付账款的账面余额	65 400
减:重组后债务公允价值	50 000
债务重组利得	15 400

② 债务重组时的会计分录:
借:应付账款　　　　　　　　　　　　　　　　65 400
　　贷:应付账款——债务重组　　　　　　　　　　　50 000
　　　　营业外收入——债务重组利得　　　　　　　　15 400

③ 2015年12月31日支付利息:
借:财务费用　　　　　　　　　　　　　　　　1 000
　　贷:银行存款　　　　　　　　　　　　1 000(50 000×2%)

④ 2016年12月31日偿还本金和最后一年利息:
借:应付账款——债务重组　　　　　　　　　　50 000
　　财务费用　　　　　　　　　　　　　　　　1 000

贷：银行存款	51 000

（2）甲公司的账务处理：

① 计算债务重组损失：

应收账款账面余额	65 400
减：重组后债权公允价值	50 000
差额	15 400
减：已计提坏账准备	5 000
债务重组损失	10 400

② 债务重组日的会计分录：

借：应收账款——债务重组	50 000
营业外支出——债务重组损失	10 400
坏账准备	5 000
贷：应收账款	65 400

③ 2015年12月31日收到利息：

借：银行存款	1 000
贷：财务费用	1 000（50 000×2%）

④ 2016年12月31日收到本金和最后一年利息：

借：银行存款	51 000
贷：财务费用	1 000
应收账款——债务重组	50 000

二、附或有条件的债务重组

附或有条件的债务重组，是指在债务重组协议中附或有应付金额的重组。或有应付金额，是指依未来某种事项出现而发生的支出。未来事项的出现具有不确定性。如，债务重组协议规定，"将公司债务 1 000 000 元免除 200 000 元，剩余债务展期两年，并按 2% 的年利率计收利息。如该公司一年后盈利，则自第二年起将按 5% 的利率计收利息"。根据此项债务重组协议，债务人依未来是否盈利而发生的 24 000 元（800 000×3%）支出，即为或有应付金额。但债务人是否盈利，在债务重组时不能确定。即具有不确定性。

附或有条件的债务重组，对于债务人而言，以修改其他债务条件进行的债务重组，修改后的债务条款如涉及或有应付金额，且该或有应付金额符合或有事项中有关预计负债确认条件的。债务人应当将该或有应付金额确认为预计负债。重组债务的账面价值与重组后债务的入账价值和预计负债金额之和的差额，作为债务重组利得，计入营业外收入。需要说明的是，在附或有支出的债务重组方式下，债务人应当在每期末，按照或有事项确认和计量要求，确定其最佳估计数，期末所确定的最佳估计数与原预计数的差额，计入当期损益。

对债权人而言，以修改其他债务条件进行债务重组，修改后的债务条款中涉及或有应收金额的，不应当确认或有应收金额，不得将其计入重组后债权的账面价值。或有应收金额属于或有资产，或有资产不予确认。只有在或有应收金额实际发生时，才计入当期损益。

【同步操练 6-7】甲公司 2014 年 1 月 1 日与 A 商业银行协商并达成协议，将 A 商业银行于 2013 年 1 月 1 日贷给甲公司的三年期、年利率为 9%、本金为 5 000 000 元的贷款进行债务重组，A 商业银行同意将贷款延长至 2016 年 12 月 31 日，利率降至 6%，免除积欠的利息 450 000 元，本金减至 4 200 000 元，利息按年支付；同时规定，债务重组后的第一年起若有盈利，则利率恢复至 9%，若无盈利，仍维持 6% 利率。假设 A 商业银行对该项贷款没有计提贷款损失准备，现行贴现率为 6%。甲公司估计在债务重组后第一年即很可能盈利。

根据计算，债务重组后债务的公允价值（即现值）为 4 200 000 元。

(1) 甲公司应作如下账务处理：

① 债务重组日：

借：长期借款		5 450 000
贷：长期借款——债务重组		4 200 000
预计负债——债务重组		378 000
营业外收入——债务重组利得		872 000

② 2014 年 12 月 31 日支付利息时：

若甲公司 2014 年度没有盈利，但估计 2015 年很可能盈利的，则会计分录为：

借：财务费用		252 000
贷：银行存款		252 000
借：预计负债		126 000
贷：营业外收入——债务重组利得		126 000

若甲公司 2014 年度有盈利，则会计分录为：

借：财务费用		252 000
预计负债		126 000
贷：银行存款		378 000

③ 2015 年 12 月 31 日支付利息时，其会计分录与上年相同。

④ 2016 年 12 月 31 日支付借款本息时：

支付借款本金的会计分录为：

借：长期借款——债务重组		4 200 000
贷：银行存款		4 200 000

支付借款利息的会计分录与 2014 年相同。

(2) A 商业银行应作如下账务处理：

① 债务重组日：

借：贷款——债务重组		4 200 000
营业外支出——债务重组损失		1 250 000
贷：贷款		5 000 000
应收利息		450 000

② 2014 年 12 月 31 日收到利息时：

若甲公司 2014 年度没有盈利，按 6% 计算利息，则会计分录为：

借：银行存款		252 000
贷：利息收入		252 000

若甲公司 2014 年度有盈利，按 9% 计算利息，则会计分录为：

借：银行存款 378 000
　　贷：利息收入 378 000

③ 2015 年 12 月 31 日收到利息时，其会计分录与上年相同。

④ 2016 年 12 月 31 日收回贷款本金及其利息时：

收回贷款本金的会计分录为：

借：银行存款 4 200 000
　　贷：贷款——债务重组 4 200 000

收回贷款利息的会计分录与 2014 年相同。

任务四　以上三种方式组合的核算

【任务分析】

在债务重组中，往往单一的重组方式不能满足债务清偿，需要共同运用三种方式来进行债务重组。学习以上三种方式组合的核算，需要掌握其业务处理流程。

【知识准备及应用】

以上三种方式的组合方式进行债务重组，主要有以下几种情况：

1. 以现金、非现金资产两种方式的组合清偿某项债务的，重组债务的账面价值与支付的现金、转让的非现金资产的公允价值的差额作为债务重组利得。非现金资产的公允价值与其账面价值的差额作为转让资产损益。

债权人重组债权的账面价值与收到的现金、受让的非现金资产的公允价值，以及已提减值准备的差额作为债务重组损失。

2. 以现金、债务转为资本两种方式的组合清偿某项债务的，重组债务的账面价值与支付的现金、债权人因放弃债权而享有的股权的公允价值的差额作为债务重组利得。股权的公允价值与股本（或实收资本）的差额作为资本公积。

债权人重组债权的账面价值与收到的现金、因放弃债权而享有的公允价值，以及已提减值准备的差额作为债务重组损失。

3. 以非现金资产、债务转为资本两种方式的组合清偿某项债务的，重组债务的账面价值与转让的非现金资产的公允价值、债权人因放弃债权而享有的股权的公允价值的差额为债务重组利得。非现金资产的公允价值与账面价值的差额作为转让资产损益；股权的公允价值与股本（或实收资本）的差额作为资本公积。

债权人重组债权的账面价值与受让的非现金资产的公允价值、因放弃债权而享有的股权的公允价值，以及已提减值准备的差额作为债权重组损失。

4. 以现金、非现金资产、债务转为资本三种方式的组合清偿某项债务的，重组债务的账面价值与支付的现金、转让的非现金资产的公允价值、债权人因放弃债权而享有股权的公允价值的差额作为债务重组利得；非现金资产的公允价值与其账面价值的差额作为转让资产损益；股权的公允价值与股本（或实收资本）的差额作为资本公积。

债权人重组债权的账面价值与收到的现金、受让的非现金资产的公允价值、因放弃债权而享有的股权的公允价值,以及已提减值准备的差额作为债权重组损失。

5. 以资产、债务转为资本等方式清偿某项债务的一部分,并对该项债务的另一部分以修改其他债务条件进行债务重组。在这种情况下,债务人应先以支付的现金、转让的非现金资产的公允价值、债权人因放弃债权而享有的股权的公允价值冲减重组债务的账面价值,余额与重组后债务的公允价值进行比较,据此计算债务重组利得。债权人因放弃债权而享有的股权的公允价值与股本(或实收资本)的差额作为资本公积;非现金资产的公允价值与其账面价值的差额作为转让资产损益,于当期确认。

债权人应先以收到的现金、受让非现金资产的公允价值、因放弃债权而享有的股权的公允价值冲减重组债权的账面价值,差额与重组后债务的公允价值进行比较,据此计算债务重组损失。

【同步操练6-8】 A企业和B企业均为增值税一般纳税人。A企业于2015年6月30日向B企业出售产品一批,产品销售价款100万元,应收增值税税额17万元;B企业于同年6月30日开出期限为6个月、票面年利率为4%的商业承兑汇票,抵充购买该产品价款。在该票据到期日,B企业未按期兑付,A企业将该应收票据按其到期价值转入应收账款,不再计算利息。至2016年12月31日,A企业对该应收账款提取的坏账准备为5万元。B企业由于发生财务困难,短期内资金紧张,于2016年12月31日经与A企业协商,达成债务重组协议如下:

(1) B企业以产品一批偿还部分债务。该批产品的账面价值为20 000元,公允价值为30 000元,应交增值税税额为5 100元。B企业开出增值税专用发票。A企业将该产品作为商品验收入库。

(2) A企业同意减免B企业所负全部债务扣除实物抵债后剩余债务的40%,其余债务的偿还期延至2017年12月31日。

(1) B企业的账务处理:

① 计算债务重组时应付账款的账面余额 = (1 000 000 + 170 000) × (1 + 4% ÷ 2) = 1 193 400(元)

② 计算债务重组后债务的公允价值 = [1 193 400 - 30 000 × (1 + 17%)] × 60% = 694 980(元)

③ 计算债务重组利得:

应付账款账面余额	1 193 400
减:所转让资产的公允价值	35 100
重组后债务公允价值	694 980
债务重组利得	463 320

④ 债务重组时,以商品偿还部分债务的会计分录:

借:应付账款	1 193 400
贷:主营业务收入	30 000
应交税费——应交增值税(销项税额)	5 100
应付账款——债务重组	694 980
营业外收入——债务重组利得	463 320

结转用于偿还债务的商品的成本:

借：主营业务成本　　　　　　　　　　　　　　　　　　　　　20 000
　　　贷：库存商品　　　　　　　　　　　　　　　　　　　　　　20 000
（2）A 企业的账务处理：
① 计算债务重组损失：
应收账款账面余额　　　　　　　　　　　　　　　　　　　　　1 193 400
减：受让资产的公允价值　　　　　30 000×（1+17%）=35 100
重组后债权公允价值　　　　　（1 193 400-35 100）×60%=694 980
坏账准备　　　　　　　　　　　　　　　　　　　　　　　　　　50 000
债务重组损失　　　　　　　　　　　　　　　　　　　　　　　　413 320
② A 公司债务重组日收到 B 公司偿债的商品：
借：库存商品　　　　　　　　　　　　　　　　　　　　　　　　30 000
　　应收账款——债务重组　　　　　　　　　　　　　　　　　　694 980
　　应交税费——应交增值税（进项税额）　　　　　　　　　　　　5 100
　　坏账准备　　　　　　　　　　　　　　　　　　　　　　　　50 000
　　营业外支出——债务重组损失　　　　　　　　　　　　　　　413 320
　　　贷：应收账款　　　　　　　　　　　　　　　　　　　　　1 193 400

【同步案例 6-1】甲公司于 2015 年 7 月 1 日销售给乙公司一批产品，含增值税价值为 900 900 元，乙公司于 2015 年 7 月 1 日开出六个月承兑的不带息商业汇票。乙公司到 2015 年 12 月 31 日尚未支付货款。由于乙公司财务发生困难，短期内不能支付货款。经与甲公司协商，甲公司同意乙公司以其所拥有的某公司股票和一批产品偿还债务，乙公司该股票的成本为 400 000 元，公允价值为 360 000 元，乙公司作为可供出售金融资产管理，甲公司取得后划分为交易性金融资产管理。用以抵债的产品的成本为 400 000 元，公允价值和计税价格均为 450 000 元，增值税税率为 17%，甲公司取得后作为原材料管理。假定甲公司为该项应收债权提取了 80 000 元坏账准备。已于 2016 年 1 月 30 日办理了相关转让手续，并于当日办理了债务解除手续。

要求：作出上述事项甲公司和乙公司的会计处理。

【练习题】

一、单项选择题

1. 债务重组时，以修改其他债务条件进行债务重组的，债权人将来应收金额小于重组债权的账面价值的差额，应（　　）。
   A. 计入管理费用　　　　　　　　B. 计入当期营业外支出
   C. 冲减财务费用　　　　　　　　D. 冲减投资收益

2. 下列有关债务重组的说法中，正确的是（　　）。
   A. 在债务重组中，若涉及多项非现金资产，应以非现金资产的账面价值为基础进行分配
   B. 在债务转为资本的偿债方式下，债权人应在债务重组日，将享有股权的实际成本确认为对债务人的投资
   C. 修改其他债务条件后，若债权人未来应收金额大于应收债权的账面价值，但小于应收债权账面余额的，应按未来应收金额大于应收债权账面价值的差额，冲减已计提的坏账准备和应收债权的账面余额

D. 在混合重组方式下，债务人和债权人在进行账务处理时，一般先考虑以现金清偿，然后是以非现金资产或以债务转为资本方式清偿，最后才是修改其他债务条件

3. 2015年末，乙公司就应付甲公司账款250万元与甲公司达成债务重组协议，甲公司同意免除50万元债务，并将剩余债务延期三年偿还，按年利率5%（等于实际利率）计息；同时约定，如果乙公司重组后第一年有盈利，则从第二年开始每年按8%计息。乙公司预计重组后第一年很可能盈利。不考虑其他因素，则下列关于甲、乙公司债务重组日会计处理的表述中正确的是（　　）。

  A. 甲公司应重新确认应收账款230万元　　B. 乙公司应重新确认应付账款212万元
  C. 乙公司应确认营业外收入38万元　　D. 乙公司应确认预计负债6万元

4. A公司与B公司进行债务重组，重组协议规定，就应收B公司账款100万元，B公司以一批商品抵偿债务。商品的成本为60万元，计税价（公允价值）为80万元，增值税税率为17%，商品已交给甲公司。则B公司在该债务重组中应计入营业外收入的金额为（　　）万元。

  A. 6.4　　　　B. 30　　　　C. 0　　　　D. 22.5

5. 一般情况下，债务人以现金清偿某项债务的，则债权人应将重组债权的账面余额与收到现金之间的差额，计入（　　）。

  A. 营业外收入　　B. 管理费用　　C. 资本公积　　D. 营业外支出

6. 债务人（股份有限公司）以现金、非现金资产、将债务转为资本并附或有条件等方式的组合清偿某项债务，则该事项中，不会影响债务人当期损益的是（　　）。

  A. 或有应付金额
  B. 重组债务的账面价值与债权人因重组享有股权的公允价值之间的差额
  C. 抵债的非现金资产的公允价值与账面价值的差额
  D. 债权人因重组享有股权的公允价值与债务人确认的实收资本之间的差额

7. 下列各项中，能够按照《企业会计准则第12号——债务重组》的规定进行会计处理的是（　　）。

  A. 债务人发行的可转换债券按正常条件转换为股权
  B. 债务人破产清算时以低于债务账面价值的现金清偿债务
  C. 债务人发生财务困难的情况下以一项价值低于债务账面价值的固定资产抵偿债务
  D. 债务人借入新债以偿还旧债

8. 甲公司2016年2月4日销售给乙公司一批商品，价税合计234 000元，协议规定乙公司于2016年7月31日支付全部货款。2016年7月31日，由于乙公司经营困难，无法支付全部的货款，双方协商进行债务重组。下面情况不符合债务重组定义的是（　　）。

  A. 甲公司同意乙公司以200 000元偿付全部的债务
  B. 甲公司同意乙公司以一台设备偿还全部债务的75%，剩余的债务不再要求偿还
  C. 甲公司同意乙公司延期至2016年12月31日支付全部的债务并加收利息，但不减少其偿还的金额
  D. 甲公司同意乙公司以一批库存原材料偿还全部债务，该库存原材料公允价值为180 000元

9. 甲企业欠乙企业货款500万元，到期日为2016年3月8日，因甲企业发生财务困难，4月20日起双方开始商议债务重组事宜，5月8日双方签订重组协议，乙企业同意甲企业以价值450万元的产成品抵债，甲企业分批将该批产品运往乙企业，第一批产品运抵日为5月10日，最后一批运抵日为5月20日，并于当日办妥有关债务解除手续。则甲企业应确定的债务重组日为（　　）。

  A. 4月20日　　B. 5月8日　　C. 5月10日　　D. 5月20日

10. 2016年3月10日，甲公司销售一批材料给乙公司，开出的增值税专用发票上注明的销售价款为200 000元，增值税销项税额为34 000元，款项尚未收到。2016年6月4日，甲公司与乙公司进行债务重组。重组协议如下：甲公司同意豁免乙公司债务80 000元；延长期间，每月加收余款2%的利息，利息和本金于2016年9月4日一同偿还。假定甲公司为该项应收账款计提坏账准备2 000元，整个债务重组交易

没有发生相关的税费。在债务重组日,甲公司应确认的债务重组损失为( )元。

    A. 68 760   B. 78 000   C. 63 960   D. 0

11. 债务重组的方式不包括( )。

    A. 债务人以低于债务账面价值的现金清偿债务

    B. 修改其他债务条件

    C. 借新债还旧债

    D. 债务转为资本

12. 以现金清偿债务的,债务人应当在满足金融负债终止确认条件时,终止确认重组债务,并将重组债务的账面价值与实际支付现金之间的差额计入( )。

    A. 资本公积   B. 营业外收入   C. 营业外支出   D. 管理费用

13. 甲公司应收乙公司货款 800 万元,经磋商,双方同意按 600 万元结清该笔货款。甲公司已经为该笔应收账款计提了 100 万元的坏账准备,在债务重组日,该事项对甲公司和乙公司的影响分别为( )。

    A. 甲公司资本公积减少 200 万元,乙公司资本公积增加 200 万元

    B. 甲公司营业外支出增加 100 万元,乙公司资本公积增加 200 万元

    C. 甲公司营业外支出增加 200 万元,乙公司营业外收入增加 200 万元

    D. 甲公司营业外支出增加 100 万元,乙公司营业外收入增加 200 万元

14. 债务人以一批自产产品偿还到期无法支付的债务时,应按照该产品的( )确认主营业务收入的金额。

    A. 账面价值   B. 成本   C. 公允价值   D. 账面余额

15. 甲企业应收乙企业账款 160 万元,由于乙企业发生财务困难,无法偿付欠款。经协商,乙企业以价值 100 万元的材料抵债(增值税税率为 17%),该批材料公允价值为 120 万元。甲企业不再向乙企业另行支付增值税。甲企业按应收账款的 5‰ 计提坏账准备。则乙企业应计入营业外收入的数额为( )万元。

    A. 40   B. 19.6   C. 20.4   D. 20

16. 甲公司应付乙公司账款 90 万元,甲公司由于发生严重财务困难,与乙公司达成债务重组协议:甲公司以一台设备抵偿债务。该设备的账面原价为 120 万元,已提折旧 30 万元,已提减值准备 10 万元,公允价值为 65 万元,甲公司该项债务重组的净损益为( )万元。

    A. 0   B. 10   C. 20   D. 30

17. 以非现金资产清偿债务的方式下,债权人收到非现金资产时一般应以( )入账。

    A. 非现金资产的原账面价值   B. 应收债权的账面价值加上应支付的相关税费

    C. 非现金资产的公允价值   D. 双方协商确定的价值

18. 2015 年 6 月 11 日,M 公司就应收 B 公司货款 2 340 000 元(已计提坏账准备 80 000 元)与其进行债务重组。经协商,M 公司同意豁免 B 公司债务 340 000 元,延长债务偿还期限 6 个月,每月按 2% 收取利息,如果从 7 月份起公司盈利则每月再加收 1% 的利息,12 月 11 日 B 公司应将本金和利息一起偿还。在债务重组日 M 公司应确认的重组损失为( )元。

    A. 340 000   B. 300 000   C. 20 000   D. 60 000

19. 2015 年 2 月 28 日,甲企业因购买原材料而欠乙企业购货款及税款合计 200 000 元。乙企业对该项应收账款计提了 20 000 元的坏账准备。由于甲企业现金流量不足,短期内不能按照合同规定支付货款,于 2016 年 3 月 16 日经协商乙企业同意甲企业支付 120 000 元货款,余款不再偿还。甲企业随即支付了 120 000 元货款。则乙公司应确认的债务重组损失为( )元。

    A. 40 000   B. 50 000   C. 60 000   D. 70 000

20. 甲公司持有乙公司的应收票据面值为 30 000 元,票据到期时,累计利息为 1 000 元,乙公司支付了利息,同时由于乙公司财务陷入困境,甲公司同意将乙公司的票据期限延长两年,并减少本金 8 000 元,

则乙公司计入营业外收入的金额是（　　）元。

  A. 1 000   B. 8 000   C. 12 000   D. 0

二、多项选择题

1. 债务重组是指在债务人发生财务困难的情况下，债权人按照其与债务人达成的协议或者法院的裁定作出让步的事项。其中，债权人作出的让步包括（　　）。

  A. 债权人减免债务人部分债务本金

  B. 允许债务人延期支付债务，但不减少债务的账面价值

  C. 降低债务人应付债务的利率

  D. 债权人减免债务人部分债务利息

2. 某股份有限公司清偿债务的下列方式中，属于债务重组的有（　　）。

  A. 根据转换协议将应付可转换公司债券转为资本

  B. 以非现金资产清偿

  C. 延长债务偿还期限并加收利息

  D. 以低于债务账面价值的银行存款清偿

3. 下列各项中，不能按照《企业会计准则第12号——债务重组》的规定进行会计处理的有（　　）。

  A. 债务人发行的可转换债券按正常条件转换为股权

  B. 债务人破产清算时以低于债务账面价值的现金清偿债务

  C. 债务人发生财务困难情况下以一项固定资产抵偿债务

  D. 债务人借入新债以偿还旧债

4. 债务重组的主要方式包括（　　）。

  A. 以资产清偿债务   B. 将债务转为资本

  C. 修改其他债务条件   D. 以上方式的组合

5. 债务人以非现金资产抵偿债务的，非现金资产公允价值与账面价值之间的差额，应计入（　　）。

  A. 投资收益   B. 营业外收入   C. 营业外支出   D. 主营业务成本

6. 下列有关债务重组时债务人会计处理的表述中，正确的有（　　）。

  A. 以现金清偿债务时，债务人实际支付的现金低于债务账面价值的差额计入当期损益

  B. 以非现金资产清偿债务时，转让的非现金资产公允价值低于重组债务账面价值的差额计入资本公积

  C. 以非现金资产清偿债务时，转让的非现金资产公允价值低于重组债务账面价值的差额计入当期损益

  D. 以非现金资产清偿债务时，转让的非现金资产公允价值与其账面价值之间的差额计入当期损益

7. 以债务转为资本的方式进行债务重组时，以下处理方法正确的有（　　）。

  A. 债务人应将债权人因放弃债权而享有的股份的面值总额确认为股本或实收资本

  B. 债务人应将股份公允价值总额与股本或实收资本之间的差额确认为资本公积

  C. 债权人应当将享有股份的公允价值确认为对债务人的投资

  D. 债权人已对债权计提减值准备的，应当先将该差额冲减减值准备，冲减后尚有余额的，计入营业外支出（债务重组损失）；冲减后减值准备仍有余额的，应予转回并抵减当期资产减值损失

8. 下列各项中，属于债务重组修改其他债务条件的方式一般有（　　）。

  A. 债务转为资本   B. 减少本金

  C. 延长债务偿还期限并加收利息   D. 免除积欠利息

9. 以现金资产和非现金资产清偿某项债务的，债务人应将扣除现金后的重组债务的账面价值与转让的非现金资产公允价值的差额，不计入（　　）。

  A. 营业外收入   B. 资本公积   C. 营业外支出   D. 投资收益

10. 在债务重组的会计处理中,以下说法正确的有( )。
    A. 无论债权人或债务人,均不确认债务重组收益
    B. 重组债务的账面价值与重组后债务的公允价值之间的差额,确认为债务重组利得,计入当期损益
    C. 以债务转为资本,债务人应将股份账面价值总额与股本之间的差额,作为资本公积
    D. 新准则中规定,债务重组必须是在债务人处于财务困难条件下的有关重组事项
11. 债务人应当披露与债务重组有关的信息包括( )。
    A. 债务重组方式
    B. 确认的债务重组利得总额
    C. 将债务转为资本所导致的股本(实收资本)增加额
    D. 或有应收金额
12. 下列有关债务重组的说法中,不正确的有( )。
    A. 在债务重组中,若涉及多项非现金资产,应以非现金资产的公允价值为基础进行分配
    B. 修改其他债务条件后,债权人涉及或有应收金额的,计入重组后债权的入账价值
    C. 修改其他债务条件后,若债权人未来应收金额大于应收债权的账面价值,但小于应收债权账面余额的,应将未来应收金额大于应收债权账面价值的差额,计入资本公积
    D. 在混合重组方式下,债务人和债权人在进行账务处理时,一般先考虑以现金清偿,然后是以非现金资产或以债务转为资本方式清偿,最后才是修改其他债务条件
13. 关于以非现金资产清偿债务,下列说法中正确的有( )。
    A. 非现金资产属于增值税应税项目的,则债务重组利得应为转让非现金资产的含税公允价值与重组债务账面价值的差额
    B. 债务人以固定资产清偿债务,应将固定资产的公允价值与该项固定资产账面价值的差额作为转让固定资产的损益处理;清理费用应冲减债务重组利得
    C. 债务人以债券清偿债务时,应将相关金融资产的公允价值与账面价值的差额,作为转让金融资产的利得或损失处理;相关金融资产的公允价值与重组债务的账面价值的差额,作为债务重组利得
    D. 债务人以库存材料清偿债务,应视同销售进行核算,取得的收入作为主营业务收入处理
14. 修改其他债务条件时,以下债权人可能产生债务重组损失的有( )。
    A. 无坏账准备时,债权人重组债权的账面余额大于将来应收金额
    B. 无坏账准备时,债权人重组债权的账面余额小于将来应收金额
    C. 有坏账准备时,债权人放弃的部分债权小于已经计提的坏账准备
    D. 有坏账准备时,债权人放弃的部分债权大于已经计提的坏账准备
15. 下列关于债务重组会计处理的表述中,正确的有( )。
    A. 债权人将很可能发生的或有应收金额确认为应收债权
    B. 债权人收到的原未确认的或有应收金额计入当期损益
    C. 债务人将很可能发生的或有应付金额确认为预计负债
    D. 债务人确认的或有应付金额在随后不需支付时转入当期损益

三、判断题

1. 只要债权人对债务人的债务作出了让步,不管债务人是否发生财务困难,都属于准则所定义的债务重组。( )
2. 债务人发生财务困难是指因债务人出现资金周转困难、经营陷入困境或者其他方面的原因等,导致其无法或者没有能力按原定条件偿还债务。( )
3. 债权人同意债务人延期偿还债务,但延期后债务人仍然按照原债务账面价值偿还债务,则不属于债

务重组。（　　）

4. 债务重组方式包括以资产清偿债务、将债务转为资本、修改其他债务条件等，但以上三种方式的组合不属于准则规范的债务重组方式。（　　）

5. 以现金清偿债务的，债务人应当在满足金融负债终止确认条件时，终止确认重组债务，并将重组债务的账面价值与实际支付现金之间的差额，计入当期损益（其他业务收入）。（　　）

6. 以非现金资产偿还债务，非现金资产为长期股权投资的，其公允价值和账面价值的差额，计入营业外收入。（　　）

7. 以非现金资产偿还债务，非现金资产为存货的，应当视同销售处理收入相关规定，按非现金资产的账面价值确认销售商品收入，同时按照非现金资产的公允价值结转相应的成本。（　　）

8. 将债务转为资本的债务重组中，债务人应将股份的公允价值总额与股本（或实收资本）之间的差额确认为投资收益。（　　）

9. 修改其他债务条件进行债务重组的，债务人不能确认债务重组收益。（　　）

10. 附或有支出的债务重组，重组后的账面价值与重组后债务的入账价值之间的差额，计入当期损益（营业外收入）。（　　）

11. 债务重组采用以现金清偿债务、非现金资产清偿债务、将债务转为资本、修改其他债务条件等方式的组合进行的，债务人应当依次以支付的现金、转让的非现金资产公允价值、债权人享有股份的公允价值冲减重组债务的账面价值，再按照修改其他债务条件的债务重组会计处理规定进行处理。（　　）

12. 债务重组中，债务人不会涉及资本公积科目。（　　）

13. 将债务转为资本的，债权人应当将享有股份的公允价值确认为对债务人的投资，重组债权的账面余额与股份的公允价值之间的差额，比照以非现金资产清偿债务的债务重组会计处理规定进行处理。债权人已对债权计提减值准备的，应当先将该差额冲减减值准备，冲减后尚有余额的，计入营业外支出（债务重组损失）；冲减后减值准备仍有余额的，应予转回并抵减当期资产减值损失。（　　）

14. 减少债务本金、降低利率、免去应付未付的利息、延长偿还期限并减少债务的账面价值等重组方式属于修改其他债务条件的债务重组方式。（　　）

15. 以现金清偿债务的，债务人应当将重组债务的账面价值与实际支付现金之间的差额，计入资本公积。（　　）

四、业务题

1. 甲公司于 2015 年 7 月 1 日销售给乙公司一批产品，含增值税价值为 900 000 元，乙公司于 2015 年 7 月 1 日开出六个月承兑的不带息商业汇票。乙公司到 2015 年 12 月 31 日尚未支付货款。由于乙公司财务发生困难，短期内不能支付货款。经与甲公司协商，甲公司同意乙公司以其所拥有的某公司股票和一批产品偿还债务，乙公司该股票的成本为 400 000 元，公允价值为 360 000 元，乙公司作为可供出售金融资产管理，甲公司取得后划分为交易性金融资产管理。用以抵债的产品的成本为 400 000 元，公允价值和计税价格均为 450 000 元，增值税税率为 17%，甲公司取得后作为原材料管理。假定甲公司为该项应收债权提取了 80 000 元坏账准备。已于 2016 年 1 月 30 日办理了相关转让手续，并于当日办理了债务解除手续。

要求：

（1）判断债务重组日的日期。

（2）作出上述事项甲公司和乙公司的会计处理。

2. 2015 年 2 月 28 日，甲企业因购买原材料而欠乙企业购货款及税款合计 200 000 元。乙企业对该项应收账款计提了 20 000 元的坏账准备。由于甲企业现金流量不足，短期内不能按照合同规定支付货款，于 2016 年 3 月 16 日经协商：

（1）乙企业同意甲企业支付 120 000 元货款，余款不再偿还。甲企业随即支付了 120 000 元货款。

（2）乙企业同意甲企业支付 190 000 元货款，余款不再偿还。甲企业随即支付了 190 000 元货款。

要求：在两种情况下分别作出甲、乙企业在债务重组日的账务处理。

3. 甲公司从乙公司购入原材料500万元（含增值税额），由于财务困难无法归还，2015年12月31日进行债务重组。经协商，甲公司在两年后支付本金400万元，利息按5%计算，每年年末支付；同时规定，如果2016年甲公司有盈利，从2017年起则按8%计息。债务重组时，甲公司预计其2016年很可能实现盈利。乙公司已对该项债权计提坏账准备50万元。

2016年末，甲公司编制的利润表明其在2016年实现盈利400万元。假设利息按年支付。要求：

根据上述资料，作出甲、乙公司相关账务处理。

4. 2010年1月1日，甲公司从某银行取得年利率10%、三年期、到期一次还本付息的贷款12 500元，现因甲公司财务困难，于2012年12月31日进行债务重组，银行同意延长到期日至2015年12月31日，利率降至7%（等于实际利率），免除所有积欠利息，本金减至10 000元，但附有一条件：债务重组后，如果甲公司2013年实现盈利，则2014～2016年的年利率均恢复至10%，如果2013年未实现盈利，则延期期间内的年利率维持7%。重组时甲公司预计其2013年很可能实现盈利。假设银行没有对该贷款计提呆账准备，债务重组后甲公司均按期支付了各期利息。

要求：

（1）编制债务人有关债务重组日的分录。

（2）假设甲公司2013年实现盈利，编制债务人2013～2015年度的分录。

（3）假设甲公司2013年未实现盈利，编制债务人2013～2015年度的分录。

项目七
或有事项的核算

【学习目标】

　　能力目标：能正确判定或有负债、或有资产和预计负债；能对预计负债的业务进行正确的会计处理。

　　知识目标：熟悉与或有事项有关的概念；掌握预计负债的确认与计量；掌握预计负债的会计处理方法。

【情境导入】

　　企业在经营活动中有时会面临诉讼、仲裁、债务担保、产品质量保证、重组等具有较大不确定性的经济事项，这些不确定事项对企业的财务状况和经营成果可能会产生较大的影响，其最终结果须由某些未来事项的发生或不发生加以决定。比如，企业对商品提供售后担保，承诺在商品发生质量问题时由企业无偿提供修理服务，从而会发生一些费用。至于这笔费用是否发生以及如果发生金额是多少，取决于未来是否发生修理请求以及修理工作量的大小等。按照权责发生制的要求，企业不能等到客户提出修理请求时，才确认因提供产品质量保证而发生的义务，而应当在资产负债表日对这一不确定事项作出判断，以决定是否在当期确认可能承担的修理义务。会计上将这种不确定事项称为或有事项。

　　任务分解：(1) 确认或有事项。(2) 计量或有事项。(3) 或有事项的核算。

任务一　确认或有事项

【任务分析】

　　或有事项是由企业过去的交易或者事项所形成的一种不确定事项。会计人员需要对或有负债和或有资产进行正确的认定。

【知识准备及应用】

一、或有事项的特征

　　或有事项，是指过去的交易或者事项形成的，其结果须由某些未来事项的发生或不发生才能决定的不确定事项。常见的或有事项包括：未决诉讼或未决仲裁、债务担保、产品质量保证（含产品安全保证）、亏损合同、重组义务、承诺、环境污染整治等。

（一）或有事项是由过去的交易或者事项形成的

　　或有事项作为一种不确定事项，是由企业过去的交易或者事项形成的。由过去的交易或者事项形成，是指或有事项的现存状况是过去交易或者事项引起的客观存在。

例如，未决诉讼是企业因过去的经济行为导致起诉其他单位或被其他单位起诉，是现存的一种状况，而不是未来将要发生的事项。又如，产品质量保证是企业对已售商品或已提供劳务的质量提供的保证，不是为尚未出售商品或尚未提供劳务的质量提供的保证。基于这一特征，未来可能发生的自然灾害、交通事故、经营亏损等事项，都不属于或有事项。

（二）或有事项的结果具有不确定性

或有事项的结果具有不确定性，是指或有事项的结果是否发生具有不确定性或者或有事项的结果预计将会发生，但发生的具体时间或金额具有不确定性。

首先，或有事项的结果是否发生具有不确定性。例如，债务的担保方在债务到期时是否承担和履行连带责任，需要根据被担保方能否按时还款决定，其结果在担保协议达成时具有不确定性。又如，有些未决诉讼，被起诉的一方是否会败诉，在案件审理过程中是难以确定的，需要根据人民法院判决情况加以确定。

其次，或有事项的结果预计将会发生，但发生的具体时间或金额具有不确定性。例如，某企业因生产过程中排污治理不力并对周围环境造成污染而被起诉，如无特殊情况，该企业很可能败诉。但是，在诉讼成立时，该企业因败诉将支出多少金额，或者何时将发生这些支出，可能是难以确定的。

（三）或有事项的结果须由未来事项决定

由未来事项决定，是指或有事项的结果只能由未来不确定事项的发生或不发生才能决定。

或有事项的结果，由未来事项发生或不发生予以确定。例如，或有事项发生时，将会对企业产生有利影响还是不利影响，或虽已知是有利影响或不利影响，但影响有多大，在或有事项发生时是难以确定的。这种不确定性的消失，只能由未来不确定事项的发生或不发生才能证实。例如，未决诉讼只能等到人民法院判决才能决定其结果。

或有事项与不确定性联系在一起，但会计处理过程中存在不确定性的事项并不都是或有事项，企业应当按照或有事项的定义和特征进行判断。例如，对固定资产计提折旧虽然也涉及对固定资产预计净残值和使用寿命进行分析和判断，带有一定的不确定性，但是，固定资产折旧是已经发生的损耗，固定资产的原值是确定的，其价值最终会转移到成本或费用中也是确定的，该事项的结果是确定的，因此，对固定资产计提折旧不属于或有事项。

二、或有负债和或有资产

（一）或有负债

或有负债，是指过去的交易或事项形成的潜在义务，其存在须通过未来不确定事项的发生或不发生予以证实；或过去的交易或事项形成的现时义务，履行该义务不是很可能导致经济利益流出企业或该义务的金额不能可靠计量。

或有负债涉及两类义务：一类是潜在义务；另一类是现时义务。

1. 潜在义务，是指结果取决于不确定未来事项的可能义务。也就是说，潜在义务最终是否转变为现时义务,由某些未来不确定事项的发生或不发生才能决定。

2. 现时义务,是指企业在现行条件下已承担的义务,该现时义务的履行不是很可能导致经济利益流出企业,或者该现时义务的金额不能可靠地计量。其中:(1)"不是很可能导致经济利益流出企业",是指该现时义务导致经济利益流出企业的可能性不超过50%(含50%),例如,甲企业和乙企业签订担保合同,承诺为乙企业的某项贷款提供担保。由于担保合同的签订,甲企业承担了一项现实义务,但承担现实义务不意味着经济利益很可能流出企业。如果乙企业的财务状况良好,说明甲企业履行连带责任的可能性不大,那么这项担保合同不是很可能导致经济利益流出甲企业。该现实义务属于甲企业的或有负债。(2)"金额不能可靠地计量",是指该现时义务导致经济利益流出企业的"金额"难以合理预计,现时义务履行的结果具有较大的不确定性。例如,甲公司涉及一桩诉讼案,根据以往的审判案例推断,甲公司很可能要败诉。但人民法院尚未判决,甲公司无法根据经验判断未来将要承担多少赔偿金额,因此该现时义务的金额不能可靠地计量,该诉讼案件即形成一项甲公司的或有负债。

或有负债无论是潜在义务还是现实义务,均不符合负债的确认条件,因而不能在报表中予以确认,但应按相关规定在财务报表附注中披露。

【**同步操练7-1**】2014年5月,A公司的子公司B公司从银行贷款人民币30 000 000元,期限2年,由A公司全额担保;2015年5月,C公司从银行贷款人民币5 000 000元,期限为2年,由A公司全额担保;2015年6月,D公司从银行贷款3 000 000美元,期限3年,由A公司担保60%。

截至2015年12月31日的情况如下:B公司贷款逾期未还,银行已起诉A公司和B公司,C公司经营状况良好,逾期不存在还款困难。D公司受政策不利影响,可能不能偿还到期美元债务。

在本练习中,就B公司而言,A公司很可能履行连带责任,造成损失,但损失金额是多少,目前还难以预计。就C公司而言,要求A公司履行连带责任的可能性极小。就D公司而言,A公司可能履行连带责任。根据企业会计准则的规定,A公司应在2015年12月31日的财务报表附注中作出披露(见表7-1)。

表7-1

被担保单位	担保金额	财务影响
B公司	担保金额人民币30 000 000元,2016年5月到期	B公司的银行借款已逾期。贷款银行已起诉B公司和本公司,由于对B公司该笔银行贷款提供全额担保,预期诉讼结果将给本公司的财务造成重大不利影响,损失金额目前难以估计
C公司	担保金额人民币5 000 000元,2017年5月到期	C公司目前经营良好,预期对银行贷款不存在还款困难,因此对C公司的担保极小可能会给本公司造成不利影响,损失金额目前难以估计
D公司	担保金额3 000 000美元,2018年6月到期	D公司受政策影响本年度效益不如以往,可能不能偿还到期美元贷款,本公司可能因此承担相应的连带责任而发生损失,损失金额目前难以估计

（二）或有资产

或有资产，是指过去的交易或者事项形成的潜在资产，其存在须通过未来不确定事项的发生或不发生予以证实。

或有资产作为一种潜在资产，其结果具有较大的不确定性，只有随着经济情况的变化，通过某些未来不确定事项的发生或不发生才能证实其是否会形成企业真正的资产。

正如或有负债不符合负债确认条件一样，或有资产也不符合资产确认条件，因而也不能在报表中确认。然而，需要指出的是，影响或有负债和或有资产的多种因素处于不断变化之中，企业应当持续地对这些因素予以关注。随着时间的推移和事态的进展，或有负债对应的潜在义务可能转化为现实义务，原来不是很可能导致经济利益流出的现实义务也可能被证实将很可能导致企业流出经济利益，并且现实义务的金额也能够可靠计量。企业应当对或有负债相关义务进行评估、分析判断其是否符合预计负债确认条件。如符合预计负债确认条件，应将其确认为负债。类似地，或有资产对应的潜在权利也可能随着相关因素的改变而发生变化，如基本确定可以收到，应将其予以确认。

例如，未决诉讼对于预期会胜诉的一方而言，因未决诉讼形成了一项或有资产；该或有资产最终是否转化为企业的资产，要根据诉讼的最终判决而定。最终判决胜诉的一方，这项或有资产就转化为企业真正的资产。对于预期会败诉的一方而言，因未决诉讼形成了一项或有负债或预计负债；如为或有负债，该或有负债最终是否转化为企业的预计负债，只能根据诉讼的进展而定。企业根据法律规定、律师建议等因素判断自己很可能败诉且赔偿金额能够合理估计的，这项或有负债就转化为企业的预计负债。

三、或有事项的确认

或有事项的确认是指与或有事项相关义务的确认。根据《企业会计准则第13号——或有事项》的规定，与或有事项有关的义务应当在同时符合以下三个条件时，确认为预计负债进行确认和计量：(1) 该义务是企业承担的现时义务。(2) 履行该义务很可能导致经济利益流出企业。(3) 该义务的金额能够可靠地计量。

（一）该义务是企业承担的现实义务

该义务是企业承担的现时义务，是指与或有事项相关的义务是在企业当前条件下已承担的义务，企业没有其他现实的选择，只能履行该现时义务。这里所指的义务包括法定义务和推定义务。

其中，法定义务，是指因合同、法规或其他司法解释等产生的义务，通常即企业在经济管理和经济协调中，依照经济法律、法规的规定必须履行的责任。比如，企业与其他企业签订购货合同产生的义务就属于法定义务。

推定义务，是指因企业的特定行为而产生的义务。企业的"特定行为"，泛指企业以往的习惯做法、已公开的承诺或已公开宣布的经营政策。并且，由于以往的习惯做法，或通过这些承诺或公开的声明，企业向外界表明了它将承担特定的责任，从而使受影响的各方形成了其将履行那些责任的合理预期。例如，甲公司是一家化工企业，因扩大经营规模，到A

国创办了一家分公司。假定 A 国尚未针对甲公司这类企业的生产经营可能产生的环境污染制定相关法律，因而甲公司的分公司对在 A 国生产经营可能产生的环境污染不承担法定义务。但是，甲公司为在 A 国树立良好的形象，自行向社会公告，宣称将对生产经营可能产生的环境污染进行治理，甲公司的分公司为此承担的义务就属于推定义务。

（二）履行该义务很可能导致经济利益流出企业

履行该义务很可能导致经济利益流出企业，是指履行与或有事项相关的现时义务时，导致经济利益流出企业的可能性超过 50%，但尚未达到基本确定的程度。企业通常可以结合表 7-2 所列示的情况判断经济利益流出的可能性。

表 7-2

结果的可能性	对应的概率区间
基本确定	大于 95% 但小于 100%
很可能	大于 50% 但小于或等于 95%
可能	大于 5% 但小于或等于 50%
极小可能	大于 0 但小于或等于 5%

企业因或有事项承担了现时义务，并不说明该现时义务很可能导致经济利益流出企业。例如，2016 年 5 月 1 日，甲企业与乙企业签订协议，承诺为乙企业的 2 年期银行借款提供全额担保。对于甲企业而言，由于该担保事项而承担了一项现时义务，但这项义务的履行是否很可能导致经济利益流出企业，需依据乙企业的经营情况和财务状况等因素加以确定。假定 2016 年末，乙企业的财务状况恶化，且没有迹象表明可能发生好转。此种情况出现，表明乙企业很可能违约，从而甲企业履行承担的现时义务将很可能导致经济利益流出企业。反之，如果乙企业财务状况良好，一般可以认定乙企业不会违约，从而甲企业履行承担的现时义务不是很可能导致经济利益流出。

（三）该义务的金额能够可靠地计量

该义务的金额能够可靠地计量，是指该义务的金额能够可靠地计量，即与或有事项相关的现时义务的金额能够合理地估计。

由于或有事项具有不确定性，因或有事项产生的现时义务的金额也具有不确定性，需要估计。要对或有事项确认一项预计负债，相关现时义务的金额应当能够可靠估计。只有在其金额能够可靠地估计，并同时满足其他两个条件时，企业才能加以确认。

例如，乙公司涉及一起诉讼案。根据以往的审判结果判断，公司很可能败诉，相关的赔偿金额也可以估算出一个区间。在这种情况下，就可以认为该公司因未决诉讼承担的现时义务的金额能够可靠地估计，从而对未决诉讼确认一项因或有事项形成的预计负债。但是如果没有以往的审判结果作为比照，而相关的法律条文没有明确解释，那么即使该公司预计可能败诉，在判决以前也很可能无法合理估计其须承担的现实义务的金额，这种情况下不应确认为预计负债。

任务二 计量或有事项

【任务分析】

或有事项的计量是与或有事项相关义务的预计负债的计量。会计人员需要对预计负债进行正确的计量。

【知识准备及应用】

或有事项的计量是指与或有事项相关义务的预计负债的计量，主要涉及两个方面：一是最佳估计数的确定；二是预期可获得补偿的处理。

一、最佳估计数的确定

预计负债应当按照履行相关现时义务所需支出的最佳估计数进行初始计量。最佳估计数的确定应当分别两种情况处理：

1. 所需支出存在一个连续范围，且该范围内各种结果发生的可能性相同，则最佳估计数应当按照该范围内的中间值，即上下限金额的平均数确定。

【同步操练7-2】 2015年12月1日，甲公司因合同违约而被乙公司起诉。2015年12月31日，甲公司尚未接到人民法院的判决。甲公司预计，最终的法律判决很可能对公司不利。假定预计将要支付的赔偿金额为1 000 000～1 600 000元的某一金额，而且这个区间内每个金额的可能性都大致相同。

在这种情况下，甲公司应在2015年12月31日的资产负债表中确认一项预计负债，金额为：

(1 000 000 + 1 600 000) ÷ 2 = 1 300 000（元）

有关账务处理：

借：营业外支出——赔偿支出——乙公司　　　　　　　　　　　1 300 000
　　贷：预计负债——未决诉讼——乙公司　　　　　　　　　　　1 300 000

2. 所需支出不存在一个连续范围，或者虽然存在一个连续范围，但该范围内各种结果发生的可能性不相同。在这种情况下，最佳估计数按照如下方法确定：

（1）如果或有事项涉及单个项目，最佳估计数按照最可能发生金额确定。"涉及单个项目"指或有事项涉及的项目只有一个，如一项未决诉讼、一项未决仲裁或一项债务担保等。

【同步操练7-3】 2015年10月2日，乙公司涉及一起诉讼案。2015年12月31日，乙公司尚未接到人民法院的判决。在咨询了公司的法律顾问后，乙公司认为：胜诉的可能性为40%，败诉的可能性为60%；如果败诉，需要赔偿1 000 000元。

在这种情况下，乙公司在2015年12月31日资产负债表中应确认的预计负债金额应为最可能发生的金额，即1 000 000元。

有关账务处理：

借：营业外支出——赔偿支出　　　　　　　　　　　　　　1 000 000
　　贷：预计负债——未决诉讼　　　　　　　　　　　　　　　　　1 000 000

（2）如果或有事项涉及多个项目，最佳估计数按照各种可能结果及相关概率加权计算确定。"涉及多个项目"指或有事项涉及的项目不止一个，如产品质量保证。在产品质量保证中，提出产品保修要求的可能有许多客户，相应地，企业对这些客户负有保修义务。

【同步操练7-4】 2015年度甲公司共销售A产品30 000件，销售收入为180 000 000元。根据公司的产品质量保证条款，该产品售出后一年内，如发生正常质量问题，公司将负责免费维修。根据以前年度的维修记录，如果发生较小的质量问题，发生的维修费用为销售收入的1%；如果发生较大的质量问题，发生的维修费用为销售收入的2%。根据公司质量部门的预测，本季度销售的产品中，80%不会发生质量问题；15%可能发生较小质量问题；5%可能发生较大质量问题。

根据上述资料，2015年年末甲公司应确认的预计负债金额为：
180 000 000×（0×80%+1%×15%+2%×5%）=450 000（元）
有关账务处理：
借：销售费用——产品质量保证——A产品　　　　　　　450 000
　　贷：预计负债——产品质量保证——A产品　　　　　　　　450 000

二、预期可获得补偿的处理

如果企业清偿因或有事项而确认的负债所需支出全部或部分预期由第三方或其他方补偿，则此补偿金额只有在基本确定能收到时，才能作为资产单独确认，确认的补偿金额不能超过所确认负债的账面价值。

预期可能获得补偿的情况通常有：发生交通事故等情况时，企业通常可从保险公司获得合理的赔偿；在某些索赔诉讼中，企业可对索赔人或第三方另行提出赔偿要求；在债务担保业务中，企业在履行担保义务的同时，通常可向被担保企业提出追偿要求。

企业预期从第三方获得的补偿，是一种潜在资产，其最终是否会转化为企业真正的资产（即，企业是否能够收到这项补偿）具有较大的不确定性，企业只有在基本确定能够收到补偿时才能对其进行确认。根据资产和负债不能随意抵销的原则，预期可获得的补偿在基本确定能够收到时应当确认为一项资产，而不能作为预计负债金额的扣减。

补偿金额的确认涉及两个方面问题：一是确认时间，补偿只有在"基本确定"能够收到时才予以确认；二是确认金额，确认的金额是基本确定能够收到的金额，而且不能超过相关预计负债的金额。

【同步操练7-5】 2015年12月31日，乙公司因或有事项而确认了一笔金额为500 000元的预计负债；同时，乙公司因该或有事项基本确定可从甲保险公司获得200 000元的赔偿。

本练习中，乙公司应分别确认一项金额为500 000元的预计负债和一项金额为200 000元的资产，而不能只确认一项金额为300 000元（500 000-200 000）的预计负债。同时，乙公司所确认的补偿金额200 000元不能超过所确认的负债的账面价值500 000元。

三、预计负债的计量需要考虑的其他因素

1. 风险和不确定性。企业在确定最佳估计数时应当综合考虑与或有事项有关的风险、不确定性、货币时间价值和未来事项等因素。风险是对交易或者事项结果的变化可能性的一种描述。风险的变动可能增加负债计量的金额。企业在不确定的情况下进行判断需要谨慎，使得收入或资产不会被高估，费用或负债不会被低估。但是，不确定性并不说明应当确认过多的预计负债和故意夸大支出或费用。

企业应当充分考虑与或有事项有关的风险和不确定性，既不能忽略风险和不确定性对或有事项计量的影响，也要避免反复对风险和不确定性进行调整，从而在低估和高估预计负债金额之间寻找平衡点。

2. 货币时间价值。预计负债的金额通常应当等于未来应支付的金额。但是，因货币时间价值的影响，资产负债表日后不久发生的现金流出，要比一段时间之后发生的同样金额的现金流出负有更大的义务。所以，如果预计负债的确认时点距离实际清偿有较长的时间跨度，货币时间价值的影响重大，那么在确定预计负债的确认金额时，应考虑采用现值计量，即通过对相关未来现金流出进行折现后确认最佳估计数。例如，油气井或核电站的弃置费用等，应按照未来应支付金额的现值确定。确定预计负债的金额不应考虑预期处置相关资产形成的利得。

将未来现金流出折算为现值时，需要注意以下三点：（1）用来计算现值的折现率应当是反映货币时间价值的当前市场估计和相关负债特有风险的税前利率。（2）风险和不确定性既可以在计量未来现金流出时作为调整因素，也可以在确定折现率时予以考虑，但不能重复反映。（3）随着时间的推移，即使在未来现金流出和折现率均不改变的情况下，预计负债的现值将逐渐增长。企业应当在资产负债表日对预计负债的现值进行重新计量。

3. 未来事项。企业应当考虑可能影响履行现时义务所需金额的相关未来事项。也就是说，对于这些未来事项，如果有足够的客观证据表明它们将发生，如未来技术进步、相关法规出台等，则应当在预计负债计量中予以考虑。

预期的未来事项可能对预计负债的计量较为重要。例如，某核电企业预计在生产结束时处理核废料的费用将因未来技术的变化而显著降低，那么，该企业因此确认的预计负债金额应当反映有关专家对技术发展以及处理费用减少作出的合理预测。但是，这种预计需要取得确凿的证据予以支持。

4. 资产负债表日对预计负债账面价值的复核。企业应当在资产负债表日对预计负债的账面价值进行复核。有确凿证据表明该账面价值不能真实反映当前最佳估计数的，应当按照当前最佳估计数对该账面价值进行调整。例如，某化工企业对环境造成了污染，按照当时的法律规定，只需要对污染进行清理。随着国家对环境保护越来越重视，按照现在的法律规定，该企业不但需要对污染进行清理，还很可能要对居民进行赔偿。这种法律要求的变化，会对企业预计负债的计量产生影响。企业应当在资产负债表日对为此确认的预计负债金额进行复核，相关因素发生变化表明预计负债金额不再能反映真实情况时，需要按照当前情况下企业清理和赔偿支出的最佳估计数对预计负债的账面价值进行相应的调整。

企业对已经确认的预计负债在实际支出发生时，应当仅限于最初之确定该预计负债的支

出。也就是说,只有与该预计负债有关的支出才能冲减预计负债,否则将会混淆不同预计负债确认事项的影响。

任务三　或有事项的核算

【任务分析】

由于预计负债的不确定性,会计人员需要根据不同的情况对预计负债进行确认,并进行会计处理。

【知识准备及应用】

一、未决诉讼或未决仲裁

诉讼,是指当事人不能通过协商解决争议,因而在人民法院起诉、应诉,请求人民法院通过审判程序解决纠纷的活动。诉讼尚未裁决之前,对于被告者来说,可能形成一项或有负债或者预计负债;对于原告来说,则可能形成一项或有资产。

仲裁,是指经济法的各方当事人依照事先约定或事后达成的书面仲裁协议,共同选定仲裁机构并由其对争议依法作出具有约束力裁决的一种活动。作为当事人一方,仲裁的结果在仲裁决定公布以前是不确定的,会构成一项潜在义务或现时义务,或者潜在资产。

【同步操练7-6】A公司2015年度发生的有关交易或事项如下:

(1) 2015年10月1日有一笔已到期的银行贷款本金10 000 000元,利息1 500 000元,A公司具有还款能力,但因与B银行存在其他经济纠纷,而未按时归还B银行的贷款,2015年12月1日,B银行向人民法院提起诉讼。截至2015年12月31日人民法院尚未对案件进行审理。A公司法律顾问人为败诉的可能性60%,预计将要支付的罚息、诉讼费用在1 000 000 ~ 1 200 000元,其中诉讼费50 000元。

(2) 2013年10月6日,A公司委托银行向K公司贷款60 000 000元,由于经营困难,2015年10月6日贷款到期时K公司无力偿还贷款,A公司依法起诉K公司,2015年12月6日,人民法院一审判决A公司胜诉,责成K公司向A公司偿付贷款本息70 000 000元,并支付罚息及其他费用6 000 000元,两项合计76 000 000元,但由于种种原因,K公司未履行判决,直到2015年12月31日,A公司尚未采取进一步的行动。

在本练习中,A公司的会计处理如下:

1. A公司败诉的可能性60%,即很可能败诉,则A公司应在2015年12月31日确认一项预计负债:(1 000 000 + 1 200 000) ÷ 2 = 1 100 000(元)

有关账务处理:

借:管理费用——诉讼费　　　　　　　　　　　　　　　　　50 000
　　营业外支出——罚息支出　　　　1 050 000(1 100 000 - 50 000)
　　贷:预计负债——未决诉讼——B银行　　　　　　　　　1 100 000

A公司应在2015年12月31日的财务报表附注中作如下披露:

本公司欠 B 银行贷款于 2015 年 10 月 1 日到期，到期本金和额利息合计 11 500 000 元，由于与 B 银行存在其他经济纠纷，故本公司尚未偿还上述借款本金和利息，为此，B 银行起诉本公司，除要求本公司偿还本金和利息外，还要求支付罚息等费用。由于以上情况，本公司在 2015 年 12 月 31 日确认了一项预计负债 1 100 000 元。目前，此案正在审理中。

2. 虽然一审判决 A 公司胜诉，将很可能从 K 公司收回委托贷款本金、利息及罚息，但是由于 K 公司本身经营困难，该款项是否能全额收回存在较大的不确定性，因此 A 公司 2015 年 12 月 31 日不应确认资产，但应考虑该项委托贷款的减值问题。

A 公司应在 2015 年 12 月 31 日的财务报表附注中作如下披露：

本公司于 2013 年 10 月 6 日委托银行向 K 公司贷款 60 000 000 元，K 公司逾期未还，为此本公司依法向人民法院起诉 K 公司。2015 年 12 月 6 日，一审判决本公司胜诉，并可从 K 公司索偿款项 76 000 000 元，其中贷款本金 60 000 000 元、利息 10 000 000 元以及罚息等其他费用 6 000 000 元。截至 2015 年 12 月 31 日，K 公司未履行判决，本公司业未采取进一步的措施。

二、债务担保

债务担保在企业中是较为普遍的现象。作为提供担保的一方，在被担保方无法履行合同的情况下，常常承担连带责任。从保护投资者、债权人的利益出发，客观、充分地反映企业因担保义务而承担的潜在风险是十分必要的。

企业对外提供债务担保常常会涉及未决诉讼，这时可以分别以下情况进行处理：（1）企业已被判决败诉，则应当按照人民法院判决的应承担的损失金额，确认为负债，并计入当期营业外支出。（2）已判决败诉，但企业正在上诉，或者经上一级人民法院裁定暂缓执行，或者由上一级人民法院发回重审等，企业应当在资产负债表日，根据已有判决结果合理估计可能产生的损失金额，确认为预计负债，并计入当期营业外支出。（3）人民法院尚未判决的，企业应向其律师或法律顾问等咨询，估计败诉的可能性，以及败诉后可能发生的损失金额，并取得有关书面意见。如果败诉的可能性大于胜诉的可能性，并且损失金额能够合理估计的，应当在资产负债表日将预计担保损失金额，确认为预计负债，并计入当期营业外支出。

【同步操练 7-7】2014 年 12 月，A 公司为 B 公司提供全额担保期限 1 年的银行贷款人民币 20 000 000 元，2015 年 4 月，A 公司为 C 公司提供 50% 的担保期限 1 年的银行贷款美元 1 000 000 元。

截至 2015 年 12 月 31 日，各贷款单位的情况如下：B 公司贷款逾期未还，银行已起诉 B 公司和 A 公司，A 公司因连带责任需赔偿多少金额尚无法确定；C 公司由于受政策影响和内部管理不善等原因，经营效益不如以往，可能不能偿还到期美元债务。

本练习中，对 B 公司而言，A 公司很可能需履行连带责任，但损失金额是多少，目前还难以预计；就 C 公司而言，A 公司可能需履行连带责任。这两项债务担保形成 A 公司的或有负债，但不符合预计负债的确认条件，A 公司应在 2015 年 12 月 31 日的财务报表附注中披露相关债务担保的被担保单位、担保金额以及财务影响等。

三、产品质量保证

产品质量保证，通常指销售商或制造商在销售产品或提供劳务后，对客户提供服务的一种承诺。在约定期内（或终身保修），若产品或劳务在正常使用过程中出现质量或与之相关的其他属于正常范围的问题，企业负有更换产品、免费或只收成本价进行修理等责任。按照权责发生制的要求，上述相关支出符合确认条件就应在收入实现时确认相关预计负债。

【同步操练7-8】 A公司为机床生产和销售企业。A公司对购买其机床的消费者作出承诺：机床售出后3年内如出现非意外事件造成的机床故障和质量问题，A公司免费负责保修（含零配件更换）。A公司2015年第1季度、第2季度、第3季度、第4季度分别销售机床400台、600台、800台和700台，每台售价为5万元。根据以往的经验，机床发生的保修费一般为销售额的1%~1.5%。A公司2015年四个季度实际发生的维修费用分别为40 000元、400 000元、360 000元和700 000元（假定用银行存款支付50%，另50%为耗用的原材料）。假定2014年12月31日，"预计负债——产品质量保证——机床"科目年末余额为240 000元。

本练习中，A公司因销售机床而承担了现实义务，该现实义务的履行很可能导致经济利益流出A公司，且该义务的金额能够可靠计量。A公司应在每季度末确认一次预计负债。

(1) 第1季度：发生产品质量保证费用（维修费）：

借：预计负债——产品质量保证——机床	40 000
贷：银行存款	20 000
原材料	20 000

应确认的产品质量保证负债金额 = 400 × 50 000 × (1% + 1.5%) ÷ 2 = 250 000（元）

借：销售费用——产品质量保证——机床	250 000
贷：预计负债——产品质量保证——机床	250 000

第1季度末，"预计负债——产品质量保证——机床"科目余额 = 240 000 + 250 000 - 40 000 = 450 000（元）

(2) 第2季度：发生产品质量保证费用（维修费）：

借：预计负债——产品质量保证——机床	400 000
贷：银行存款	200 000
原材料	200 000

应确认的产品质量保证负债金额 = 600 × 50 000 × (1% + 1.5%) ÷ 2 = 375 000（元）

借：销售费用——产品质量保证——机床	375 000
贷：预计负债——产品质量保证——机床	375 000

第2季度末，"预计负债——产品质量保证——机床"科目余额 = 450 000 + 375 000 - 400 000 = 425 000（元）

(3) 第3季度：发生产品质量保证费用（维修费）：

借：预计负债——产品质量保证——机床	360 000
贷：银行存款	180 000

原材料 180 000

应确认的产品质量保证负债金额 = 800 × 50 000 × (1% + 1.5%) ÷ 2 = 500 000（元）

借：销售费用——产品质量保证——机床　　　　　　500 000
　　贷：预计负债——产品质量保证——机床　　　　　　　　500 000

第3季度末，"预计负债——产品质量保证——机床"科目余额 = 425 000 + 500 000 - 360 000 = 565 000（元）

(4) 第4季度：发生产品质量保证费用（维修费）：

借：预计负债——产品质量保证——机床　　　　　　700 000
　　贷：银行存款　　　　　　　　　　　　　　　　　　　350 000
　　　　原材料　　　　　　　　　　　　　　　　　　　　350 000

应确认的产品质量保证负债金额 = 700 × 50 000 × (1% + 1.5%) ÷ 2 = 437 500（元）

借：销售费用——产品质量保证——机床　　　　　　437 500
　　贷：预计负债——产品质量保证——机床　　　　　　　　437 500

第4季度末，"预计负债——产品质量保证——机床"科目余额 = 565 000 + 437 500 - 700 000 = 302 500（元）

在对产品质量保证确认预计负债时，需要注意的是：

第一，如果发现保证费用的实际发生额与预计数相差较大，应及时对预计比例进行调整；

第二，如果企业针对特定批次产品确认预计负债，则在保修期结束时，应将"预计负债——产品质量保证"余额冲销，同时冲销销售费用；

第三，已对其确认预计负债的产品，如企业不再生产了，那么应在相应的产品质量保证期满后，将"预计负债——产品质量保证"余额冲销，同时冲销销售费用。

四、亏损合同

亏损合同产生的义务满足预计负债的确认条件，应当确认为预计负债。其中，亏损合同，是指履行合同义务不可避免会发生的成本超过预期经济利益的合同。预计负债的计量应当反映了退出该合同的最低净成本，即履行该合同的成本与未能履行该合同而发生的补偿或处罚两者之中的较低者。企业与其他企业签订的商品销售合同、劳务合同、租赁合同等，均可能变为亏损合同。

企业对亏损合同进行会计处理，需要遵循以下两点原则：

1. 如果与亏损合同相关的义务不需支付任何补偿即可撤销，企业通常就不存在现时义务，不应确认为预计负债；如果与亏损合同相关的义务不可撤销，企业就存在了现时义务，同时满足该义务很可能导致经济利益流出企业且金额能够可靠地计量的，应当确认为预计负债。

2. 待执行合同变为亏损合同时，合同存在标的资产的，应当对标的资产进行减值测试并按规定确认减值损失，在这种情况下，企业通常不需确认预计负债，如果预计亏损超过该减值损失，应将超过部分确认为预计负债；合同不存在标的资产的，亏损合同相关义务满足预计负债确认条件时，应当确认预计负债。

【同步操练 7-9】 甲公司 2014 年 12 月 10 日与丙公司签订不可撤销合同，约定在 2015 年 3 月 1 日以每件 200 元的价格向丙公司提供 A 产品 1 000 件，若不能按期交货，将对甲公司处以总价款 20% 的违约金。签订合同时 A 产品尚未开始生产，甲公司准备生产 A 产品时，原材料价格突然上涨，预计生产 A 产品的单位成本将超过合同单价。不考虑相关税费。

（1）若生产 A 产品的单位成本为 210 元：

履行合同发生的损失 = 1 000 × (210 - 200) = 10 000（元）

不履行合同支付的违约金 = 1 000 × 200 × 20% = 40 000（元）

本练习中，甲公司与丙公司签订了不可撤销合同，但是执行合同不可避免发生的费用超过了预期获得的经济利益，属于亏损合同。由于该合同变为亏损合同时不存在标的资产，甲公司应当按照履行合同造成的损失与违约金两者中的较低者确认一项预计负债，即应确认预计负债 10 000 元。

借：营业外支出——亏损合同损失——A 产品　　　　10 000
　　贷：预计负债——亏损合同损失——A 产品　　　　　　10 000

待产品完工后，将已确认的预计负债冲减产品成本。

借：预计负债——亏损合同损失——A 产品　　　　10 000
　　贷：库存商品——A 产品　　　　　　　　　　　　10 000

（2）若生产 A 产品的单位成本为 270 元：

履行合同发生的损失 = 1 000 × (270 - 200) = 70 000（元）

不履行合同支付的违约金 = 1 000 × 200 × 20% = 40 000（元）

应确认预计负债 40 000 元。

借：营业外支出——亏损合同损失——A 产品　　　　40 000
　　贷：预计负债——亏损合同损失——A 产品　　　　　　40 000

支付违约金时

借：预计负债——亏损合同损失——A 产品　　　　40 000
　　贷：银行存款　　　　　　　　　　　　　　　　　　40 000

【同步操练 7-10】 甲公司与乙公司于 2014 年 11 月签订不可撤销合同，甲公司向乙公司销售 A 设备 50 台，合同价格每台 1 000 000 元（不含税）。该批设备在 2015 年 1 月 25 日交货。至 2014 年末甲公司已生产 40 台 A 设备，由于原材料价格上涨，单位成本达到 1 020 000 元，每销售一台 A 设备亏损 20 000 元，因此这项合同已成为亏损合同。预计其余未生产的 10 台 A 设备的单位成本与已生产的 A 设备的单位成本相同。则甲公司应对有标的的 40 台 A 设备计提存货跌价准备，对没有标的的 10 台 A 设备确认预计负债。不考虑相关税费。

有关账务处理如下：

（1）有标的的部分，合同为亏损合同，确认减值损失：

借：资产减值损失——存货跌价准备——A 设备　　　800 000
　　贷：存货跌价准备——A 设备　　　　　　　　　　800 000（40 × 20 000）

（2）无标的的部分，合同为亏损合同，确认预计负债：

借：营业外支出——亏损合同损失——A 设备　　　200 000
　　贷：预计负债——亏损合同损失——A 设备　　　　200 000（10 × 20 000）

在产品生产出来后,将预计负债冲减成本
借:预计负债——亏损合同损失——A设备　　　　　　　200 000
　　贷:库存商品——A设备　　　　　　　　　　　　　　　　　　200 000

五、或有事项的列报

(一) 预计负债的列报

在资产负债表中,因或有事项而确认的负债(预计负债)应与其他负债项目区别开来,单独反映。如果企业因多项或有事项确认了预计负债,在资产负债表上一般只需通过"预计负债"项目进行总括反映。在将或有事项确认为负债的同时,应确认一项支出或费用。这项费用或支出在利润表中不应单列项目反映,而应与其他费用或支出项目(如"销售费用"、"管理费用"、"营业外支出"等)合并反映。例如,企业因产品质量保证确认负债时所确认的费用,在利润表中应作为"销售费用"的组成部分予以反映;又如,企业因对其他单位提供债务担保确认负债时所确认的费用,在利润表中应作为"营业外支出"的组成部分予以反映。

同时,为了使会计报表使用者获得充分、详细的有关或有事项的信息,企业应在会计报表附注中披露以下内容:

第一,预计负债的种类、形成原因以及经济利益流出不确定性的说明。

第二,各类预计负债的期初、期末余额和本期变动情况。

第三,与预计负债有关的预期补偿金额和本期已确认的预期补偿金额。

(二) 或有负债的披露

或有负债无论作为潜在义务还是现时义务,均不符合负债的确认条件,因而不予确认。但是,除非或有负债极小可能导致经济利益流出企业,否则企业应当在附注中披露有关信息,具体包括:

第一,或有负债的种类及其形成原因,包括已贴现商业承兑汇票、未决诉讼、未决仲裁、对外提供担保等形成的或有负债。

第二,经济利益流出不确定性的说明。

第三,或有负债预计产生的财务影响,以及获得补偿的可能性;无法预计的,应当说明原因。

需要注意的是,在涉及未决诉讼、未决仲裁的情况下,如果披露全部或部分信息预期对企业会造成重大不利影响,企业无须披露这些信息,但应当披露该未决诉讼、未决仲裁的性质,以及没有披露这些信息的事实和原因。

(三) 或有资产的披露

或有资产作为一种潜在资产,不符合资产确认的条件,因而不予确认。企业通常不应当披露或有资产,但或有资产很可能会给企业带来经济利益的,应当披露其形成的原因、预计产生的财务影响等。

财务会计

【练习题】

一、单项选择题

1. 或有事项的特征不包括（　　）。
   A. 由过去的交易或事项形成
   B. 结果具有不确定性
   C. 由未来事项决定
   D. 可以确认为资产或负债

2. 或有事项具有不确定性，下列关于"不确定性"的理解，正确的是（　　）。
   A. 或有事项的不确定性是指或有事项的发生具有不确定性
   B. 或有事项虽然具有不确定性，但该不确定性能由企业控制
   C. 固定资产计提折旧时，涉及对其残值和使用年限的分析和判断具有一定的不确定性，这种不确定性与或有事项具有的不确定性是完全相同的
   D. 或有事项具有不确定性，是指或有事项的结果具有不确定性或者发生的具体时间或金额具有不确定性

3. 根据相关的规定，下列有关或有事项的表述中，正确的有（　　）。
   A. 由于担保引起的或有事项随着被担保人债务的全部清偿而消失
   B. 只有对本单位产生不利影响的事项，才能作为或有事项
   C. 或有负债与或有事项相联系，有或有事项就有或有负债
   D. 对于或有事项既要确认或有负债，也要确认或有资产

4. 下列对或有资产的概念，理解正确的是（　　）。
   A. 或有资产，是指未来的交易或事项形成的潜在资产，其存在须通过过去不确定事项的发生或不发生予以证实
   B. 或有资产，是指过去的交易或事项形成的潜在资产，其存在须通过过去不确定事项的发生或不发生予以证实
   C. 或有资产，是指未来的交易或事项形成的潜在资产，其存在须通过未来不确定事项的发生或不发生予以证实
   D. 或有资产，是指过去的交易或事项形成的潜在资产，其存在须通过未来不确定事项的发生或不发生予以证实

5. 下列说法正确的是（　　）。
   A. "基本确定"指发生的可能性大于95%但小于100%
   B. "很可能"指发生的可能性大于或等于50%但小于95%
   C. "可能"指发生的可能性大于或等于5%但小于50%
   D. "极小可能"指发生的可能性大于0但小于5%

6. M公司为2015年新成立的企业。2015年该公司分别销售A、B产品1万件和2万件，销售单价分别为100元和50元。公司向购买者承诺提供产品售后2年内免费保修服务，预计保修期内将发生的保修费在销售额的2%~8%。2015年实际发生保修费1万元。假定无其他或有事项，则M公司2007年年末资产负债表"预计负债"项目的金额为（　　）万元。
   A. 3　　　　　B. 9　　　　　C. 10　　　　　D. 15

7. 企业对于符合确认为预计负债的或有事项，在利润表中一般应列入（　　）项目。
   A. 财务费用　　B. 营业外收入　　C. 管理费用　　D. 营业外支出

8. 2015年12月10日，A公司因合同违约而涉及一桩诉讼案。根据企业的法律顾问判断，最终的判决可能对A公司不利。2015年12月31日，A公司尚未接到法院的判决，因诉讼须承担的赔偿金额也无法准确地确定。不过，据专业人士估计，赔偿金额可能在100万~110万元之间的某一金额。根据相关的规定，A公司应在2015年12月31日资产负债表中确认负债的金额为（　　）万元。

A. 100　　　　　　B. 0　　　　　　C. 120　　　　　　D. 110

9. M 企业因提供债务担保而确认了金额为 50 000 元的一项负债，同时基本确定可以从第三方获得金额为 40 000 元的补偿。在这种情况下，M 企业应在利润表中反映（　　）。

　　A. 管理费用 50 000 元　　　　　　　　B. 营业外支出 50 000 元
　　C. 管理费用 10 000 元　　　　　　　　D. 营业外支出 10 000 元

10. A 公司因一桩诉讼案件，根据专家预测，可能从乙公司获得赔偿 20 万元。在这种情况下，A 公司在资产负债表中应确认的资产为（　　）万元。

　　A. 0　　　　　　B. 20　　　　　　C. 10　　　　　　D. 5

二、多项选择题

1. 常见的或有事项包括（　　）。
　　A. 未决诉讼或仲裁　　B. 承诺　　C. 亏损合同　　D. 重组义务

2. 关于或有事项，下列说法中正确的有（　　）。
　　A. 或有事项是过去的交易或事项形成的一种状况，其结果需通过未来不确定事项的发生或不发生予以证实
　　B. 企业不应确认或有资产和或有负债
　　C. 为其他单位提供债务担保产生极小可能导致经济利益流出企业的或有负债也应在会计报表附注中披露
　　D. 与或有事项有关的义务的履行很可能导致经济利益流出企业，就应将其确认为一项负债

3. 预计负债计量需要考虑的其他因素包括（　　）。
　　A. 风险和不确定性　　　　　　　　B. 货币时间价值
　　C. 未来事项　　　　　　　　　　　D. 资产负债表日对预计负债账面价值的复核

4. 下列说法中正确的有（　　）。
　　A. 基本确定指发生的可能性大于或等于 95% 但小于 100%
　　B. 很可能指发生的可能性大于等于 50% 但小于 95%
　　C. 可能指发生的可能性大于 5% 但小于等于 50%
　　D. 极小可能指发生的可能性大于 0 但小于等于 5%

5. 或有事项的计量主要涉及（　　）。
　　A. 可能性的判断　　　　　　　　　B. 最佳估计数的确定
　　C. 预期可获得补偿的处理　　　　　D. 预计负债的确认

6. 下列说法正确的有（　　）。
　　A. 或有事项涉及单个项目的，按最可能发生金额确定
　　B. 或有事项涉及多个项目的，按照各种可能结果及相关概率计算确定
　　C. 企业在确定最佳估计数时，应当综合考虑与或有事项有关的风险、不确定性和货币时间价值等因素
　　D. 企业应当在资产负债表日对预计负债的账面价值进行复核，有确凿证据表明该账面价值不能真实反映当前最佳估计数的，应当按照当期最佳估计数对该账面价值进行调整

7. 如果清偿因或有事项而确认的负债所需支出全部或部分预期由第三方或其他方补偿，下列说法中错误的有（　　）。
　　A. 补偿金额在基本确定收到时，企业应按所需支出确认负债，而不能扣除补偿金额
　　B. 补偿金额只能在基本确定收到时，作为资产单独确认，且确认的补偿金额不应超过所确认负债的账面价值
　　C. 补偿金额只能在很可能收到时，作为资产单独确认，且确认的补偿金额不应超过所确认负债的账面价值

D. 补偿金额在基本确定收到时，企业应按所需支出扣除补偿金额确认负债

8. 下列说法中不正确的有（　　）。
   A. 买卖合同、劳务合同、租赁合同均为待执行合同
   B. 亏损合同产生的义务满足预计负债确认条件的，应当确认为预计负债
   C. 待执行合同变成亏损合同时，不管该合同是否有标的资产，都应确认相应的预计负债
   D. 企业可以将未来的经营亏损确认为负债

9. 重组事项主要包括（　　）。
   A. 出售或终止企业的部分经营业务
   B. 对企业的组织结构进行较大的调整
   C. 关闭企业的部分经营场所，或将营业活动由一个国家或地区迁移到其他国家或地区
   D. 因经营困难，与债权方进行债务重组

10. 下列关于或有事项的说法中，不正确的有（　　）。
    A. 企业不应确认或有资产和或有负债
    B. 待执行合同转为亏损合同时，企业拥有合同标的资产的，应当对标的资产进行减值测试并确认预计负债
    C. 或有事项是过去的交易或事项形成的一种状况，其结果须通过未来不确定事项的发生或不发生予以证实
    D. 与或有事项有关的义务的履行很可能导致经济利益流出企业，就应将其确认为一项负债

三、判断题

1. 或有事项是指过去的交易或者事项形成的，其结果须由某些过去或未来事项的发生或不发生才能决定的不确定事项。（　　）
2. 现时义务是指与或有事项相关的义务在企业当前条件下已经承担的，企业没有其他的选择，只能履行该现时义务。（　　）
3. 企业在一定条件下是可以确认或有负债和或有资产。（　　）
4. 或有负债，是指过去的交易或者事项形成的潜在义务，其存在须通过未来不确定事项的发生或不发生予以证实；或过去的交易或者事项形成的现时义务，履行该义务不是很可能导致经济利益流出企业或该义务的金额不能可靠计量。（　　）
5. 企业清偿预计负债所需支付的全部或部分预期由第三方补偿的，补偿金额只有在完全确定能够收到时才能作为资产单独确认。（　　）
6. 或有负债只涉及潜在的义务。（　　）
7. 企业清偿预计负债所需支付的全部或部分预期由第三方补偿的，补偿金额只有在基本确定能够收到时才能作为资产单独确认。确认的补偿金额不应超过所确认预计负债的账面价值。（　　）
8. 待执行合同是指合同各方尚未履行任何合同义务，或部分地履行了同等义务的合同。（　　）
9. 待执行合同不属于企业会计准则规范的内容，但待执行合同变为亏损合同的，应当作为企业会计准则规范的或有事项。（　　）
10. 重组是指企业制定和控制的，将显著改变企业组织形式、经营范围或经营方式的计划实施行为。（　　）

四、业务题

1. 2015年12月28日，甲公司因合同违约而涉及一桩诉讼案。根据企业的法律顾问判断，最终的判决很可能对甲公司不利。2015年12月31日，甲公司尚未接到法院的判决，因诉讼须承担的赔偿金额也无法准确地确定。不过，据专业人士估计，赔偿金额可能是720万~1 000万元之间的某一金额。

   要求：作出甲公司资产负债表日的相关处理。

2. 2015年，甲企业销售产品50 000件，销售额为18 000万元。甲企业的产品质量保证条款规定：产

品售出后一年内，如发生正常质量问题，甲企业将免费负责修理。根据以往经验，如果出现较小的质量问题，则须发生的修理费为销售额的 1.5%；而如果出现较大的质量问题，则须发生的修理费为销售额的 3%。据预测，本年度已售产品中，有 75% 不会发生质量问题，有 20% 将发生较小质量问题，有 5% 将发生较大质量问题。

要求：作出该企业资产负债表日的相关处理。

3. 甲公司 2015 年 10 月与乙公司签订商品销售合同，在 2016 年 5 月销售 10 000 件商品，单位成本估计为 1 100 元，合同单价 1 200 元；合同规定，如果甲公司在 2016 年 5 月末未按时交货，延迟交货的商品单价降为 1 000 元。2015 年 12 月，甲公司因生产线损坏，估计只能提供 9 000 件商品，其余 1 000 件尚未投入生产，估计在 2016 年 6 月交货。

要求：作出甲公司对该项或有事项的相关会计处理。

项目八
会计政策、会计估计变更和差错更正的核算

【学习目标】

能力目标：能正确判定会计政策变更与会计估计变更；能正确对会计政策变更进行会计核算；能正确对会计估计变更进行会计核算；能正确对前期差错更正进行会计核算。

知识目标：掌握会计政策的概念、内容；掌握会计政策变更的追溯调整法；掌握会计估计变更的未来适用法；掌握重要前期差错更正的追溯重述法。

【情境导入】

会计政策是指企业进行会计核算和编制会计报表时所采用的具体原则、方法和程序。会计估计是指企业对其结果不确定的交易或事项以最近可利用的信息为基础所作的判断。会计差错是指在会计核算时，由于计量、确认、记录等方面出现的错误。他们直接影响着会计信息的质量，因此对于会计政策、会计估计变更和差错更正应该正确的予以处理，才能保证会计信息符合相应的要求。

任务分解：(1) 会计政策及其变更的核算。(2) 会计估计及其变更的核算。(3) 前期差错更正的核算。

任务一 会计政策及其变更的核算

【任务分析】

企业应在国家法律、法规和企业会计准则所规定的会计政策范围内，结合本企业的实际情况，确定会计政策。随着生产经营情况的变化，企业要根据情况对会计政策进行变更。会计人员应该掌握会计政策变更的含义和会计处理方法。

【知识准备及应用】

一、会计政策变更

（一）会计政策变更的概念

会计政策是指企业在会计确认、计量和报告中所采用的原则、基础和会计处理方法。企业采用的会计计量基础也属于会计政策。

在实际工作中，企业应在国家法律、法规和企业会计准则所规定的会计政策范围内，结合本企业的实际情况，确定会计政策，经股东大会或董事会、经理（厂长）会议或类似机构批准，并按照法律、行政法规等的规定报送有关各方备案。

企业应当对相同或者相似的交易或者事项采用相同的会计政策进行处理。如在实务中某项交易或事项的会计处理，具体会计准则或其应用指南未作规范的，企业应当根据《企业会计准则——基本准则》规定的原则、基础和方法进行处理；待作出具体规定时，从其规定。

企业采用的会计政策，在每一会计期间和前后各期应当保持一致，不得随意变更。如需变更，应重新履行上述程序。

会计政策变更，是指企业对相同的交易或事项由原来采用的会计政策改用另一会计政策的行为。也就是说，在不同的会计期间执行不同的会计政策。

（二）变更会计政策的条件

满足下列条件之一的，可以变更会计政策：

1. 法律、行政法规或者国家统一的会计制度（含企业会计准则）等要求变更。即制定了新的国家统一的会计制度，或修订了原有的国家统一的会计制度，要求变更会计政策。例如，发布实施了投资性房地产准则，对投资性房地产的确认和计量采用新的会计政策。

2. 会计政策变更能够提供更可靠、更相关的会计信息。企业会计政策的选择，总是根据企业当时所处的特定经济环境以及某类业务的实际情况作出，但是随着经济环境和客观情况发生变化，继续采用原来的会计政策不能保证会计信息的可靠性和相关性时，就需要改变会计政策。例如，企业原来对固定资产采用直线法计提折旧，但随着科技进步，采用加速折旧法更能反映企业的财务状况和经营成果。因此需要改变原来采用的会计政策，以提供更可靠、更相关的信息。在这种情况下，企业必须有充分、合理的证据表明其变更的合理性，并说明变更会计政策后，能够提供关于企业财务状况、经营成果和现金流量等更可靠、更相关的会计信息的理由。

会计政策变更，并不意味着以前期间的会计政策是错误的，只是由于情况发生了变化，或者掌握了新的信息、积累了更多的经验，使得变更会计政策能够更好地反映企业的财务状况、经营成果和现金流量。如果以前期间会计政策的运用是错误的，则属于前期差错，应按前期差错更正的会计处理方法进行会计处理。

（三）不属于会计政策变更的情况

对会计政策变更的认定，直接影响着会计处理方法的选择，因此，在会计实务中，企业应当分清哪些情形属于会计政策变更，哪些情形不属于会计政策变更。以下两种情形不属于会计政策变更：

1. 本期发生的交易或者事项与以前相比具有本质差别而采用新的会计政策。这是因为会计政策总是针对特定类型的交易或事项，如果发生交易或事项与其他交易或事项有本质区别，那么，企业实际上是为新的交易或事项选择适当的会计政策，并没有改变原有的会计政策。例如，企业以往租入设备都是为了满足临时经营需要，按合同条款将其确认为经营租赁，并采用了经营租赁会计处理方法。当年租入新的设备，或者续租原设备，从租赁期、租金的计算以及租金期满时设备的处理等因素考虑，都属于融资租赁，因而采用了融资租赁会计处理方法。由于新的租赁合同或续租合同与以前的合同相比，已经发生了本质变化，从经营租赁变为融资租赁，在这种情况下改变会计处理方法，则不属于会计政策变更。

2. 对初次发生的或不重要的交易或者事项采用新的会计政策。与上述第一种情况类似，初次发生某类交易或事项，或者不重要的交易或事项，采用适当的会计政策，并没有改变原有的会计政策。例如，企业以前没有建造合同业务，当年承接的建造合同则属于初次发生的交易，企业采用完工百分比法进行核算，并不是会计政策变更。

二、会计政策变更的会计处理

企业根据法律、行政法规或者国家统一的会计制度等要求变更会计政策的，应当按照国家相关会计规定执行。

会计政策变更能够提供更可靠、更相关的会计信息的，在能切实可行地确定该项会计政策变更累积影响数时，应当采用追溯调整法处理，将会计政策变更累积影响数调整列报前期最早期初留存收益，其他相关项目的期初余额和列报前期披露的其他比较数据也应当一并调整；在不能切实可行地确定该项会计政策变更累积影响数时，应当从可追溯调整的最早期间期初开始应用变更后的会计政策；在当期期初确定会计政策变更对以前各期累积影响数不切实可行的，应当采用未来适用法处理。

（一）追溯调整法

追溯调整法，是指对某项交易或事项变更会计政策，视同该项交易或事项初次发生时即采用变更后的会计政策，并以此对财务报表相关项目进行调整的方法。即应当计算会计政策变更的累积影响数，并相应调整变更年度的期初留存收益以及会计报表的相关项目。

追溯调整法运用的步骤如下：

第一步，计算确定会计政策变更的累积影响数。

第二步，进行相关的账务处理。

第三步，调整会计报表相关项目。

第四步，披露信息。

其中，会计政策变更的累积影响数，是指按照变更后的会计政策对以前各期追溯计算的列报前期最早期初留存收益应有金额与现有金额之间的差额。即会计政策变更的累积影响数，是以下两个金额之间的差额：（1）在变更会计政策的当期，按变更后的会计政策对以前各期追溯计算，所得到的期初留存收益金额。（2）变更会计政策当期期初的留存收益金额。

上述留存收益包括当期和以前期的未分配利润和按照相关法律规定提取并累积的盈余公积。调整期初留存收益是指对期初未分配利润和盈余公积两个项目的调整，不考虑由于损益的变化而应当补分配的利润或股利。例如，由于会计政策变化，增加了以前期间可供分配的利润，该企业通常按净利润的20%分派股利。但在计算调整会计政策变更当期期初的留存收益时，不应考虑由于以前期间净利润的变化而需要分派的股利。

上述变更会计政策当期期初的留存收益，即为上期资产负债表所反映的留存收益，可以从上期资产负债表项目中获得，需要计算确定的是第一项，即按变更后的会计政策对以前各期追溯计算，得到新的期初留存收益金额。上述留存收益金额，都是指所得税后的净额。即按新的会计政策计算确定留存收益时，应当考虑由于损益变化所导致的递延所得税费用的变化。

会计政策变更的累积影响数，可以通过以下几个步骤计算获得：

第一步，根据新的会计政策重新计算受影响的前期交易或事项。

第二步，计算两种会计政策下的差异。

第三步，计算差异的所得税影响金额。

第四步，确定以前各期的税后差异。

第五步，计算会计政策变更的累积影响数。

【同步操练8-1】甲公司2014年、2015年分别以4 500 000元和1 100 000元的价格从股票市场购入A、B两只以交易为目的的股票（假设不考虑购入股票发生的交易费用），市价一直高于购入成本。公司采用成本与市价孰低法对购入股票进行计量。公司从2016年起对其以交易为目的购入的股票由成本与市价孰低改为公允价值计量，公司保存的会计资料比较齐备，可以通过会计资料追溯计算。假设所得税税率为25%，公司按净利润的10%提取法定盈余公积，按净利润的5%提取任意盈余公积。公司发行股票份额为4 500万股。两种方法计量的交易性金融资产账面价值如表8-1所示。

表8-1　　　　　两种方法计量的交易性金融资产账面价值　　　　　单位：元

股票	成本与市价孰低	2014年年末公允价值	2015年年末公允价值
A股票	4 500 000	5 100 000	5 100 000
B股票	1 100 000	—	1 300 000

根据上述资料，甲公司的会计处理如下：

1. 计算改变交易性金融资产计量方法后的累积影响数如表8-2所示。

表8-2　　　　　改变交易性金融资产计量方法后的积累影响数　　　　　单位：元

时间	公允价值	成本与市价孰低	税前差异	所得税影响	税后差异
2014年末	5 100 000	4 500 000	600 000	150 000	450 000
2015年末	1 300 000	1 100 000	200 000	50 000	150 000
合　计	6 400 000	5 600 000	800 000	200 000	600 000

甲公司2016年12月31日的比较财务报表列报前期最早期初为2015年1月1日。

甲公司在2014年年末按公允价值计量的账面价值为5 100 000元，按成本与市价孰低计量的账面价值为4 500 000元，两者的所得税影响合计为150 000元，两者差异的税后净影响额为450 000元，即为该公司2015年期初由成本与市价孰低改为公允价值的累积影响数。

甲公司在2015年年末按公允价值计量的账面价值为6 400 000元，按成本与市价孰低计量的账面价值为5 600 000元，两者的所得税影响合计为200 000元，两者差异的税后净影响额为600 000元，其中，450 000元是调整2015年累积影响数，150 000元是调整2015年当期金额。

甲公司按照公允价值重新计量 2015 年年末 B 股票账面价值，其结果为公允价值变动收益少计了 200 000 元，所得税费用少计了 50 000 元，净利润少计了 150 000 元。

2. 编制有关项目的调整分录：

(1) 对 2014 年有关事项的调整分录：

① 对 2014 年有关事项的调整分录：

借：交易性金融资产——公允价值变动　　　　　　　　　　　　600 000
　　贷：利润分配——未分配利润　　　　　　　　　　　　　　　　450 000
　　　　递延所得税负债　　　　　　　　　　　　　　　　　　　　150 000

② 调整利润分配：

按照净利润的 10% 提取法定盈余公积，按照净利润的 5% 提取任意盈余公积，共计提取盈余公积 450 000×15% = 67 500（元）。

借：利润分配——未分配利润　　　　　　　　　　　　　　　　　67 500
　　贷：盈余公积　　　　　　　　　　　　　　　　　　　　　　　67 500

(2) 对 2015 年有关事项的调整分录：

① 调整交易性金融资产：

借：交易性金融资产——公允价值变动　　　　　　　　　　　　200 000
　　贷：利润分配——未分配利润　　　　　　　　　　　　　　　　150 000
　　　　递延所得税负债　　　　　　　　　　　　　　　　　　　　 50 000

② 调整利润分配：

按照净利润的 10% 提取法定盈余公积，按照净利润的 5% 提取任意盈余公积，共计提取盈余公积 150 000×15% = 22 500（元）。

借：利润分配——未分配利润　　　　　　　　　　　　　　　　　22 500
　　贷：盈余公积　　　　　　　　　　　　　　　　　　　　　　　22 500

3. 财务报表调整和重述：甲公司在列报 2016 年财务报表时，应调整 2016 年资产负债表有关项目的年初余额、利润表有关项目的上年金额及所有者权益变动表有关项目的上年金额和本年金额也应进行调整。

① 资产负债表项目的调整：

调增交易性金融资产年初余额 800 000 元；调增递延所得税负债年初余额 200 000 元；调增盈余公积年初余额 90 000 元；调增未分配利润年初余额 510 000 元。

② 利润表项目的调整：

调增公允价值变动收益上年金额 200 000 元；调增所得税费用上年金额 50 000 元；调增净利润上年金额 150 000 元；调增基本每股收益上年金额 0.0033 元。

③ 所有者权益变动表项目的调整：

调增会计政策变更项目中盈余公积上年金额 67 500 元，未分配利润上年金额 382 500 元，所有者权益合计上年金额 450 000 元。

调增会计政策变更项目中盈余公积本年金额 22 500 元，未分配利润本年金额 127 500 元，所有者权益合计本年金额 150 000 元。

（二）未来适用法

未来适用法，是指将变更后的会计政策应用于变更日及以后发生的交易或者事项，或者在会计估计变更当期和未来期间确认会计估计变更影响数的方法。既不计算会计政策变更的累积影响数，也不必调整变更当年年初的留存收益，只在变更当年采用新的会计政策，并计算确定会计政策变更对当期净利润的影响数。

【同步操练8-2】M公司原对存货采用移动平均法，由于管理的需要，公司从2016年1月1日起改用先进先出法。2016年1月1日存货的价值为2 500 000元，公司购入存货实际成本为18 000 000元，2016年12月31日按先进先出法计算确定的存货价值为2 200 000元，当年销售额为25 000 000元，适用所得税率为25%，税法允许按先进先出法计算的存货成本在税前扣除。假设2016年12月31日按移动平均法计算的存货价值为4 500 000元。

M公司由于管理环境发生变化而改变会计政策，因而属于会计政策变更。由于采用先进先出法对以前年度的存货成本不能进行合理的调整，因此，采用未来适用法进行处理，即对存货采用先进先出法从2016年起才适用，不需要计算2016年1月1日以前按移动平均法计算存货应有的余额，以及对留存收益的影响金额。

（1）采用先进先出法计算的销售成本为：

期初存货 + 购入存货实际成本 − 期末存货 = 2 500 000 + 18 000 000 − 2 200 000
$$= 18\ 300\ 000（元）$$

（2）采用移动平均法计算的销售成本为：

期初存货 + 购入存货实际成本 − 期末存货 = 2 500 000 + 18 000 000 − 4 500 000
$$= 16\ 000\ 000（元）$$

即由于会计政策变更使公司当期净利润减少：

$$(18\ 300\ 000 − 16\ 000\ 000) \times (1 − 25\%) = 1\ 725\ 000（元）$$

三、会计政策变更的信息披露

企业应当在附注中披露与会计政策变更有关的下列信息：（1）会计政策变更的性质、内容和原因。（2）当期和各个列报前期财务报表中受影响的项目名称和调整金额。（3）无法进行追溯调整的，说明该事实和原因以及开始应用变更后的会计政策的时点、具体应用情况。

在以后期间的财务报表中，不需要重复披露在以前期间的附注中已披露的会计政策变更信息。

任务二　会计估计及其变更的核算

【任务分析】

企业应根据企业会计准则的规定，结合本企业的实际情况，确定会计估计。随着时间的推移，企业据以进行估计的基础可能发生了变化，企业要根据情况对会计估计进行变更。会计人员应该掌握会计估计变更的含义和会计处理方法。

【知识准备及应用】

一、会计估计变更概述

（一）会计估计的概念

会计估计是指企业对其结果不确定的交易或事项以最近可利用的信息为基础所做的判断。

企业应当根据准则的规定，结合本企业的实际情况，确定会计估计、经股东大会或董事会、经理（厂长）会议或类似机构批准，并按照法律、行政法规等的规定报送有关各方备案。企业的会计估计一经确定，不得随意变更。如需变更，应重新履行上述程序。

随着时间的推移，企业据以进行估计的基础发生了变化，或者由于取得新信息、积累更多经验以及后来的发展变化，可能需要对会计估计进行修订。

下列各项属于常见的需要进行估计的项目：

(1) 存货可变现净值的确定。

(2) 采用公允价值模式下的投资性房地产公允价值的确定。

(3) 固定资产的预计使用寿命与净残值，固定资产的折旧方法。

(4) 使用寿命有限的无形资产的预计使用寿命与净残值。

(5) 可收回金额按照资产组的公允价值减去处置费用后的净额确定的，确定公允价值减去处置费用后的净额的方法；可收回金额按照资产组预计未来现金流量的现值确定的，预计未来现金流量的确定。

(6) 建造合同或劳务合同完工进度的确定。

(7) 公允价值的确定。

(8) 预计负债初始计量的最佳估计数的确定。

(9) 承租人对未确认融资费用的分摊；出租人对未实现融资收益的分配。

（二）会计估计变更的概念及其原因

会计估计变更，是指由于资产和负债的当前状况及预期经济利益和义务发生了变化，从而对资产或负债的账面价值或者资产的定期消耗金额进行调整。会计估计变更的依据应当真实、可靠。

会计估计变更，并不意味着以前期间的会计估计是错误的，只是由于情况发生变化，或者掌握了新的信息，积累了更多的经验，使得变更会计估计能够更好地反映企业的资产和负债状况。如果以前期间的会计估计是错误的，则属于前期差错，按前期差错更正的会计处理办法进行处理。

通常，企业可能由于以下原因而发生会计估计变更：

1. 赖以进行估计的基础发生了变化。例如，企业某项无形资产的摊销年限原定为10年，以后发生的情况表明，该资产的收益年限已变为8年，相应调减摊销年限。

2. 取得了新的信息、积累了更多的经验。例如，企业根据当时能够得到的信息，对应收账款每年按其余额的5%计提坏账准备。现在掌握了新的信息，判定不能收回的应收账款比例已达15%，企业改按15%的比例计提坏账准备。

二、会计估计变更的会计处理

对于会计估计变更，企业应采用未来适用法。即在会计估计变更当年及以后期间，采用新的会计估计，不改变以前期间的会计估计，也不调整以前期间的报告结果。具体处理方法为：

1. 如果会计估计变更仅影响变更当期的，其影响数应当在变更当期予以确认。例如，企业原按应收账款余额的5%提取坏账准备，由于企业估计不能收回的应收账款的比例已达10%，则企业改按应收账款余额的10%提取坏账准备，这类会计估计的变更，只影响变更当期。因此，应于变更当期确认。

2. 如果会计估计的变更既影响变更当期又影响未来期间的，其影响数应当在变更当期和未来期间予以确认。例如，可计提折旧固定资产，其有效使用年限或预计净残值的估计发生变更，常常影响变更当期及以后使用年限内各个期间的折旧费用。因此，这类会计估计的变更，应于变更当期及以后各期确认。

3. 会计估计变更的影响数应计入变更当期与前期相同的项目中。为了使不同期间的财务报表能够可比，如果以前期间的会计估计变更的影响数计入日常经营活动损益，则以后期间也应计入日常经营活动损益；如果以前期间的会计估计变更的影响数计入特殊项目，则以后期间也应计入特殊项目。

【同步操练8-3】乙公司于2012年1月1日起对某管理用设备计提折旧，原价为84 000元，预计使用寿命为8年，预计净残值为4 000元，按年限平均法计提折旧。2016年年初，由于新技术发展等原因，需要对原估计的使用寿命和净残值作出修正，修改后该设备预计尚可使用年限为2年，预计净残值为2 000元。乙公司适用的企业所得税税率为25%。

乙公司对该项会计估计变更的会计处理如下：

(1) 不调整以前各期折旧，也不计算累计影响数。

(2) 变更日以后改按新的估计计提折旧。

按原估计，每年折旧额为10 000元，已提折旧4年，共计40 000元，该项固定资产账面价值为44 000元，则第5年相关科目的期初余额如下：

固定资产	84 000
减：累计折旧	40 000
固定资产账面价值	44 000

改变预计使用年限后，从2016年起每年计提的折旧费用为21 000元[(44 000 - 2 000) ÷ 2]。2016年不必对以前年度已提折旧进行调整，只需按重新预计的尚可使用年限和净残值计算确定折旧费用，有关账务处理如下：

借：管理费用	21 000	
贷：累计折旧		21 000

(3) 财务报表附注说明。本公司一台管理用设备成本为84 000元，原预计使用寿命为8

年，预计净残值为 4 000 元，按年限平均法计提折旧。由于新技术发展，该设备已不能按原预计使用寿命计提折旧，本公司于 2016 年年初将该设备的预计尚可使用寿命变更为 2 年，预计净残值变更为 2 000 元，以反映该设备在目前状况下的预计尚可使用寿命和净残值。此估计变更将减少本年度净利润 8 250 元[(21 000 - 10 000)×(1 - 25%)]。

4. 企业难以对某项变更区分为会计政策变更或会计估计变更的，应当将其作为会计估计变更处理。

三、会计估计变更的信息披露

企业应当在附注中披露与会计估计变更有关的下列信息：（1）会计估计变更的内容和原因。（2）会计估计变更对当期和未来期间的影响数。（3）会计估计变更的影响数不能确定的，披露这一事实和原因。

任务三 前期差错更正的核算

【任务分析】

会计人员在从事会计工作时，可能会由于各种原因造成会计核算的差错。造成差错后，会计人员应该按正确的要求进行更正。

【知识准备及应用】

一、前期差错

前期差错，是指由于没有运用或错误运用下列两种信息，而对前期财务报表造成省略或错报。

1. 编报前期财务报表时预期能够取得并加以考虑的可靠信息。
2. 前期财务报告批准报出时能够取得的可靠信息。

前期差错通常包括计算错误、应用会计政策错误、疏忽或曲解事实以及舞弊产生的影响以及存货、固定资产盘盈等。

二、前期差错更正的会计处理

企业发现前期差错时，应当根据差错的性质及时更正。

1. 企业应当采用追溯重述法更正重要的前期差错，但确定前期差错累积影响数不切实可行的除外。

追溯重述法，是指在发现前期差错时，视同该项前期差错从未发生过，从而对财务报表相关项目进行更正的方法。追溯重述法的具体应用与追溯调整法相同。

对于不重要的前期差错，可以采用未来适用法更正。前期差错的重要程度，应根据差错的性质和金额加以具体判断。

2. 企业应当在重要的前期差错发现当期的财务报表中，调整前期比较数据。

（一）不重要的前期差错的会计处理

对于不重要的前期差错，企业不需调整财务报表相关项目的期初数，但应调整发现当期与前期相同的相关项目。属于影响损益的，应直接计入本期与上期相同的净损益项目。属于不影响损益的，应调整本期与前期相同的相关项目。

【同步操练8-4】A公司在2013年12月31日发现，一台机器价值9600元，应计入固定资产，并于2012年2月1日开始计提折旧的管理用设备，在2012年计入当期费用。该公司固定资产折旧采用直线法，该资产估计使用年限为4年，假设不考虑净残值因素。则在2013年12月31日更正此差错的会计分录为：

借：固定资产　　　　　　　　　　　　　　　　　　　　9 600
　　贷：管理费用　　　　　　　　　　　　　　　　　　　　5 000
　　　　累计折旧　　　　　　　　　　　　　　　　　　　　4 600

假设该项差错直到2016年2月后才发现，则不需要做任何会计分录，因为该项差错已经抵销了。

（二）重要的前期差错的会计处理

对于重要的前期差错，企业应当在其发现当期的财务报表中，调整前期比较数据。具体地说，企业应当在重要的前期差错发现当期的财务报表中，通过下述处理对其进行追溯更正：

（1）追溯重述差错发生期间列报的前期比较金额。

（2）如果前期差错发生在列报的最早前期之前，则追溯重述列报的最早前期的资产、负债和所有者权益相关项目的期初余额。

对于发生的重要的前期差错，如影响损益，应将其对损益的影响数调整发现当期的期初留存收益，财务报表其他相关项目的期初数也应一并调整；如不影响损益，应调整财务报表相关项目的期初数。

在编制比较财务报表时，对于比较财务报表期间的重要的前期差错，应调整该期间的净损益和其他相关项目，视同该差错在产生的当期已经更正；对于比较财务报表期间以前的重要的前期差错，应调整比较财务报表最早期间的期初留存收益，财务报表其他相关项目的数字也应一并调整。

确定前期差错影响数不切实可行的，可以从可追溯重述的最早期间开始调整留存收益的期初余额，财务报表其他相关项目的期初余额也应当一并调整，也可以采用未来适用法。

企业应设置"以前年度损益调整"科目核算企业本年度发现的重要前期差错更正涉及调整以前年度损益的事项以及本年度发生的调整以前年度损益的事项。

1. 企业调整增加以前年度利润或减少以前年度亏损，借记有关科目，贷记"以前年度损益调整"科目；调整减少以前年度利润或增加以前年度亏损，借记"以前年度损益调整"科目，贷记有关科目。

2. 由于以前年度损益调整增加的所得税费用，借记"以前年度损益调整"科目，贷记

"应交税费——应交所得税"科目或"递延所得税资产"科目或"递延所得税负债"科目;由于以前年度损益调整减少的所得税费用,借记"应交税费——应交所得税"科目或"递延所得税资产"科目或"递延所得税负债"科目,贷记"以前年度损益调整"科目。

3. 经上述调整后,应将"以前年度损益调整"科目的余额转入"利润分配——未分配利润"科目。如为贷方余额,借记"以前年度损益调整"科目,贷记"利润分配——未分配利润"科目;如为借方余额,作相反的会计分录。

【同步操练8-5】B公司在2016年发现,2015年公司漏记一项固定资产的折旧费用150 000元,所得税申报表中未扣除该项费用。假设2015年适用所得税税率为25%,无其他纳税调整事项。该公司按净利润的10%、5%提取法定盈余公积和任意盈余公积。公司发行股票份额为1 800 000股。假定税法允许调整应交所得税。

1. 分析前期差错的影响数。2015年少计折旧费用150 000元;多计所得税费用37 500(150 000×25%)元;多计净利润112 500元;多计应交税费37 500(150 000×25%)元;多提法定盈余公积和任意盈余公积11 250(112 500×10%)元和5 625(112 500×5%)元。

2. 编制有关项目的调整分录:
(1) 补提折旧:
借:以前年度损益调整　　　　　　　　　　　　　　150 000
　　贷:累计折旧　　　　　　　　　　　　　　　　　　　150 000
(2) 调整应交所得税:
借:应交税费——应交所得税　　　　　　　　　　　 37 500
　　贷:以前年度损益调整　　　　　　　　　　　　　　　37 500
(3) 将"以前年度损益调整"科目余额转入利润分配:
借:利润分配——未分配利润　　　　　　　　　　　 11 250
　　贷:以前年度损益调整　　　　　　　　　　　　　　　11 250
(4) 调整利润分配有关数字:
借:盈余公积　　　　　　　　　　　　　　　　　　 16 875
　　贷:利润分配——未分配利润　　　　　　　　　　　　16 875

3. 财务报表调整和重述。B公司在列报2016年财务报表时,应调整2016年资产负债表有关项目的年初余额、利润表有关项目及所有者权益变动表的上年金额也应进行调整。

(1) 资产负债表项目的调整:

调增累计折旧150 000元;调减应交税费37 500元;调减盈余公积16 875元;调减未分配利润95 625元。

(2) 利润表项目的调整:

调增营业成本上年金额150 000元;调减所得税费用上年金额37 500元;调减净利润上年金额112 500元;调减基本每股收益上年金额0.062 5元。

(3) 所有者权益变动表项目的调整。调减前期差错更正项目中盈余公积上年金额16 875元,未分配利润上年金额95 625元,所有者权益合计上年金额112 500元。

三、前期差错更正的信息披露

企业应当在附注中披露与前期差错更正有关的下列信息：（1）前期差错的性质。（2）各个列报前期财务报表中受影响的项目名称和更正金额。（3）无法进行追溯重述的，说明该事实和原因以及对前期差错开始进行更正的时点、具体更正情况。

在以后期间的财务报表中，不需要重复披露在以前期间的附注中已披露的前期差错更正信息。

【练习题】

一、单项选择题

1. 下列事项不属于会计估计变更的是（　　）。
   A. 资产负债表日交易性金融资产按公允价值计量且其变动计入当期损益
   B. 固定资产折旧方法由年限平均法变更为加速折旧法
   C. 无形资产摊销期限由 10 年改为 6 年
   D. 固定资产净残值率由 5% 改为 4%

2. 下列项目中，属于会计估计项目的是（　　）。
   A. 固定资产的使用年限和折旧方法
   B. 建造合同的收入确认采用完成合同法还是完工百分比法
   C. 内部研发项目开发阶段的支出资本化还是费用化
   D. 长期股权投资采用成本法核算还是权益法核算

3. 关于会计政策变更的累积影响数，下列说法不正确的是（　　）。
   A. 计算会计政策变更累积影响数时，不需要考虑利润或股利的分配
   B. 如果提供可比财务报表，则对于比较财务报表可比期间以前的会计政策变更累积影响数，应调整比较财务报表最早期间的期初留存收益
   C. 如果提供可比财务报表，则对于比较财务报表期间的会计政策变更，应调整各该期间净损益各项目和财务报表其他相关项目
   D. 累积影响数的计算不需要考虑所得税影响

4. 对于会计政策变更，如果累积影响数不能合理确定，企业应采用的会计处理方法是（　　）。
   A. 成本法　　　　B. 权益法　　　　C. 未来适用法　　　　D. 追溯调整法

5. 符合以下条件之一的，应改变原采用的会计政策（　　）。
   A. 管理当局的意图　　B. 总经理的决定　　C. 股东大会的意见　　D. 会计准则的要求

6. 2015 年 5 月 31 日，某企业发现某种设备淘汰的速度加快，决定从 6 月开始将该设备的折旧年限从 10 年改为 6 年，该事项属于（　　）。
   A. 会计政策变更　　B. 会计估计变更　　C. 前期差错更正　　D. 以前年度损益调整

7. 下列事项中，属于会计政策变更的是（　　）。
   A. 固定资产折旧方法由直线法改为双倍余额递减法
   B. 计提固定资产折旧年限的改变
   C. 计提坏账准备比例的改变
   D. 固定资产预计净残值率的改变

8. 下列项目中，对于会计估计变更处理方法不正确的是（　　）。
   A. 会计估计变更的累积影响应在变更当期确认
   B. 会计估计变更采用未来适用法

C. 会计估计变更只影响变更当期，有关估计的变更应在当期确认

D. 会计估计变更影响当期和以后各期，有关估计的变更应在当期和以后各期确认

9. 下列项目中，不属于会计估计变更的是（　　）。
   A. 年末按存货类别估计可变现净值
   B. 将发出存货的计价由先进先出法改为加权平均法
   C. 某项长期待摊费用的分摊期限由 2 年改为 1 年半
   D. 年末对于未决诉讼确定预计负债金额

10. 按规定，本年度发现的前期重大会计差错，应当（　　）。
    A. 作为本年度事项处理　　　　　　　B. 修改以前年度的财务报表和账簿
    C. 不作会计处理　　　　　　　　　　D. 调整发现当期的期初留存收益

11. 下列交易或事项中，应采用追溯调整法进行会计处理的是（　　）。
    A. 因出现相关新技术，将某专利权的摊销年限由 10 年改为 5 年
    B. 发现以前会计期间计提巨额秘密准备，现予以更正
    C. 因某固定资产用途发生变化导致使用寿命下降，将其折旧年限由 10 年改为 5 年
    D. 对某种设备以前采用经营租赁方式租入，自本年度起采用融资租赁方式租入

12. 在会计实务中，当无法区分会计估计变更和会计政策变更时，应按（　　）会计处理方法进行处理。
    A. 会计政策变更　　　　　　　　　　B. 会计估计变更
    C. 前期差错调整　　　　　　　　　　D. 资产负债表日后事项调整

13. 对下列前期差错更正的会计处理，说法不正确的是（　　）。
    A. 对于不重要的前期差错，应作为本期事项处理
    B. 确定前期差错影响数不切实可行的，只能采用未来适用法
    C. 企业应当在重要的前期差错发现当期的财务报表中，调整前期比较数据
    D. 对于不重要的前期差错，企业不需要调整财务报表相关项目的期初数，但应调整发现当期的相关项目

14. 企业发生的下列事项中，一般需采用追溯调整法进行会计处理的是（　　）。
    A. 无形资产预计使用年限发生变化而改变摊销年限
    B. 由于新准则的发布，长期债权投资划分为持有至到期投资，其折价摊销由直线法改为实际利率法
    C. 固定资产经济利益实现方式发生变化而改变折旧方法
    D. 两年前购置了一项具有弃置义务的固定资产，本年年初开始执行企业会计准则

15. 甲公司发生的下列交易或事项中，属于会计政策变更的是（　　）。
    A. 期末根据当期发生的暂时性差异所产生的递延所得税负债调整本期所得税费用
    B. 投资性房地产核算由成本模式计量改为公允价值模式计量
    C. 因固定资产改良将其折旧年限由 8 年延长为 12 年
    D. 固定资产折旧方法由直线法改为双倍余额递减法

二、多项选择题

1. 下列各项中，属于会计政策的有（　　）。
   A. 固定资产折旧计算方法　　　　　　B. 实际成本法下发出存货的计价方法
   C. 长期股权投资核算的权益法　　　　D. 资产按历史成本或公允价值计量

2. 下列各项中，属于会计政策变更的有（　　）。
   A. 管理用固定资产的预计使用年限由 10 年改为 8 年
   B. 发出存货成本的计量由先进先出法改为移动加权平均法

C. 将建造合同收入确认由完成合同法改为完工百分比法
D. 所得税的会计处理由应付税款法改为资产负债表债务法

3. 以下各种情况，企业可以变更会计政策的有（　　）。
   A. 因原采用的会计政策不能可靠地反映企业的真实情况而改变会计政策
   B. 会计准则要求变更会计政策
   C. 因更换了董事长而改变会计政策
   D. 投资企业因被投资企业发生亏损而改变股权投资的核算方法

4. 下列各项中，应采用未来适用法处理会计政策变更的情况有（　　）。
   A. 企业因账簿超过法定保存期限而销毁，引起会计政策变更累积影响数只能确定账簿保存期限内的部分
   B. 企业账簿因不可抗力而毁坏，引起会计政策变更累积影响数无法确定
   C. 会计政策变更累积影响数能够确定，但法律或行政法规要求对会计政策的变更采用未来适用法
   D. 会计政策变更累积影响数能够合理确定，法律或行政法规要求对会计政策的变更采用追溯调整法

5. 下列有关会计估计变更的表述中，正确的有（　　）。
   A. 会计估计变更，不改变以前期间的会计估计，也不调整以前期间的报告结果
   B. 企业难以对某项变更区分为会计政策变更或会计估计变更的，应当将其作为会计估计变更处理
   C. 企业难以对某项变更区分为会计政策变更或会计估计变更的，应当将其作为会计政策变更处理
   D. 对于会计估计变更，企业应采用未来适用法进行会计处理

6. 下列关于会计政策、会计估计及其变更的表述中，正确的有（　　）。
   A. 对初次发生的或不重要的交易或事项采用新的会计政策，不属于会计政策变更
   B. 企业应在国家统一的会计制度规定的会计政策范围内选择适用的会计政策
   C. 会计估计变更，不改变以前期间的会计估计，也不调整以前期间的报告结果
   D. 无形资产摊销原定为 10 年，以后获得了国家专利保护，该资产的受益年限变为 8 年，属于会计政策变更

7. 下列各项中，属于会计估计变更的有（　　）。
   A. 固定资产的净残值率由 9% 改为 7%
   B. 存货的期末计价由成本法改为成本与可变现净值孰低法
   C. 坏账准备的提取比例由 15% 降低为 10%
   D. 法定盈余公积的提取比例由 15% 降低为 10%

8. 企业发生的如下情形中，一般属于前期会计差错的有（　　）。
   A. 固定资产盘亏   B. 以前期间会计舞弊
   C. 以前期间漏提折旧   D. 固定资产盘盈

9. 企业发生的下列事项中，不应作为重要差错更正的有（　　）。
   A. 由于地震使厂房使用寿命受到影响，调减了厂房的预计使用年限
   B. 委托代销方式销售商品时在发出商品时确认了收入
   C. 由于出现新技术，将专利权的摊销年限由 8 年改为 5 年
   D. 鉴于当期利润完成状况不佳，将固定资产的折旧方法由双倍余额递减法改为直线法

10. 下列有关会计差错的处理中，正确的有（　　）。
    A. 对于当期发生的重要的会计差错，调整当期项目的金额
    B. 对发现以前年度影响损益的重要会计差错应当调整发现当期的期初留存收益
    C. 对于比较会计报表期间的重要会计差错，编制比较报表应调整各该期间的净损益及其他相关项目

D. 对于年度资产负债表日至财务报告批准报出日发现的报告年度的重要会计差错,应作为资产负债表日后的调整事项处理

三、判断题

1. 企业应对固定资产预计使用寿命、预计净残值的调整按照会计估计变更的有关规定进行会计处理,而对于固定资产折旧方法的变更,则应作为会计政策变更处理。（　）
2. 如果会计政策变更的累积影响数能够合理确定,无论属于什么情况,均采用追溯调整法进行会计处理。（　）
3. 初次发生的交易或事项采用新的会计政策属于会计政策变更,应采用追溯调整法进行处理。（　）
4. 采用未来适用法处理会计政策变更时,应计算会计政策变更的累积影响数,并调整变更当年年初的留存收益。（　）
5. 在会计实务中,当无法区分会计估计变更和会计政策变更时,按会计估计变更的会计处理方法进行处理。（　）
6. 企业发现前期差错,应当采用追溯重述法进行更正,即发现前期差错时,视同该项前期差错从未发生过,从而对财务报表相关项目进行重新列示和披露。（　）
7. 会计估计是指企业在会计确认、计量和报告中所采用的原则、基础和会计处理方法的判断。（　）
8. 会计估计变更,是指由于资产和负债的当前状况及预期未来经济利益和义务发生了变化,从而对资产或负债的账面价值或者资产的定期消耗金额进行调整。（　）
9. 本期发生的交易或者事项与以前相比具有本质差别而采用新的会计政策,不属于会计政策变更。（　）
10. 会计估计变更应采用未来适用法处理。（　）

四、业务题

1. 甲公司从 2016 年 1 月 1 日起执行《企业会计准则》,从 2016 年 1 月 1 日起,所得税的核算方法由付税款法改为资产负债表债务法。该公司适用的所得税税率将变更为 25%。2015 年末,资产负债表中存货账面价值为 420 万元,计税基础为 460 万元;固定资产账面价值为 1 250 万元,计税基础为 1 030 万元;预计负债的账面价值为 125 万元,计税基础为 0。假定甲公司按 10% 提取法定盈余公积。

要求：
（1）计算该公司会计政策变更的累积影响数,确认相关的所得税影响。
（2）编制 2016 年相关的账务处理。

2. 某企业原按应收款项期末余额的 5% 计提坏账准备,近期经公司董事会研究决定,将应收款项计提坏账准备的方法自 2016 年 1 月 1 日起由余额百分比法改为账龄分析法,相应制定了每一账龄范围内应计提的坏账准备比例。2015 年 12 月 31 日,"坏账准备"账户的余额为 800 000 元。2016 年 12 月 31 日,根据改变后的账龄分析法确定期末应收款项的坏账准备余额应为 1 800 000 元,假定该企业在 2010 年没有发生应予核销坏账的情况,不考虑所得税影响,如果仍按应收款项余额百分比法计提坏账,当年度应计提的坏账准备金额为 400 000 元。

要求：说明上述会计估计变更的会计处理。

3. 某企业于 2016 年 6 月发现,2015 年应计入工程成本的利息费用 450 000 元误计入财务费用,该企业适用的所得税税率为 25%,企业按净利润的 10% 提取盈余公积（假定在计算所得税时,不考虑应纳税暂时性差异）。

要求：（1）对该项前期差错进行分析。
（2）编制前期差错更正的会计分录。
（3）调整会计报表有关项目。

项目九
资产负债表日后事项的核算

【学习目标】

　　能力目标：能准确判定资产负债表日后调整事项和非调整事项；能对资产负债表日后调整事项作出正确的会计处理。

　　知识目标：掌握资产负债表日后事项的概念、内容；掌握资产负债表日后调整事项的调账方法；掌握资产负债表日后非调整事项得披露方法。

【情境导入】

　　资产负债表日至财务报告批准报出日之间发生的事项称为资产负债表日后事项，在一定程度上会影响企业的财务状况和经营成果，对于会计报表使用者也会产生重要的影响。因此，要准备判断资产负债表日后事项会对企业产生哪些有利或不利的影响，并正确作出反映。

　　任务分解：（1）资产负债表日后调整事项的核算。（2）资产负债表日后非调整事项的核算。

任务一　资产负债表日后调整事项的核算

【任务分析】

　　如果资产负债表日及所属会计期间已经存在某种情况，但当时并不知道其存在或者不能知道确切结果，资产负债表日后发生的事项能够证实该情况的存在或者确切结果，则该事项属于资产负债表日后事项中的调整事项。会计人员应该掌握资产负债表日后调整事项的会计核算。

【知识准备及应用】

一、资产负债表日后事项

　　资产负债表日后事项，是指资产负债表日至财务报告批准报出日之间发生的有利或不利事项。

　　1. 资产负债表日，是指会计年度末和会计中期期末。中期是指短于一个完整的会计年度的报告期间，包括半年度、季度和月度。按照《会计法》规定，我国会计年度采用公历年度，即1月1日至12月31日。因此，年度资产负债表日是指每年的12月31日，中期资产负债表日是指各会计中期期末，例如，提供第一季度财务报告时，资产负债表日是该年度的3月31日；提供半年度财务报告时，资产负债表日是该年度的6月30日。

如果母公司或者子公司在国外，无论该母公司或子公司如何确定会计年度和会计中期，其向国内提供的财务报告都应根据我国《会计法》和会计准则的要求确定资产负债表日。

2. 财务报告批准报出日，是指董事会或类似机构批准财务报告报出的日期，通常是指对财务报告的内容负有法律责任的单位或个人批准财务报告对外公布的日期。

财务报告的批准者包括所有者、所有者中的多数、董事会或类似的管理单位、部门和个人。根据《公司法》规定，董事会有权制订公司的年度财务预算方案、决算方案、利润分配方案和弥补亏损方案，因此，公司制企业的财务报告批准报出日是指董事会批准财务报告报出的日期。对于非公司制企业，财务报告批准报出日是指经理（厂长）会议或类似机构批准财务报告报出的日期。

3. 有利事项和不利事项。资产负债表日后事项包括有利事项和不利事项。"有利或不利事项"的含义是指，资产负债表日后事项肯定对企业财务状况和经营成果具有一定影响（即包括有利影响也包括不利影响）。如果某些事项的发生对企业并无任何影响，那么，这些事项既不是有利事项，也不是不利事项，也就不属于这里所说的资产负债表日后事项。

二、资产负债表日后事项涵盖的期间

资产负债表日后事项涵盖的期间是自资产负债表日次日起至财务报告批准报出日止的一段时间。对上市公司而言，这一期间内涉及几个日期，包括完成财务报告编制日、注册会计师出具审计报告日、董事会批准财务报告可以对外公布日、实际对外公布日等。具体而言，资产负债表日后事项涵盖的期间应当包括：

1. 报告期间下一期间的第一天至董事会或类似机构批准财务报告对外公布的日期。

2. 财务报告批准报出以后、实际报出之前又发生与资产负债表日后事项有关的事项，并由此影响财务报告对外公布日期的，应以董事会或类似机构再次批准财务报告对外公布的日期为截止日期。

如果公司管理层由此修改了财务报表，注册会计师应当根据具体情况实施必要的审计程序并针对修改后的财务报表出具新的审计报告。

【同步操练9-1】 甲上市公司2015年的年度财务报告于2016年2月20日编制完成，注册会计师完成年度财务报表审计工作并签署审计报告的日期为2016年4月16日，董事会批准财务报告对外公布的日期为2016年4月17日，财务报告实际对外公布的日期为2016年4月23日，股东大会召开日期为2016年5月6日。

根据资产负债表日后事项涵盖期间的规定，本练习中，该公司2015年年报资产负债表日后事项涵盖的期间为2016年1月1日至2016年4月17日。如果在4月17~23日之间发生了重大事项，需要调整财务报表相关项目的数字或需要在财务报表附注中披露，经调整或说明后的财务报告再经董事会批准报出的日期为2016年4月25日，实际报出的日期为2016年4月30日，则资产负债表日后事项涵盖的期间为2016年1月1日至2016年4月25日。

三、资产负债表日后事项的内容

资产负债表日后事项包括资产负债表日后调整事项（以下简称调整事项）和资产负债

表日后非调整事项（以下简称非调整事项）。

（一）调整事项

资产负债表日后调整事项，是指对资产负债表日已经存在的情况提供了新的或进一步证据的事项。

如果资产负债表日及所属会计期间已经存在某种情况，但当时并不知道其存在或者不能知道确切结果，资产负债表日后发生的事项能够证实该情况的存在或者确切结果，则该事项属于资产负债表日后事项中的调整事项。如果资产负债表日后事项对资产负债表日的情况提供了进一步证据，证据表明的情况与原来的估计和判断不完全一致，则需要对原来的会计处理进行调整。

企业发生的资产负债表日后调整事项，通常包括下列各项：（1）资产负债表日后诉讼案件结案，法院判决证实了企业在资产负债表日已经存在现时义务，需要调整原先确认的与该诉讼案件相关的预计负债，或确认一项新负债。（2）资产负债表日后取得确凿证据，表明某项资产在资产负债表日发生了减值或者需要调整该项资产原先确认的减值金额。(3）资产负债表日后进一步确定了资产负债表日前购入资产的成本或售出资产的收入。（4）资产负债表日后发现了财务报表舞弊或差错。

【同步操练9-2】甲公司因产品质量问题被消费者起诉。2015年12月31日法院尚未判决，考虑到消费者胜诉要求甲公司赔偿的可能性较大，甲公司为此确认了500万元的预计负债。2016年2月20日，在甲公司2015年度财务报告对外报出之前，法院判决消费者胜诉，要求甲公司支付赔偿款700万元。

本练习中，甲公司在2015年12月31日结账时已经知道消费者胜诉的可能性较大，但不能知道法院判决的确切结果，因此确认了500万元的预计负债。2016年2月20日法院判决结果为甲公司预计负债的存在提供了进一步的证据。此时，按照2015年12月31日存在状况编制的财务报表所提供的信息已不能真实反映企业的实际情况，应据此对财务报表相关项目的数字进行调整。

（二）非调整事项

资产负债表日后非调整事项，是指表明资产负债表日后发生的情况的事项。非调整事项的发生不影响资产负债表日企业的财务报表数字，只说明资产负债表日后发生了某些情况。对于财务报告使用者而言，非调整事项说明的情况有的重要，有的不重要。其中重要的非调整事项虽然不影响资产负债表日的财务报表数字，但可能影响资产负债表以后的财务状况和经营成果，不加以说明将会影响财务报告使用者作出正确估计和决策，因此需要适当披露。

企业发生的资产负债表日后非调整事项，通常包括下列各项：（1）资产负债表日后发生重大诉讼、仲裁、承诺。(2）资产负债表日后资产价格、税收政策、外汇汇率发生重大变化。(3）资产负债表日后因自然灾害导致资产发生重大损失。(4）资产负债表日后发行股票和债券以及其他巨额举债。(5）资产负债表日后资本公积转增资本。(6）资产负债表日后发生巨额亏损。(7）资产负债表日后发生企业合并或处置子公司。

【同步操练9-3】甲公司2015年度财务报告于2016年3月20日经董事会批准对外公

布。2016年2月27日，甲公司与银行签订了5 000万元的贷款合同，用于生产项目的技术改造，贷款期限自2017年3月1日起至2018年12月31日止。

本练习中，甲公司向银行贷款的事项发生在2016年度，且在公司2015年度财务报告尚未批准对外公布的期间内，即该事项发生在资产负债表日后事项所涵盖的期间内。该事项在2015年12月31日尚未发生，与资产负债表日存在的状况无关，不影响资产负债表日企业的财务报表数字。但是，该事项属于重要事项，会影响公司以后期间的财务状况和经营成果，因此，需要在附注中予以披露。

（三）调整事项与非调整事项的区别

资产负债表日后发生的某一事项究竟是调整事项还是非调整事项，取决于该事项表明的情况在资产负债表日或资产负债表日以前是否已经存在。若该情况在资产负债表日或之前已经存在，则属于调整事项；反之，则属于非调整事项。

【同步操练9-4】 甲公司2015年10月向乙公司出售原材料2 000万元，根据销售合同，乙公司应在收到原材料后3个月内付款。至2015年12月31日，乙公司尚未付款。假定甲公司在编制2015年度财务报告时有两种情况：(1) 2015年12月31日甲公司根据掌握的资料判断，乙公司有可能破产清算，估计该应收账款将有20%无法收回，故按20%的比例计提坏账准备；2016年1月20日，甲公司收到通知，乙公司已被宣告破产清算，甲公司估计有70%的债权无法收回。(2) 2015年12月31日乙公司的财务状况良好，甲公司预计应收账款可按时收回；2016年1月20日，乙公司发生重大火灾，导致甲公司50%的应收账款无法收回。

2016年3月15日，甲公司的财务报告经批准对外公布。

本练习中，(1) 导致甲公司应收账款无法收回的事实是乙公司财务状况恶化，该事实在资产负债表日已经存在，乙公司被宣告破产只是证实了资产负债表日乙公司财务状况恶化的情况，因此，乙公司破产导致甲公司应收款项无法收回的事项属于调整事项。(2) 导致甲公司应收账款损失的因素是火灾，火灾是不可预计的，应收账款发生损失这一事实在资产负债表日以后才发生，因此乙公司发生火灾导致甲公司应收款项发生坏账的事项属于非调整事项。

在理解资产负债表日后事项的会计处理时，还需要明确以下两个问题：

第一，如何确定资产负债表日后某一事项是调整事项还是非调整事项，是对资产负债表日后事项进行会计处理的关键。调整和非调整事项是一个广泛的概念，就事项本身而言可以有各种各样的性质，只要符合企业会计准则中对这两类事项的判断原则即可。另外，同一性质的事项可能是调整事项，也可能是非调整事项，这取决于该事项表明的情况是在资产负债表日或资产负债表日以前已经存在或发生还是在资产负债表日后才发生的。

第二，企业会计准则以列举的方式说明了资产负债表日后事项中，哪些属于调整事项，哪些属于非调整事项，但并没有列举详尽。实务中，会计人员应按照资产负债表日后事项的判断原则，确定资产负债表日后发生的事项中哪些属于调整事项，哪些属于非调整事项。

四、资产负债表日后调整事项的核算

(一) 资产负债表日后调整事项的处理原则

企业发生的资产负债表日后调整事项,应当调整资产负债表日的财务报表。对于年度财务报告而言,由于资产负债表日后事项发生在报告年度的次年,报告年度的有关账目已经结转,特别是损益类科目在结账后已无余额。因此,年度资产负债表日后发生的调整事项,应具体按以下情况分别进行处理:

1. 涉及损益的事项,通过"以前年度损益调整"科目核算。调整增加以前年度利润或调整减少以前年度亏损的事项,记入"以前年度损益调整"科目的贷方;调整减少以前年度利润或调整增加以前年度亏损的事项,记入"以前年度损益调整"科目的借方。

涉及损益的调整事项,如果发生在资产负债表日所属年度(即报告年度)所得税汇算清缴前的,应调整报告年度应纳税所得额、应纳所得税税额;发生在报告年度所得税汇算清缴后的,应调整本年度(即报告年度的次年)应纳所得税税额。

由于以前年度损益调整增加的所得税费用,记入"以前年度损益调整"科目的借方,同时贷记"应交税费——应交所得税"等科目;由于以前年度损益调整减少的所得税费用,记入"以前年度损益调整"科目的贷方,同时借记"应交税费——应交所得税"等科目。

调整完成后,将"以前年度损益调整"科目的贷方或借方余额,转入"利润分配——未分配利润"科目。

2. 涉及利润分配调整的事项,直接在"利润分配——未分配利润"科目核算。

3. 不涉及损益及利润分配的事项,调整相关科目。

4. 通过上述账务处理后,还应同时调整财务报表相关项目的数字,包括:(1) 资产负债表日编制的财务报表相关项目的期末数或本年发生数。(2) 当期编制的财务报表相关项目的期初数或上年数。(3) 经过上述调整后,如果涉及报表附注内容的,还应当作出相应调整。

(二) 资产负债表日后调整事项的具体会计处理方法

为简化处理,如无特殊说明,本章所有的练习均假定如下:财务报告批准报出日是次年3月31日,所得税税率为25%,按净利润的10%提取法定盈余公积,提取法定盈余公积后不再作其他分配;调整事项按税法规定均可调整应交纳的所得税;涉及递延所得税资产的,均假定未来期间很可能取得用来抵扣暂时性差异的应纳税所得额;不考虑报表附注中有关现金流量表项目的数字。

1. 资产负债表日后诉讼案件结案,法院判决证实了企业在资产负债表日已经存在现时义务,需要调整原先确认的与该诉讼案件相关的预计负债,或确认一项新负债。

这一事项是指导致诉讼的事项在资产负债表日已经发生,但尚不具备确认负债的条件而未确认,资产负债表日后至财务报告批准报出日之间获得了新的或进一步的证据(法院判决结果),表明符合负债的确认条件,因此应在财务报告中确认为一项新负债;或者在资产负债表日虽已确认,但需要根据判决结果调整已确认负债的金额。

【同步操练9-5】 甲公司与乙公司签订一项销售合同,合同中规定甲公司应在2015年8月销售给乙公司一批物资。由于甲公司未能按照合同发货,致使乙公司发生重大经济损失。2015年12月,乙公司将甲公司告上法庭,要求甲公司赔偿450万元。2015年12月31日法院尚未判决,甲公司按或有事项准则对该诉讼事项确认预计负债300万元。2016年2月10日,经法院判决甲公司应赔偿乙公司400万元,甲、乙双方均服从判决。判决当日,甲公司向乙公司支付赔偿款400万元。甲、乙两公司2015年所得税汇算清缴均在2016年3月20日完成(假定该项预计负债产生的损失不允许在预计时税前抵扣,只有在损失实际发生时,才允许税前抵扣)。公司适用的所得税税率为25%。

本操练中,2016年2月10日的判决证实了甲、乙两公司在资产负债表日(即2015年12月31日)分别存在现实赔偿义务和获赔权利,因此两公司都应将"法院判决"这一事项作为调整事项进行处理。甲公司和乙公司2015年所得税汇算清缴均在2016年3月20日完成,因此,应根据法院判决结果调整报告年度应纳税所得额和应纳所得税税额。

甲公司的账务处理如下:

(1) 2016年2月10日,记录支付的赔款,并调整递延所得税资产:

借:以前年度损益调整　　　　　　　　　　　　　　　　1 000 000
　　贷:其他应付款　　　　　　　　　　　　　　　　　　　　1 000 000
借:应交税费——应交所得税　　　　　　　　　　　　　　 250 000
　　贷:以前年度损益调整　　　　　　　　　 250 000 (1 000 000×25%)
借:应交税费——应交所得税　　　　750 000 (3 000 000×25%)
　　贷:以前年度损益调整　　　　　　　　　　　　　　　　　 750 000
借:以前年度损益调整　　　　　　　　　　　　　　　　　 750 000
　　贷:递延所得税资产　　　　　　　　　　　　　　　　　　 750 000
借:预计负债　　　　　　　　　　　　　　　　　　　　 3 000 000
　　贷:其他应付款　　　　　　　　　　　　　　　　　　　 3 000 000
借:其他应付款　　　　　　　　　　　　　　　　　　　 4 000 000
　　贷:银行存款　　　　　　　　　　　　　　　　　　　　 4 000 000

注:2015年末因确认预计负债300万元时已确认相应的递延所得税资产,资产负债表日后事项发生后递延所得税资产不复存在,故应冲销相应记录。

(2) 将"以前年度损益调整"科目余额转入未分配利润:

借:利润分配——未分配利润　　　　　　　　　　　　　 750 000
　　贷:以前年度损益调整　　　　　　　　　　　　　　　　　 750 000

(3) 因净利润变动,调整盈余公积:

借:盈余公积　　　　　　　　　　　　　　　　　　　　　 75 000
　　贷:利润分配——未分配利润　　　　　 75 000 (750 000×10%)

(4) 调整报告年度财务报表:

① 资产负债表项目的年末数调整:

调减递延所得税资产75万元;调增其他应付款400万元,调减应交税费100万元,调减预计负债300万元;调减盈余公积7.5万元,调减未分配利润67.5万元,见表9-1。

表 9-1 资产负债表

编制单位：甲公司　　　　　　　　　2015 年 12 月 31 日　　　　　　　　　单位：元

资产	调整前	调整后	负债和股东权益	调整前	调整后
流动资产：			流动负债：		
货币资金	50 000 000	50 000 000	短期借款	25 000 000	25 000 000
交易性金融资产	10 000 000	10 000 000	交易性金融负债	3 000 000	3 000 000
应收票据	5 000 000	5 000 000	应付票据	5 000 000	5 000 000
应收账款	76 000 000	76 000 000	应付账款	5 000 000	5 000 000
预付款项	1 000 000	1 000 000	预收款项	10 000 000	10 000 000
应收利息	1 000 000	1 000 000	应付职工薪酬	6 000 000	6 000 000
应收股利			应交税费	25 000 000	24 000 000
其他应收款	2 000 000	2 000 000	应付利息		
存货	29 000 000	29 000 000	应付股利		
一年内到期的非流动资产	6 000 000	6 000 000	其他应付款	4 000 000	8 000 000
其他流动资产			一年内到期的非流动负债		
流动资产合计	180 000 000	180 000 000	其他流动负债		
非流动资产：			流动负债合计	83 000 000	86 000 000
可供出售金融资产	20 000 000	20 000 000	非流动负债：		
持有至到期投资	10 000 000	10 000 000	长期借款	30 000 000	30 000 000
长期应收款	15 000 000	15 000 000	应付债券	20 000 000	20 000 000
长期股权投资	55 000 000	55 000 000	长期应付款	10 000 000	10 000 000
投资性房地产			专项应付款		
固定资产	60 000 000	60 000 000	预计负债	12 000 000	9 000 000
在建工程	20 000 000	20 000 000	递延所得税负债		
工程物资			其他非流动负债		
固定资产清理			非流动负债合计	72 000 000	69 000 000
生产性生物资产			负债合计	155 000 000	155 000 000
油气资产			股东权益：		
无形资产	80 000 000	80 000 000	股本	200 000 000	200 000 000
开发支出	10 000 000	10 000 000	资本公积	50 000 000	50 000 000
商誉			减：库存股		
长期待摊费用			盈余公积	300 000 000	29 925 000

续表

资　产	调整前	调整后	负债和股东权益	调整前	调整后
递延所得税资产	5 000 000	4 250 000	未分配利润	20 000 000	19 325 000
其他非流动资产			股东权益合计	300 000 000	299 250 000
非流动资产合计	275 000 000	274 250 000			
资产总计	455 000 000	454 250 000	负债和股东权益总计	455 000 000	454 250 000

② 利润表项目的调整：调增营业外支出 100 万元，调减所得税费用 25 万元，调减净利润 75 万元。

利润表略。

③ 所有者权益变动表项目的调整。调减净利润 75 万元，提取盈余公积项目中盈余公积一栏调减 7.5 万元，未分配利润一栏调增 7.5 万元。

所有者权益变动表略。

乙公司的账务处理如下：

（1）2016 年 2 月 10 日，记录收到的赔款，并调整应交所得税：

借：其他应收款　　　　　　　　　　　　　　　　4 000 000
　　贷：以前年度损益调整　　　　　　　　　　　　　4 000 000
借：以前年度损益调整　　　　　　1 000 000（4 000 000×25%）
　　贷：应交税费——应交所得税　　　　　　　　　　1 000 000
借：银行存款　　　　　　　　　　　　　　　　　4 000 000
　　贷：其他应收款　　　　　　　　　　　　　　　　4 000 000

（2）将"以前年度损益调整"科目余额转入未分配利润：

借：以前年度损益调整　　　　　　　　　　　　　3 000 000
　　贷：利润分配——未分配利润　　　　　　　　　　3 000 000

（3）因净利润增加，补提盈余公积：

借：利润分配——未分配利润　　　　　　　　　　　300 000
　　贷：盈余公积　　　　　　　　　300 000（3 000 000×10%）

（4）调整报告年度财务报表相关项目的数字（财务报表略）：

① 资产负债表项目的年末数调整：

调增其他应收款 400 万元，调增应交税费 100 万元，调增盈余公积 30 万元，调增未分配利润 270 万元。

② 利润表项目的调整：

调增营业外收入 400 万元，调增所得税费用 100 万元，调增净利润 300 万元。

③ 所有者权益变动表项目的调整：

调增净利润 300 万元，提取盈余公积项目中盈余公积一栏调增 30 万元，未分配利润一栏调减 30 万元。

2. 资产负债表日后取得确凿证据，表明某项资产在资产负债表日发生了减值或者需要调整该项资产原先确认的减值金额。这一事项是指在资产负债表日，根据当时的资料判断某项资产可能发生了损失或减值,但没有最后确定是否会发生,因而按照当时的最佳估计金额反映在财务报表中;但在资产负债表日至财务报告批准报出日之间,所取得的确凿证据能证明该事实成立,即某项资产已经发生了损失或减值,则应对资产负债表日所作的估计予以修正。

【**同步操练9-6**】甲公司2015年5月销售给乙公司一批产品,货款为100万元(含增值税)。乙公司于6月收到所购物资并验收入库。按合同规定,乙公司应于收到所购物资后两个月内付款。由于乙公司财务状况不佳,到2015年12月31日仍未付款。甲公司于12月31日编制2015年财务报表时,已为该项应收账款提取坏账准备5万元。12月31日资产负债表上"应收账款"项目的金额为200万元,其中95万元为该项应收账款。甲公司于2016年1月30日(所得税汇算清缴前)收到法院通知,乙公司已宣告破产清算,无力偿还所欠部分货款。甲公司预计可收回应收账款的60%。适用的所得税税率为25%。

本操练中,根据资产负债表日后事项的判断原则,甲公司在收到法院通知后,首先可判断该事项属于资产负债表日后调整事项。甲公司原对应收乙公司账款提取了5万元的坏账准备,按照新的证据应提取的坏账准备为40万元(100×40%),差额35万元应当调整2016年度财务报表相关项目的数字。甲公司的账务处理如下:

(1)补提坏账准备:
应补提的坏账准备=1 000 000×40%-50 000=350 000(元)
借:以前年度损益调整　　　　　　　　　　　　350 000
　　贷:坏账准备　　　　　　　　　　　　　　　　　350 000
(2)调整递延所得税资产:
借:递延所得税资产　　　　　　　　　　　　　87 500
　　贷:以前年度损益调整　　　　　　　　　　　　87 500(350 000×25%)
(3)将"以前年度损益调整"科目的余额转入利润分配:
借:利润分配——未分配利润　　　　　　　　　262 500
　　贷:以前年度损益调整　　　　　　　　　　　　262 500
(4)调整利润分配有关数字:
借:盈余公积　　　　　　　　　　　　　　　　26 250
　　贷:利润分配——未分配利润　　　　　　　　　26 250(262 500×10%)
(5)调整报告年度财务报表相关项目的数字(财务报表略):
① 资产负债表项目的调整:调减应收账款净值350 000元,调增递延所得税资产87 500元;调减盈余公积26 250元,调减未分配利润236 250元。
② 利润表项目的调整:调增资产减值损失350 000元,调减所得税费用87 500元,调减净利润262 500元。
③ 所有者权益变动表项目的调整:调减净利润262 500元,提取盈余公积项目中盈余公积一栏调减26 250元,未分配利润一栏调增26 250元。

3. 资产负债表日后进一步确定了资产负债表日前购入资产的成本或售出资产的收入。这类调整事项包括两方面的内容:(1)若资产负债表日前购入的资产已经按暂估金额等入账,资产负债表日后获得证据,可以进一步确定该资产的成本,则应对已入账的资产成本进行调整。(2) 企业在资产负债表日已根据收入确认条件确认资产销售收入，但资产负债表日后获得关于资产收入的进一步证据，如发生销售退回等，此时也应调整财务报表相关项目的金额。需要说明的是，资产负债表日后发生的销售退回，既包括报告年度或报告中期销售的商品在资产负债表日后发生的销售退回，也包括以前期间销售的商品在资产负债表日后发生的销售退回。

资产负债表所属期间或以前期间所售商品在资产负债表日后退回的，应作为资产负债表日后调整事项处理。发生于资产负债表日后至财务报告批准报出日之间的销售退回事项，可能发生于年度所得税汇算清缴之前，也可能发生于该企业年度所得税汇算清缴之后，其会计处理分别为：

(1) 涉及报告年度所属期间的销售退回发生于报告年度所得税汇算清缴之前的，应调整报告年度利润表的收入、成本等，并相应调整报告年度的应纳税所得额以及报告年度应缴的所得税等。

【同步操练9-7】 甲公司2015年11月8日销售一批商品给乙公司，取得收入120万元（不含税，增值税税率17%）。甲公司发出商品后，按照正常情况已确认收入，并结转成本100万元。2015年12月31日，该笔货款尚未收到，甲公司未对应收账款计提坏账准备。2016年1月12日，由于产品质量问题，本批货物被退回。甲公司于2016年2月28日完成2015年所得税汇算清缴。公司适用的所得税税率为25%。甲公司按净利润的10%提取法定盈余公积。

本操练中，销售退回业务发生在资产负债表日后事项涵盖期间内，属于资产负债表日后调整事项。由于销售退回发生在甲公司报告年度所得税汇算清缴之前，因此在所得税汇算清缴时，应扣除该部分销售退回所实现的应纳税所得额。

甲公司的账务处理如下：

① 2016年1月12日，调整销售收入：

借：以前年度损益调整　　　　　　　　　　　　　　　　1 200 000
　　应交税费——应交增值税（销项税额）　　　　　　　　204 000
　　贷：应收账款　　　　　　　　　　　　　　　　　　　　1 404 000

② 调整销售成本：

借：库存商品　　　　　　　　　　　　　　　　　　　　1 000 000
　　贷：以前年度损益调整　　　　　　　　　　　　　　　　1 000 000

③ 调整应缴纳的所得税：

借：应交税费——应交所得税　　　　　　　　　　　　　　50 000
　　贷：以前年度损益调整　　　　　　　　　　　　　　　　50 000

④ 将"以前年度损益调整"科目的余额转入利润分配：

借：利润分配——未分配利润　　　　　　　　　　　　　　150 000
　　贷：以前年度损益调整　　　　　　　　　　　　　　　　150 000

⑤ 调整盈余公积：

借：盈余公积　　　　　　　　　　　　　　　　　　　　　15 000
　　贷：利润分配——未分配利润　　　　　　　　　　　　　15 000

⑥ 调整相关财务报表（略）。

（2）资产负债表日后事项中涉及报告年度所属期间的销售退回发生于报告年度所得税汇算清缴之后，应调整报告年度会计报表的收入、成本等，但按照税法规定在此期间的销售退回所涉及的应缴所得税，应作为本年的纳税调整事项。

【同步操练9-8】 承【同步操练9-7】，假定销售退回的时间改为2016年3月10日。

甲公司的账务处理如下：

① 2016年3月10日，调整销售收入：

借：以前年度损益调整	1 200 000
应交税费——应交增值税（销项税额）	204 000
贷：应收账款	1 404 000

② 调整销售成本：

借：库存商品	1 000 000
贷：以前年度损益调整	1 000 000

③ 将"以前年度损益调整"科目的余额转入利润分配：

借：利润分配——未分配利润	200 000
贷：以前年度损益调整	200 000

④ 调整盈余公积：

借：盈余公积	20 000
贷：利润分配——未分配利润	20 000

⑤ 调整相关财务报表（略）

4. 资产负债表日后发现了财务报表舞弊或差错。这一事项是指资产负债表日后发现报告期或以前期间存在的财务报表舞弊或差错。企业发生这一事项后，应当将其作为资产负债表日后调整事项，调整报告期间的财务报告相关项目的数字。

任务二　资产负债表日后非调整事项的核算

【任务分析】

资产负债表日后发生的，与资产负债表日存在状况无关的事项，是资产负债表日后非调整事项。会计人员应该掌握其披露方法。

【知识准备及应用】

一、资产负债表后非调整事项的处理原则

资产负债表日后发生的非调整事项，是表明资产负债表日后发生的情况的事项，与资产负债表日存在状况无关，不应当调整资产负债表日的财务报表。但有的非调整事项对财务报告使用者具有重大影响，如不加以说明，将不利于财务报告使用者作出正确估计和决策，因此，应在附注中加以披露。

二、资产负债表日后非调整事项的具体会计处理办法

资产负债表日后发生的非调整事项,应当在报表附注中披露每项重要的资产负债表日后非调整事项的性质、内容,及其对财务状况和经营成果的影响。无法作出估计的,应当说明原因。

资产负债表日后非调整事项的主要例子有:

(一) 资产负债表日后发生重大诉讼、仲裁、承诺

资产负债表日后发生的重大诉讼等事项,对企业影响较大,为防止误导投资者及其他财务报告使用者,应当在报表附注中披露。

(二) 资产负债表日后资产价格、税收政策、外汇汇率发生重大变化

资产负债表日后发生的资产价格、税收政策和外汇汇率的重大变化,虽然不会影响资产负债表日财务报表相关项目的数据,但对企业资产负债表日后期间的财务状况和经营成果有重大影响,应当在报表附注中予以披露。

(三) 资产负债表日后因自然灾害导致资产发生重大损失

【同步操练9-9】甲公司2015年12月购入商品一批,共计8 000万元,至2015年12月31日该批商品已全部验收入库,货款也已通过银行支付。2016年1月7日,甲公司所在地发生水灾,该批商品全部被冲毁。

自然灾害导致资产重大损失对企业资产负债表日后财务状况的影响较大,如果不加以披露,有可能使财务报告使用者作出错误的决策,因此应作为非调整事项在报表附注中进行披露。本练习中,水灾发生于2016年1月7日,属于资产负债表日后才发生或存在的事项,应当作为非调整事项在2015年度报表附注中进行披露。

(四) 资产负债表日后发行股票和债券以及其他巨额举债

企业发行股票、债券以及向银行或非银行金融机构举借巨额债务都是比较重大的事项,虽然这一事项与企业资产负债表日的存在状况无关,但这一事项的披露能使财务报告使用者了解与此有关的情况及可能带来的影响,因此应当在报表附注中进行披露。

(五) 资产负债表日后资本公积转增资本

企业以资本公积转增资本将会改变企业的资本(或股本)结构,影响较大,应当在报表附注中进行披露。

(六) 资产负债表日后发生巨额亏损

企业资产负债表日后发生巨额亏损将会对企业报告期以后的财务状况和经营成果产生重大影响,应当在报表附注中及时披露该事项,以便为投资者或其他财务报告使用者作出正确

决策提供信息。

（七）资产负债表日后发生企业合并或处置子公司

企业合并或者处置子公司的行为可以影响股权结构、经营范围等方面，对企业未来的生产经营活动能产生重大影响，应当在报表附注中进行披露。

（八）资产负债表日后，企业利润分配方案中拟分配的以及经审议批准宣告发放的股利或利润

资产负债表日后，企业制订利润分配方案，拟分配或经审议批准宣告发放股利或利润的行为，并不会导致企业在资产负债表日形成现时义务，虽然该事项的发生可导致企业负有支付股利或利润的义务，但支付义务在资产负债表日尚不存在，不应该调整资产负债表日的财务报告，因此，该事项为非调整事项。不过，该事项对企业资产负债表日后的财务状况有较大影响，可能导致现金大规模流出、企业股权结构变动等，为便于财务报告使用者更充分了解相关信息，企业需要在财务报告中适当披露该信息。

【练习题】

一、单项选择题

1. 股份有限公司自资产负债表日至财务会计报告批准报出日之间发生的下列事项中，属于调整事项的是（   ）。
   A. 资产负债表日后发生重大诉讼
   B. 发生资产负债表所属期间所售商品的退回
   C. 资产负债表日后发生巨额亏损
   D. 一幢厂房因地震发生倒塌，造成公司重大损失

2. 资产负债表日至财务会计报告批准报出日之间发生的调整事项在进行调整处理时，下列不能调整的项目是（   ）。
   A. 货币资金收支项目   B. 涉及应收账款的事项
   C. 涉及所有者权益的事项   D. 涉及损益调整的事项

3. 下列资产负债表日后事项中不属于非调整事项的是（   ）。
   A. 发行债券
   B. 销售退回
   C. 在资产负债表日后发生并确定支付的巨额赔偿
   D. 新发布的会计准则要求企业按照资产负债表日后非调整事项处理

4. 资产负债表日后的非调整事项是指（   ）。
   A. 资产负债表日后新发生的事项
   B. 资产负债表日后新发生的事项，且对理解和分析财务报告有重大影响的事项
   C. 资产负债表日或以前已经存在，但资产负债表日后发生变化的事项
   D. 资产负债表日或以前已经存在，但对编制财务报告没有影响的事项

5. 下列不属于资产负债表日后事项中调整事项的是（   ）。
   A. 已证实某项资产发生了减损   B. 已确认销售的货物被退回
   C. 外汇汇率发生较大变动   D. 日后期间发现会计差错

6. 下列不属于资产负债表日后事项中非调整事项的是（   ）。
   A. 董事会提出现金股利分配方案   B. 对某一企业进行巨额投资

C. 上年售出的商品发生退回　　　　　　　D. 自然灾害导致资产损失

7. 甲企业2016年1月20日向乙企业销售一批商品，已进行收入确认的有关账务处理，同年2月1日，乙企业收到货物后验收不合格要求退货，2月10日甲企业收到退货。甲企业年度资产负债表批准报出日是4月30日。甲企业对此业务的处理是（　　）。

　　A. 作为2016年当期正常事项
　　B. 作为2015年资产负债表日后事项的非调整事项
　　C. 作为2016年资产负债表日后事项的调整事项
　　D. 作为2015年资产负债表日后事项的调整事项

8. 甲公司在年度财务报告批准报出日之前发现了报告年度的重大会计差错，需要做的会计处理是（　　）。

　　A. 作为发现当期的会计差错更正
　　B. 在发现当期报表附注作出披露
　　C. 按照资产负债表日后事项非调整事项的处理原则作出说明
　　D. 按照资产负债表日后事项调整事项的处理原则作出相应调整

9. 在资产负债表日后董事会提出的利润分配方案中，涉及的现金股利属于（　　）。

　　A. 调整事项　　　B. 或有负债　　　C. 或有资产　　　D. 非调整事项

10. 在资产负债表日至财务报告批准报出日之间发生的下列事项中，属于资产负债表日后调整事项的是（　　）。

　　A. 公开发行股票　　　　　　　　　　B. 上年售出的商品发生退回
　　C. 外汇汇率发生较大变动　　　　　　D. 董事会提出现金股利分配方案

11. 甲公司2016年1月10日向乙公司销售一批商品并确认收入实现，2016年2月20日，乙公司因产品质量原因将上述商品退货。甲公司2015年财务会计报告批准报出日为2016年4月30日。甲公司对此项退货业务正确的处理方法是（　　）。

　　A. 作为资产负债表日后事项中的调整事项处理
　　B. 作为资产负债表日后事项中的非调整事项处理
　　C. 冲减2016年1月相关收入、成本和税金等相关项目
　　D. 冲减2016年2月相关收入、成本和税金等相关项目

12. 下列哪个项目，在"以前年度损益调整"科目的借方反映（　　）。

　　A. 调整以前年度损益而需调增的管理费用
　　B. 调整以前年度损益而相应减少的所得税
　　C. 调整以前年度损益而相应增加的主营业务收入
　　D. 调整本期管理费用

13. 某企业2015年度的财务会计报告于2016年4月10日批准报出，2016年1月10日，因产品质量原因，客户将2015年12月10日购入的一大批大额商品（达到重要性要求）退回。因产品退回，下列说法中正确的是（　　）

　　A. 冲减2016年度会计报表主营业务收入等相关项目
　　B. 冲减2015年度会计报表主营业务收入等相关项目
　　C. 不做会计处理
　　D. 在2016年度会计报告报出时，冲减利润表主营业务收入项目的上年数等相关项目

14. 甲公司2016年2月2日应收B企业账款500万元，双方约定在当年12月2日偿还，但12月20日B企业宣告破产无法偿付欠款，则在甲公司当年12月31日的资产负债表上，对这笔500万元款项（　　）。

　　A. 应作为非调整事项处理　　　　　　B. 应作为调整事项处理

C. 不需要反映 D. 作为2016年发生的业务反映

15. 下列年度资产负债表日至财务报告批准报出日之间发生的事项中，不属于资产负债表日后事项的是（ ）。

　　A. 销售商品活动
　　B. 对企业财务状况产生重大影响的外汇汇率大幅度变动
　　C. 出售重要的子公司
　　D. 火灾造成重大损失

二、多项选择题

1. 下列年度资产负债表日至财务报告批准报出日之间发生的事项中，属于资产负债表日后事项的有（ ）。

　　A. 按期履行报告年度签订的商品购销合同
　　B. 对企业财务状况产生重大影响的外汇汇率大幅度变动
　　C. 出售重要的子公司
　　D. 火灾造成重大损失

2. 下列发生在资产负债表日后期间的各事项中，属于甲公司资产负债表日后调整事项的有（ ）。

　　A. 上年销售的商品因质量问题而发生退回
　　B. 银行同意在日后期间到期的借款展期2年
　　C. 对于资产负债表日已经存在的未决诉讼，法院在日后期间判决
　　D. 董事会通过利润分配预案

3. 在报告年度资产负债表日至财务报告批准报出日之间发生的下列事项中，属于资产负债表日后调整事项的有（ ）。

　　A. 发现报告年度财务报表存在严重舞弊
　　B. 进一步确定了资产负债表日前售出资产的收入
　　C. 国家发布对企业经营业绩将产生重大影响的产业政策
　　D. 发现某商品销售合同在报告年度资产负债表日已成为亏损合同的证据

4. 某上市公司2015年度财务会计报告批准报出日为2016年4月20日。公司在2016年1月1日至4月20日发生的下列事项中，属于资产负债表日后调整事项的有（ ）。

　　A. 发生重大企业合并
　　B. 2015年已确认收入的商品销售业务，因产品质量问题于2016年2月8日发生销售折让
　　C. 2015年已确认收入的商品销售业务，因客户按现金折扣条件提前付款而在2016年1月12日发生现金折扣
　　D. 2016年1月2日盘盈一项固定资产

5. 资产负债表日后期间发生的下列事项中，不属于非调整事项的有（ ）。

　　A. 日后期间发行股票筹措巨额资金
　　B. 报告年度暂估入账的固定资产，在日后期间办妥了竣工决算手续
　　C. 日后期间资产负债表日未决诉讼结案并支付赔偿，且上年确认的预计负债金额小于实际支付金额
　　D. 日后期间自然灾害导致资产损失严重

6. 上市公司在其年度资产负债表日至财务报告批准报出日之间发生的下列事项中，属于非调整事项的有（ ）。

　　A. 向社会公众发行公司债券
　　B. 发生台风导致公司存货严重受损
　　C. 日后期间新取得的证据表明某项资产在资产负债表日已经发生减值但企业没有对其计提减值

准备

D. 资本公积转增资本

7. 2015年甲公司为乙公司的500万元债务提供70%的担保，乙公司因到期无力偿还债务被起诉，至12月31日，法院尚未作出判决，甲公司根据有关情况预计很可能承担部分担保责任，且金额能够可靠计量，2016年2月6日甲公司财务报告批准报出之前法院作出判决，甲公司承担全部担保责任，需为乙公司偿还债务的70%，甲公司已执行，甲公司的以下处理中，正确的有（　　）。

A. 甲公司在2015年12月31日应对该事项进行披露，不需确认预计负债
B. 甲公司在2015年12月31日应按照很可能承担的担保责任确认预计负债，并进行披露
C. 甲公司在2016年2月6日应按照资产负债表日后非调整事项处理，在报告年度报表附注中予以披露
D. 甲公司在2016年2月6日应按照资产负债表日后调整事项处理，调整会计报表相关项目

8. 某上市公司财务报告批准报出日为次年4月30日，该公司在资产负债表日后发生以下事项，其中属于非调整事项的有（　　）。

A. 接到某债务人1月28日发生一场火灾，导致重大损失，以至于不能偿还货款的通知，该公司已将此货款于资产负债表日计入应收账款
B. 外汇汇率发生较大变动
C. 新证据表明资产负债表日对长期建造合同应计收益的估计存在重大误差
D. 发行债券筹资

9. 资产负债表日后非调整事项的特点包括（　　）。

A. 在资产负债表日或以前已经存在　　B. 在资产负债表日并未发生或存在
C. 资产负债表日得以证实　　　　　　D. 期后发生的事项

10. 对于资产负债表日后事项的非调整事项，应在会计报表附注中披露的有（　　）。

A. 非调整事项的内容　　　　　　　　B. 非调整事项可能对财务状况的影响
C. 非调整事项可能对经营成果的影响　　D. 非调整事项在报告年度以后可能的调整

三、判断题

1. 企业在资产负债表日后发生严重火灾，损失仓库一栋，这一事项属于调整事项。（　　）
2. 交易性金融资产因资产负债表日后市价严重下跌，公司应将其视为资产负债表日后调整事项。（　　）
3. 对资产负债表日后事项中的非调整事项，只进行账务处理，不需要披露。（　　）
4. 资产负债表日后发生的调整事项如涉及现金收支项目，不需要调整报告年度现金流量表正表，但需调整报告年度资产负债表的货币资金项目。（　　）
5. 企业在判断或有事项的存在及有关金额时，依据或有事项准则进行处理，当或有事项确定下来成为资产负债表日后事项时，依据资产负债表日后事项准则作出相应处理。（　　）
6. 对资产负债表日后事项中的调整事项，涉及损益的事项，通过"以前年度损益调整"科目核算，然后将"以前年度损益调整"的余额转入"本年利润"科目。（　　）
7. 2015年度财务会计报告批准报出前，该公司董事会于2016年2月25日提出分派股票股利方案。该公司对该事项在会计报表附注中作了相关披露，但未调整会计报表相关项目的金额。（　　）
8. 资产负债表日后事项中的调整事项，涉及损益调整的事项，直接在"利润分配——未分配利润"科目核算。（　　）
9. 资产负债表日前已符合收入确认条件的商品销售，在日后期间发生销售折让的，应该调整报告年度财务报表相关项目的金额。（　　）
10. 企业在报告年度资产负债表日至财务报告批准报出日之间取得确凿证据，表明某项资产在资产负债表日已发生减值的，应作为调整事项进行处理。（　　）

11. 资产负债表日后事项涵盖期间股利的分配可以作为日后调整事项进行处理。（ ）
12. 资产负债表日至财务会计报告批准报出日之间发生的报告年度售出的商品因质量问题被退回，该事项属于资产负债表日后非调整事项。（ ）
13. 如果企业在日后期间获得可靠证据证实某项资产在资产负债表日已经发生了减损，企业应将其作为调整事项处理。（ ）
14. 资产负债表日后事项既可以是有利事项，也可以是不利事项。（ ）
15. 资产负债表日后发生的所有事项都属于资产负债表日后事项。（ ）

四、业务题

1. 甲公司系上市公司，属于增值税一般纳税企业，适用的增值税税率为17%，适用的所得税税率为25%，所得税采用资产负债表债务法核算。如无特别说明，甲公司对于3个月以内账龄的应收款项按照5‰的比例计提坏账准备。不考虑除增值税、所得税以外的其他相关税费。甲公司按当年实现净利润的10%提取法定盈余公积。甲公司2015年度所得税汇算清缴于2016年4月8日完成。甲公司2015年度财务报告于2016年3月31日经董事会批准对外报出。

2016年1月1日至3月31日，甲公司发生如下交易或事项：

（1）1月14日，甲公司收到乙公司退回的2015年10月4日购入的一批商品，同时收到税务机关开具的进货退出证明单。当日，甲公司向乙公司开具红字增值税专用发票。该批商品的销售价格（不含增值税）为200万元，增值税为34万元，销售成本为185万元。假定甲公司销售该批商品时，销售价格是公允的，也符合收入确认条件。至2016年1月14日，该批商品的应收账款尚未收回。

（2）2月25日，甲公司办公楼因电线短路引发火灾，造成办公楼严重损坏，直接经济损失230万元。

（3）2月26日，甲公司获知丙公司被法院依法宣告破产，预计应收丙公司账款250万元（含增值税）收回的可能性极小，应按全额计提坏账准备。甲公司在2015年12月31日已被告知丙公司资金周转困难无法按期偿还债务，因而按应收丙公司账款余额的50%计提了坏账准备。

（4）3月5日，甲公司发现2015年度漏记某项生产设备折旧费用200万元，金额较大。至2015年12月31日，该生产设备生产的已完工产品尚未对外销售。

（5）3月15日，甲公司决定以2 400万元收购丁上市公司股权。该项股权收购完成后，甲公司将拥有丁上市公司有表决权股份的10%。

（6）3月28日，甲公司董事会提出利润分配方案，决定分配现金股利210万元。

要求：

（1）指出甲公司发生的上述所有事项中哪些属于调整事项。

（2）对于上述调整事项，编制有关调整会计分录。

（3）填列甲公司2015年12月31日资产负债表相关项目调整表中各项目的调整金额（调增数以"＋"表示，调减数以"－"表示）（见表9－2）。

表9－2

资产负债表项目	调整金额（万元）
应收账款	
存货	
固定资产	
递延所得税资产	
应交税费	
应付股利	

续表

资产负债表项目	调整金额（万元）
盈余公积	
未分配利润	

注："应交税费"科目要求写出明细科目及专栏名称，"利润分配"科目要求写出明细科目；答案中的金额单位用万元表示，结果保留两位小数。

2. 甲公司为上市公司，适用的所得税税率为25%，按净利润的10%提取法定盈余公积。甲公司发生的有关业务资料如下：

（1）2015年12月1日，甲公司因合同违约被乙公司告上法庭，要求甲公司赔偿违约金1 000万元。至2015年12月31日，该项诉讼尚未判决，甲公司经咨询法律顾问后，认为很可能赔偿的金额为700万元。

2015年12月31日，甲公司对该项未决诉讼事项确认预计负债和营业外支出700万元，并确认了相应的递延所得税资产和所得税费用为175万元。

（2）2016年3月5日，经法院判决，甲公司应赔偿乙公司违约金500万元。甲、乙公司均不再上诉。款项尚未支付。

其他相关资料：甲公司所得税汇算清缴日为2016年4月30日；2015年度财务报告批准报出日为2016年3月31日；未来期间能够取得足够的应纳税所得额用以抵扣可抵扣暂时性差异；不考虑其他因素。

要求：

（1）根据法院判决结果，编制甲公司调整2015年度财务报表相关项目的会计分录。

（2）根据调整分录的相关金额，填列财务报表相关项目（见表9-3）。

表9-3

调整项目	影响金额
利润表项目：	
营业外支出	
所得税费用	
净利润	
资产负债表项目：	
递延所得税资产	
其他应付款	
预计负债	
盈余公积	
未分配利润	

注：减少数以"-"表示，答案中的金额单位用万元表示。

项目十
财务报告的编制

【学习目标】

能力目标：能正确编制资产负债表；能正确编制利润表；能正确编制现金流量表；能正确编制所有者权益变动表；能正确编写报表附注。

知识目标：熟悉资产负债表的含义及结构，掌握资产负债表相关项目的填列；熟悉净利润的核算，掌握利润表相关项目的填列；熟悉现金流量表的内容及结构，掌握其编制方法；熟悉所有者权益变动表的内容及结构，掌握其编制方法；熟悉会计报表附注的主要内容。

【情境导入】

企业的目标主要是为会计信息使用者提供决策有用的会计信息。在会计核算中，会计主体通过设置、登记会计账簿，能够全面、连续、系统地反映经济业务及其结果。但因会计账簿资料分散于各个会计账户，不能清晰地反映各个经济指标间的内在联系，不能满足国家宏观经济管理要求，也不能满足投资者、债权人等会计信息使用者了解该单位财务状况和经营成果的需要，同时也不能满足单位内部加强经营管理的需要。所以，财会人员应通过编制财务会计报告，提供反映会计主体财务状况、经营成果和现金流量的总括的会计资料。因此，编制财务报告具有重要的现实意义。

任务分解：(1) 资产负债表的编制。(2) 利润表的编制。(3) 现金流量表的编制。(4) 所有者权益变动表的编制。(5) 报表附注的编制。

任务一 资产负债表的编制

【任务分析】

资产负债表是反映企业特定时点财务状况信息的报表，反映了企业资金的来源和运用情况，提供了有关企业财务状况的信息，有助于报表使用者作出决策。会计人员应该掌握资产负债表的编制方法。

【知识准备及应用】

一、财务会计报告的含义

财务会计报告是指企业对外提供的反映企业某一特定日期的财务状况和某一会计期间的经营成果、现金流量等会计信息的文件。财务报告（又称财务会计报告）包括财务报表和其他应当在财务报告中披露的相关信息和资料。财务报表是对企业财务状况、经营成果和现金流量的结构性表述，是财务报告的核心。财务报表至少应当包括下列组成部分（四表一

注）：

(1) 资产负债表。
(2) 利润表。
(3) 现金流量表。
(4) 所有者权益变动表。
(5) 附注。

按财务报表编报期间的不同，可以分为中期财务报表和年度财务报表。中期财务报表是以短于一个完整会计年度的报告期间为基础编制的财务报表，包括月报、季报和半年报等。中期财务报表至少应当包括资产负债表、利润表、现金流量表和附注。与年度财务报表相比，中期财务报表中的附注披露可适当简略。

二、资产负债表概述

（一）资产负债表的概念

资产负债表是反映企业在某一特定日期（如月末、季末、年末）的财务状况的报表。资产负债表是根据"资产 = 负债 + 所有者权益"这一会计等式，按照一定的分类标准和顺序，将企业在一定日期的资产、负债、所有者权益各项目进行适当排列，对大量数据进行整理汇总后编制的。

（二）资产负债表的作用

资产负债表主要提供有关企业财务状况方面的信息，即某一特定日期关于企业资产、负债、所有者权益及其相互关系。资产负债表的作用包括：

1. 可以提供某一日期资产的总额及其结构，表明企业拥有或控制的资源及其分布情况，使用者可以一目了然地从资产负债表上了解企业在某一特定日期所拥有的资产总量及其结构；

2. 可以提供某一日期的负债总额及其结构，表明企业未来需要用多少资产或劳务清偿债务以及清偿时间；

3. 可以反映所有者所拥有的权益，据以判断资本保值、增值的情况以及对负债的保障程度。

（三）资产负债表的结构

根据我国《企业会计制度》的规定，我国企业的资产负债表采用账户式结构。

账户式资产负债表，是将资产负债表分为左右两方，资产项目列在报表的左方，大体按资产的流动性大小排列，流动性大的资产如"货币资金"、"交易性金融资产"等排在前面，流动性小的资产如"长期股权投资"、"固定资产"等排在后面。负债和所有者权益项目列在报表的右方，一般按要求清偿时间的先后顺序排列："短期借款"、"应付票据"、"应付账款"等需要在一年以内或者长于一年的一个正常营业周期内偿还的流动负债排在前面，"长期借款"等在一年以上才需偿还的非流动负债排在中间，在企业清算之前不需要偿还的所有者权益项目排在后面。

账户式资产负债表中的资产各项目的合计等于负债和所有者权益各项目的合计,即资产负债表左方和右方平衡。因此,通过账户式资产负债表,可以反映资产、负债、所有者权益之间的内在联系,即"资产=负债+所有者权益"。

资产负债表的具体格式如表10-1所示。

表10-1　　　　　　　　　　　　　资产负债表

会企01表

编制单位：　　　　　　　　　　　年　月　日　　　　　　　　　　单位：元

资产	期末余额	年初余额	负债和所有者权益（或股东权益）	期末余额	年初余额
流动资产：			流动负债：		
货币资金			短期借款		
交易性金融资产			交易性金融负债		
应收票据			应付票据		
应收账款			应付账款		
预付款项			预收款项		
应收利息			应付职工薪酬		
应收股利			应交税费		
其他应收款			应付利息		
存货			应付股利		
一年内到期的非流动资产			其他应付款		
其他流动资产			一年内到期的非流动负债		
流动资产合计			其他流动负债		
非流动资产：			流动负债合计		
可供出售金融资产			非流动负债：		
持有至到期投资			长期借款		
长期应收款			应付债券		
长期股权投资			长期应付款		
投资性房地产			专项应付款		
固定资产			预计负债		
在建工程			递延所得税负债		
工程物资			其他非流动负债		
固定资产清理			非流动负债合计		
生产性生物资产			负债合计		
油气资产			所有者权益（或股东权益）：		

续表

资产	期末余额	年初余额	负债和所有者权益（或股东权益）	期末余额	年初余额
无形资产			实收资本（或股本）		
开发支出			资本公积		
商誉			减：库存股		
长期待摊费用			盈余公积		
递延所得税资产			未分配利润		
其他非流动资产			所有者权益（或股东权益）合计		
非流动资产合计					
资产总计			负债和所有者权益（或股东权益）总计		

三、资产负债表的填列方法

（一）"年初余额"的填列

表 10-1 中的"年初余额"栏通常根据上年末有关项目的期末余额填列，且与上年末资产负债表"期末余额"栏相一致。如果本年度资产负债表规定的各个项目名称和内容同上年度不一致，应对上年年末资产负债表各项目的名称和内容按本年度的规定进行调整，按调整后的数字填入本表"年初余额"栏内。

（二）"期末余额"的填列方法

资产负债表内"期末余额"栏内各项数字，一般应根据资产、负债和所有者权益类科目的期末余额填列。主要包括以下方式：

1. 根据总账科目余额填列，如"交易性金融资产"项目。
2. 根据几个总账科目的期末余额计算填列，如"货币资金"项目。
3. 根据明细账科目余额计算填列，如"应付账款"项目。
4. 根据总账科目和明细账科目余额分析计算填列，如"长期借款"项目。
5. 根据有关科目余额减去其备抵科目余额后的净额填列，如"固定资产"项目。
6. 综合运用上述填列方法分析填列，如"存货"项目。

（三）"期末余额"具体项目的填列

1. 资产项目的填列。

（1）"货币资金"项目，反映企业库存现金、银行结算户存款、外埠存款、银行汇票存款、银行本票存款、信用卡存款、信用证保证金存款等的合计数。本项目应根据"库存现金"、"银行存款"、"其他货币资金"科目期末余额的合计数填列。

"货币资金"项目 = "库存现金"科目期末余额 + "银行存款"科目期末余额 + "其他货币资金"科目期末余额

【同步操练10-1】 某企业2015年12月31日结账后的"库存现金"科目余额为5 000元,"银行存款"科目余额为2 000 000元,"其他货币资金"科目余额为500 000元。

该企业2015年12月31日资产负债表中的"货币资金"项目金额为:

5 000 + 2 000 000 + 500 000 = 2 505 000(元)

(2)"交易性金融资产"项目,反映企业持有的以公允价值计量且其变动计入当期损益为交易目的所持有的债券投资、股票投资、基金投资、权证投资等金融资产。本项目应根据"交易性金融资产"科目的期末余额填列。

(3)"应收票据"项目,反映企业因销售商品、提供劳务等而收到的商业汇票,包括银行承兑汇票和商业承兑汇票。本项目应根据"应收票据"科目的期末余额,减去"坏账准备"科目中有关应收票据计提的坏账准备期末余额后的金额填列。

"应收票据"项目 = "应收票据"科目的期末余额 - "坏账准备"科目中有关应收票据计提的坏账准备期末余额

(4)"应收账款"项目,反映企业因销售商品、提供劳务等经营活动应收取的款项。本项目应根据"应收账款"和"预收账款"科目所属各明细科目的期末借方余额合计数,减去"坏账准备"科目中有关应收账款计提的坏账准备期末余额后的金额填列。如"应收账款"科目所属明细科目期末有贷方余额的,应在资产负债表"预收款项"项目内填列。

"应收账款"项目 = "应收账款"科目所属各明细科目的期末借方余额 + "预收账款"科目所属各明细科目的期末借方余额 - "坏账准备"科目中有关应收账款计提的坏账准备期末余额

【同步操练10-2】 某企业2015年12月31日结账后有关科目所属的明细科目借、贷方余额如表10-2所示(设"坏账准备"科目中为应收账款计提的坏账准备是1 500元)。

表10-2   单位:元

科目名称	明细科目借方余额合计	明细科目贷方余额合计
应收账款	800 000	50 000
预付账款	400 000	30 000
应付账款	200 000	900 000
预收账款	300 000	700 000

该企业2015年12月31日资产负债表中的"应收账款"项目金额为:

800 000 + 300 000 - 1 500 = 1 098 500(元)

(5)"预付款项"项目,反映企业按照购货合同规定预付给供应单位的款项等。本项目应根据"预付账款"和"应付账款"科目所属各明细科目的期末借方余额合计数,减去"坏账准备"科目中有关预付款项计提的坏账准备期末余额后的金额填列。如"预付账款"

科目所属各明细科目期末有贷方余额的,应在资产负债表"应付账款"项目内填列。

"预付款项"项目="预付账款"科目所属各明细科目的期末借方余额+"应付账款"科目所属各明细科目的期末借方余额-"坏账准备"科目中有关预付款项计提的坏账准备

【同步操练10-3】承【同步操练10-2】资料,该企业2015年12月31日资产负债表中的"预付账款"项目金额为:400 000+200 000=600 000(元)

【同步案例10-1】光明公司年末"应收账款"科目所属明细科目中有借方余额50 000元,贷方余额20 000元;"预付账款"所属明细科目中有借方余额13 000元,贷方余额5 000元;"应付账款"科目所属明细科目中有借方余额50 000元,贷方余额120 000元;"预收账款"科目所属明细科目中有借方余额3 000元,贷方余额10 000元;应收账款对应的"坏账准备"科目余额为1 000元。要求:计算年末资产负债表中"应收账款"、"预收账款"、"应付账款"、"预付账款"项目的金额。

(6)"应收利息"项目,反映企业应收取的债券投资等的利息。本项目应根据"应收利息"科目的期末余额的金额填列。

(7)"应收股利"项目,反映企业应收取的现金股利和应收取其他单位分配的利润。本项目应根据"应收股利"科目的期末余额的金额填列。

(8)"其他应收款"项目,反映企业除应收票据、应收账款、预付账款、应收股利、应收利息等经营活动以外的其他各种应收、暂付的款项。本项目应根据"其他应收款"科目的期末余额,减去"坏账准备"科目中有关其他应收款计提的坏账准备期末余额后的金额填列。

"其他应收款"项目="其他应收款"科目的期末余额-"坏账准备"科目中有关其他应收款计提的坏账准备

(9)"存货"项目,反映企业期末在库、在途和在加工中的各种存货的可变现净值。本项目应根据"材料采购"、"原材料"、"低值易耗品"、"库存商品"、"周转材料"、"委托加工物资"、"委托代销商品"、"生产成本"等科目的期末余额合计,减去"受托代销商品款"、"存货跌价准备"科目期末余额后的金额填列。材料采用计划成本核算,以及库存商品采用计划成本核算或售价核算的企业,还应按加或减材料成本差异、商品进销差价后的金额填列。

"存货"项目=("材料采购"、"原材料"、"周转材料"、"委托加工物资"等科目的期末余额)+("生产成本"科目的期末余额)+("库存商品"、"委托代销商品""发出商品"科目的期末余额)-"受托代销商品款"科目期末余额-"存货跌价准备"科目期末余额±材料成本差异科目期末余额

【同步操练10-4】某企业采用计划成本核算材料,2015年12月31日结账后有关科目余额为:"材料采购"科目余额为70 000元(借方),"原材料"科目余额为1 200 000元(借方),"周转材料"科目余额为900 000元(借方),"库存商品"科目余额为800 000元(借方),"生产成本"科目余额为300 000元(借方),"材料成本差异"科目余额为60 000元(贷方),"存货跌价准备"科目余额为105 000元。

该企业 2015 年 12 月 31 日资产负债表中的"存货"项目金额为：

70 000 + 1 200 000 + 900 000 + 800 000 + 300 000 - 60 000 - 105 000 = 3 105 000（元）

【同步案例 10-2】光明有限公司"原材料"科目借方余额 300 万元，"生产成本"科目借方余额 200 万元，"物资采购"科目借方余额 50 万元，"受托代销商品"科目借方余额 100 万元，"材料成本差异"科目贷方余额 30 万元，"存货跌价准备"科目贷方余额 20 万元，工程物资借方余额 5 万元。

要求：计算该企业期末资产负债表中"存货"项目应填列的金额。

（10）"一年内到期的非流动资产"项目，反映企业将于一年内到期的非流动资产项目金额。本项目应根据有关科目的期末余额填列。

（11）"其他流动资产"项目，反映企业除货币资金、交易性金融资产、应收票据、应收账款、存货等流动资产以外的其他流动资产。本项目应根据有关科目的期末余额填列。

（12）"可供出售金融资产"项目，反映企业持有的以公允价值计量的可供出售的股票投资、债券投资等金融资产。本项目应根据"可供出售金融资产"科目的期末余额，减去"可供出售金融资产减值准备"科目期末余额后的金额填列。

（13）"持有至到期投资"项目，反映企业持有的以摊余成本计量的持有至到期投资。本项目应根据"持有至到期投资"科目的期末余额，减去"持有至到期投资减值准备"科目期末余额后的金额填列，还要减去将于一年内到期的持有至到期投资。

（14）"长期应收款"项目，反映企业融资租赁产生的应收款项、采用递延方式具有融资性质的销售商品和提供劳务等产生的长期应收款项等。本项目应根据"长期应收款"科目的期末余额，减去相应的"未实现融资收益"科目和"坏账准备"科目所属相关明细科目期末余额后的金额填列，还要减去将于一年内到期的长期应收款。

（15）"长期股权投资"项目，反映企业持有的对子公司、联营企业和合营企业的长期股权投资。本项目应根据"长期股权投资"科目的期末余额，减去"长期股权投资减值准备"科目期末余额后的金额填列。

（16）"投资性房地产"项目，反映企业持有的投资性房地产。企业采用成本模式计量投资性房地产的，本项目应根据"投资性房地产"科目的期末余额，减去"投资性房地产累计折旧（摊销）"和"投资性房地产减值准备"科目期末余额后的金额填列；企业采用公允价值模式计量投资性房地产的，本项目应根据"投资性房地产"科目的期末余额填列。

（17）"固定资产"项目，反映企业各种固定资产原价减去累计折旧和累计减值准备后的净额。本项目应根据"固定资产"科目的期末余额，减去"累计折旧"和"固定资产减值准备"科目期末余额后的金额填列。

"固定资产"项目 = "固定资产"科目的期末余额 - "累计折旧"科目期末余额 - "固定资产减值准备"科目期末余额

【同步操练 10-5】某企业 2015 年 12 月 31 日结账后的"固定资产"科目余额为 500 000 元，"累计折旧"科目余额为 45 000 元，"固定资产减值准备"科目余额为 100 000 元。

该企业 2015 年 12 月 31 日资产负债表中的"固定资产"项目金额为：

500 000 - 45 000 - 100 000 = 355 000（元）

(18)"在建工程"项目,反映企业期末各项未完工程的实际支出,包括交付安装的设备价值、未完建筑安装工程已经耗用的材料、工资和费用支出、预付出包工程的价款等的可收回金额。本项目应根据"在建工程"科目的期末余额,减去"在建工程减值准备"科目期末余额后的金额填列。

(19)"工程物资"项目,反映企业尚未使用的各项工程物资的实际成本。本项目应根据"工程物资"科目的期末余额填列。

(20)"固定资产清理"项目,反映企业因出售、毁损、报废等原因转入清理但尚未清理完毕的固定资产的净值,以及固定资产清理过程中所发生的清理费用和变价收入等各项金额的差额。本项目应根据"固定资产清理"科目的期末借方余额填列,如"固定资产清理"科目期末为贷方余额,以"—"号填列。

(21)"无形资产"项目,反映企业持有的无形资产,包括专利权、非专利技术、商标权、著作权、土地使用权等。本项目应根据"无形资产"科目的期末余额,减去"累计摊销"和"无形资产减值准备"科目期末余额后的金额填列。

【同步操练10-6】某企业2015年12月31日结账后的"无形资产"科目余额为244 000元,"累计摊销"科目余额为24 400元,"无形资产减值准备"科目余额为46 500元。

该企业2015年12月31日资产负债表中的"无形资产"项目金额为:
244 000 - 24 400 - 46 500 = 173 100(元)

(22)"开发支出"项目,反映企业开发无形资产过程中能够资本化形成无形资产成本的支出部分。本项目应根据"研发支出"科目中所属的"资本化支出"明细科目期末余额填列。

(23)"商誉"项目,反映企业合并中形成的商誉的价值。本项目应根据"商誉"科目的期末余额,减去相应减值准备后的金额填列。

(24)"长期待摊费用"项目,反映企业已经发生但应由本期和以后各期负担的分摊期限在一年以上的各项费用。长期待摊费用中在一年内(含一年)摊销的部分,在资产负债表"一年内到期的非流动资产"项目填列。本项目应根据"长期待摊费用"科目的期末余额减去将于一年内(含一年)摊销的数额后的金额填列。

(25)"递延所得税资产"项目,反映企业确认的可抵扣暂时性差异产生的递延所得税资产,本项目应根据"递延所得税资产"科目的期末余额填列。"其他非流动资产"项目,反映企业除长期股权投资、固定资产、在建工程、工程物资、无形资产等资产以外的其他非流动资产。本项目应根据有关科目的期末余额填列。

2. 负债项目的填列。

(1)"短期借款"项目,反映企业向银行或其他金融机构等借款人的期限在一年以下(含一年)的借款。本项目应根据"短期借款"科目的期末余额填列。

(2)"交易性金融负债"项目,反映企业承担的以公允价值计量且其变动计入当期损益为交易目的所持有的金融负债。本项目应根据"交易性金融负债"科目的期末余额填列。

(3)"应付票据"项目,反映企业购买材料、商品和接受劳务供应等而开出、承兑的商业汇票,包括银行承兑汇票和商业承兑汇票。本项目应根据"应付票据"科目的期末余额填列。

(4)"应付账款"项目,反映企业因购买材料、商品和接受劳务供应等经营活动应支付的款项。本项目应根据"应付账款"和"预付账款"科目所属各明细科目的期末贷方余额合计数填列。如"应付账款"科目所属明细科目期末有借方余额的,应在资产负债表"预付款项"项目内填列。

"应付账款"项目="应付账款"科目所属各明细科目的期末贷方余额+"预付账款"科目所属各明细科目的期末贷方余额

【同步操练10-7】承【同步操练10-2】资料,该企业2015年12月31日资产负债表中的"应付账款"项目金额为:30 000+900 000=930 000(元)

(5)"预收款项"项目,反映企业按照购货合同规定预付给供应单位的款项。本项目应根据"预收账款"和"应收账款"科目所属各明细科目的期末贷方余额合计数填列。如"预收账款"科目所属明细科目期末有借方余额,应在资产负债表"应收账款"项目内填列。

"预收款项"项目="预收账款"科目所属各明细科目的期末贷方余额+"应收账款"科目所属各明细科目的期末贷方余额

【同步操练10-8】承【同步操练10-2】资料,该企业2015年12月31日资产负债表中的"预收账款"项目金额为:700 000+50 000=750 000(元)

(6)"应付职工薪酬"项目,反映企业根据有关规定应付给职工的工资、职工福利、社会保险费、住房公积金、工会经费、职工教育经费、非货币性福利、辞退福利等各种薪酬。外商投资企业按规定从净利润中提取的职工奖励及福利基金,也在本项目列示。

【同步操练10-9】某企业2015年12月31日应付管理人员工资150 000元,应计提福利费21 000元应付车间工作人员工资28 500元,无其他应付职工薪酬项目。

企业2015年12月31日资产负债表中"应付职工薪酬"项目金额为:
150 000+21 000+28 500=199 500(元)

(7)"应交税费"项目,反映企业按照税法规定计算应交纳的各种税费,包括增值税、消费税、营业税、所得税、资源税、土地增值税、城市维护建设税、房产税、土地使用税、车船税、教育费附加、矿产资源补偿费等。企业代扣代交的个人所得税,也通过本项目列示。企业所交纳的税金不需要预计应交数的,如印花税、耕地占用税等,不在本项目列示。本项目应根据"应交税费"科目的期末贷方余额填列;如"应交税费"科目期末为借方余额,应以"一"号填列。

(8)"应付利息"项目,反映企业按照规定应当支付的利息,包括分期付息到期还本的长期借款应支付的利息、企业发行的企业债券应支付的利息等。本项目应当根据"应付利息"科目的期末余额填列。

(9)"应付股利"项目,反映企业分配的现金股利或利润。企业分配的股票股利,不通过本项目列示。本项目应根据"应付股利"科目的期末余额填列。

(10)"其他应付款"项目,反映企业除应付票据、应付账款、预收款项、应付职工薪酬、应付股利、应付利息、应交税费等经营活动以外的其他各项应付、暂收的款项。本项目应根据"其他应付款"科目的期末余额填列。

(11) "一年内到期的非流动负债"项目，反映企业非流动负债中将于资产负债表日后一年内到期部分的金额，如将于一年内偿还的长期借款。本项目应根据有关科目的期末余额填列。

(12) "其他流动负债"项目，反映企业除短期借款、交易性金融负债、应付票据、应付账款、应付职工薪酬、应交税费等流动负债以外的其他流动负债。本项目应根据有关科目的期末余额填列。

(13) "长期借款"项目，反映企业向银行或其他金融机构借入的期限在一年以上（不含一年）的各项借款。本项目应根据"长期借款"科目的期末余额填列，还要减去将于一年内到期的长期借款。

(14) "应付债券"项目，反映企业为筹集长期资金而发行的债券本金和利息。本项目应根据"应付债券"科目的期末余额填列，还要减去将于一年内到期的应付债券。

(15) "长期应付款"项目，反映企业除长期借款和应付债券以外的其他各种长期应付款项。本项目应根据"长期应付款"科目的期末余额，减去相应的"未确认融资费用"科目期末余额后的金额填列，有时还要减去将于一年内到期的长期应付款。

(16) "专项应付款"项目，反映企业取得政府作为企业所有者投入的具有专项或特定用途的款项。本项目应根据"专项应付款"科目的期末余额填列。

(17) "预计负债"项目，反映企业确认的对外提供担保、未决诉讼、产品质量保证、重组义务、亏损性合同等预计负债。本项目应根据"预计负债"科目的期末余额填列。

(18) "递延所得税负债"项目，反映企业确认的应纳税暂时性差异产生的所得税负债。本项目应根据"递延所得税负债"科目的期末余额填列。

(19) "其他非流动负债"项目，反映企业除长期借款、应付债券等负债以外的其他非流动负债。本项目应根据有关科目的期末余额减去将于一年内（含一年）到期偿还数后的余额填列。非流动负债各项目中将于一年内（含一年）到期的非流动负债，应在"一年内到期的非流动负债"项目内单独反映。

3. 所有者权益项目的列报。

(1) "实收资本（或股本）"项目，反映企业各投资者实际投入的资本（或股本）总额。本项目应根据"实收资本"（或"股本"）科目的期末余额填列。

(2) "资本公积"项目，反映企业资本公积的期末余额。本项目应根据"资本公积"科目的期末余额填列。

(3) "库存股"项目，反映企业持有尚未转让或注销的本公司股份金额。本项目应根据"库存股"科目的期末余额填列。

(4) "盈余公积"项目，反映企业盈余公积的期末余额。本项目应根据"盈余公积"科目的期末余额填列。

(5) "未分配利润"项目，反映企业尚未分配的利润。本项目平时应根据"本年利润"科目和"利润分配"科目的余额计算填列；年末根据"利润分配——未分配利润"余额填列。未弥补的亏损在本项目内以"—"号填列。

【**同步操练 10-10**】某企业 2015 年 10 月末有关总账如下："本年利润"期末余额为 10 000 元（贷方），"利润分配"期末余额为 7 500 元（借方）。

企业 2015 年 10 月末资产负债表中"未分配利润"项目金额为：

10 000 － 7 500 ＝ 2 500（元）

【同步案例 10 － 3】

某公司 2015 年 12 月 31 日结账后有关账户余额及相关资料如表 10 － 3 所示。

表 10 － 3

账　户	借方金额	贷方金额	备　注
库存现金	360		
银行存款	4 282 050		
应收账款			
——A 公司	40 000		"应收账款"账户同时核算应收账款和预收账款，只有应收账款计提了坏账准备
——B 公司	30 000		
——C 公司		10 000	
坏账准备		2 120	
其他应收款	220 850		
在途物资	11 680		
原材料	91 670		
周转材料	13 600		
库存商品	510 000		
存货跌价准备		400	
发出商品	1 240 000		
无形资产	106 000		
无形资产减值准备	46 000		
短期借款		20 000	
应付账款			
——甲公司	10 000		"应付账款"账户同时核算应付账款和预付账款
——乙公司		195 802	
长期借款		100 000	一年内到期的长期借款为 24 000 元
长期应付款		450 000	

要求：根据以上资料计算资产负债表中以下项目的填列金额。

（1）货币资金 ＝

（2）应收账款 ＝

（3）预付账款 ＝

（4）存　　货 ＝

（5）无形资产 ＝

(6) 应付账款 =
(7) 预收账款 =
(8) 长期借款 =

任务二 利润表的编制

【任务分析】

利润表了反映企业在一定会计期间的经营成果,通过利润表可以了解企业某一期间实现净利润或发生亏损情况。会计人员应掌握利润表的编制方法。

【知识准备及应用】

一、利润表的概念和结构

(一) 利润表的概念

利润表是反映企业在一定会计期间经营成果的报表。

通过提供利润表,可以反映企业在一定会计期间的收入、费用、利润(或亏损)的数额、构成情况,帮助财务报表使用者全面了解企业的经营成果,分析企业的获利能力及盈利增长趋势,从而为其作出经济决策提供依据。

(二) 利润表的结构

利润表正表的格式一般有两种:单步式利润表和多步式利润表。单步式利润表是将当期所有的收入列在一起,然后将所有的费用列在一起,两者相减得出当期净损益。多步式利润表是通过对当期的收入、费用、支出项目按性质加以归类,按利润形成的主要环节列示一些中间性利润指标,分步计算当期净损益。

财务报表列报准则规定,企业应当采用多步式列报利润表,将不同性质的收入和费用类进行对比,从而可以得出一些中间性的利润数据,便于使用者理解企业经营成果的不同来源。其格式如表10-4所示。

表 10-4 利 润 表

会企02表

编制单位: 年 月 日 单位:元

项 目	本期金额	上期金额(略)
一、营业收入		
减:营业成本		
营业税金及附加		
销售费用		

续表

项　　目	本期金额	上期金额（略）
管理费用		
财务费用		
资产减值损失		
加：公允价值变动收益（损失以"－"号填列）		
投资收益（损失以"－"号填列）		
其中对联营企业和合营企业的投资收益		
二、营业利润（亏损以"－"号填列）		
加：营业外收入		
减：营业外支出		
其中：非流动资产处置损失		
三、利润总额（亏损总额以"－"号填列）		
减：所得税费用		
四、净利润（净亏损以"－"号填列）		
五、每股收益		
（一）基本每股收益		
（二）稀释每股收益		

二、利润表的填列方法

（一）上期金额栏的填列方法

利润表"上期金额"栏内各项数字，应根据上年该期利润表"本期金额"栏内所列数字填列。如果上年该期利润表规定的各个项目的名称和内容同本期不相一致，应对上年该期利润表各项目的名称和数字按本期的规定进行调整，填入利润表"上期金额"栏内。

（二）本期金额栏的填列方法

企业利润表的主要编制步骤如下：第一步，以营业收入为基础，减去营业成本、营业税金及附加、销售费用、管理费用、财务费用、资产减值损失，加上公允价值变动收益（减去公允价值变动损失）和投资收益（减去投资损失），计算出营业利润。第二步，以营业利润为基础，加上营业外收入，减去营业外支出，计算出利润总额。第三步，以利润总额为基础，减去所得税费用，计算出净利润（或亏损）。其格式如表10-5所示。

表 10-5

项 目	填列方法
一、营业收入	="主营业务收入" + "其他业务收入"
减：营业成本	="主营业务成本" + "其他业务成本"
营业税金及附加	="营业税金及附加"
销售费用	="销售费用"
管理费用	="管理费用"
财务费用（收益以"-"号填列）	="财务费用"
资产减值损失	="资产减值损失"
加：公允价值变动净收益（净损失以"-"号填列）	="公允价值变动损益"
投资净收益（净损失以"-"号填列）	="投资损益"
二、营业利润（亏损以"-"号填列）	计算认定
加：营业外收入	="营业外收入"
减：营业外支出	="营业外支出"
三：利润总额（亏损总额以"-"填列）	计算认定
减：所得税费用	="所得税费用"
四、净利润（净亏损以"-"填列）	计算认定
五、每股净收益	
（一）基本每股收益	="归属于普通股股东的当期净利润" ÷ "当期发行在外普通股的加权平均数"
（二）稀释每股收益	="归属于普通股股东的当期净利润" ÷ "假定稀释性潜在普通股转换为已发行普通股的前提下普通股股数的加权平均数"

【知识链接10-1】基本每股收益仅考虑当期实际发行在外的普通股股份，按照归属于普通股股东的当期净利润除以当期实际发行在外普通股的加权平均数计算确定。

稀释每股收益稀释每股收益是以基本每股收益为基础，假设企业所有发行在外的稀释性潜在普通股均已转换为普通股，从而分别调整归属于普通股股东的当期净利润以及发行在外普通股的加权平均数计算而得的每股收益。

任务三 现金流量表的编制

【任务分析】

现金流量表反映企业一定会计期间内现金和现金等价物流入和流出的信息，有助于报表使用者了解和评价企业获得现金和现金等价物的能力。会计人员应该掌握现金流量表的编制方法。

【知识准备及应用】

一、现金流量表概述

（一）现金流量表的概念

现金流量表是反映企业在一定会计期间的现金和现金等价物的流入和流出的会计报表。

编制现金流量表，主要是为企业会计报表使用者提供企业一定会计期间内现金和现金等价物流入和流出的信息，以便于报表使用者了解和评价企业获取现金和现金等价物的能力，并据以预测企业未来现金流量。通过编报现金流量表，能够说明企业一定期间内现金流入和流出的原因，说明企业的偿债能力和支付股利的能力；也能够用以分析企业未来获取现金的能力，分析企业投资和理财活动对经营成果和财务状况的影响，有助于对企业的整体财务状况作出客观评价。

（二）现金和现金流量

现金流量表是以现金为基础编制的。这里的现金是相对广义的现金，不仅包括企业的库存现金，还包括企业可以随时用于支付的存款以及现金等价物。具体包括：

1. 库存现金，是指企业持有可随时用于支付的现金，也就是目前企业会计核算中"库存现金"科目核算的内容。

2. 银行存款，是指企业存放在银行或其他金融机构随时可以用于支付的存款，与目前企业会计核算中"银行存款"科目核算的内容基本一致，它不包括不能随时支取的定期存款，但提前通知金融企业便可支取的定期存款，应包括在现金范围内。

3. 其他货币资金，是指企业存在银行有特定用途的资金，包括外埠存款、银行汇票存款、银行本票存款等，与目前企业会计核算中"其他货币资金"科目核算的内容一致。

4. 现金等价物，是指企业持有的期限短、流动性强、易于转换为已知金额现金、价值变动风险很小的投资。期限短，一般是指从购买日起3个月内到期。现金等价物通常包括3个月内到期的短期债券投资。权益性投资变现的金额通常不确定，因而一般不属于现金等价物。

（三）现金流量及其分类

现金流量，是指现金和现金等价物的流入和流出，可以分为三类，即经营活动产生的现金流量、投资活动产生的现金流量和筹资活动产生的现金流量。

1. 经营活动产生的现金流量。经营活动，是指企业投资活动和筹资活动以外的所有交易和事项，包括销售商品或提供劳务、购买商品或接受劳务、收到的税费返还、支付职工薪酬、支付的各项税费、支付广告费用等。

2. 投资活动产生的现金流量。投资活动，是指企业长期资产的购建和不包括在现金等价物范围内的投资及其处置活动。包括取得和收回投资、购建和处置固定资产、购买和处置无形资产等。

3. 筹资活动产生的现金流量。筹资活动，是指导致企业资本及债务规模和构成发生变化的活动，包括发行股票或接受投入资本、分派现金股利、取得和偿还银行借款、发行和偿还公司债券等。

二、现金流量表的结构

我国企业现金流量表采用报告式结构，分类反映经营活动产生的现金流量、投资活动产生的现金流量和筹资活动产生的现金流量，最后汇总反映企业某一期间现金及现金等价物的净增加额。

我国企业现金流量表的格式如表10-6和表10-7所示。

表 10-6　　　　　　　　　　　　　　现金流量表

编制单位：　　　　　　　　　　　　　　　年　　　　　　　　　　　　　　　会企03表　单位：元

项　　目	本期金额	上期金额
一、经营活动产生的现金流量		
销售商品、提供劳务收到的现金		
收到的税费返还		
收到其他与经营活动有关的现金		
经营活动现金流入小计		
购买商品、接受劳务支付的现金		
支付给职工以及为职工支付的现金		
支付的各项税费		
支付其他与经营活动有关的现金		
经营活动现金流出小计		
经营活动产生的现金流量净额		
二、投资活动产生的现金流量		
收回投资收到的现金		
取得投资收益收到的现金		
处置固定资产、无形资产和其他长期资产收回的现金净额		
处置子公司及其他营业单位收到的现金净额		
收到其他与投资活动有关的现金		

续表

项　　目	本期金额	上期金额
投资活动现金流入小计		
购建固定资产、无形资产和其他长期资产支付的现金		
投资支付的现金		
取得子公司及其他营业单位支付的现金净额		
支付其他与投资活动有关的现金		
投资活动现金流出小计		
投资活动产生的现金流量净额		
三、筹资活动产生的现金流量		
吸收投资收到的现金		
取得借款收到的现金		
收到其他与筹资活动有关的现金		
筹资活动现金流入小计		
偿还债务支付的现金		
分配股利、利润或偿付利息支付的现金		
支付其他与筹资活动有关的现金		
筹资活动现金流出小计		
筹资活动产生的现金流量净额		
四、汇率变动对现金及现金等价物的影响		
五、现金及现金等价物净增加额。		
加：期初现金及现金等价物余额		
六、期末现金及现金等价物余额		

表 10-7　　　　　　　　　现金流量表补充资料

补 充 资 料	本期金额	上期金额
1. 将净利润调节为经营活动现金流量		
净利润		
加：资产减值准备		
固定资产折旧、油气资产折耗、生产性生物资产折旧		

续表

补 充 资 料	本期金额	上期金额
无形资产摊销		
长期待摊费用摊销		
处置固定资产、无形资产和其他长期资产的损失（收益以"-"号填列）		
固定资产报废损失（收益以"-"号填列）		
公允价值变动损失（收益以"-"号填列）		
财务费用（收益以"-"号填列）		
投资损失（收益以"-"号填列）		
递延所得税资产减少（增加以"-"号填列）		
递延所得税负债增加（减少以"-"号填列）		
存货的减少（增加以"-"号填列）		
经营性应收项目的减少（增加以"-"号填列）		
经营性应付项目的增加（减少以"-"号填列）		
其他		
经营活动产生的现金流量净额		
2. 不涉及现金收支的重大投资和筹资活动		
债务转为资本		
一年内到期的可转换公司债券		
融资租入固定资产		
3. 现金及现金等价物净变动情况		
现金的期末余额		
减：现金的期初余额		
加：现金等价物的期末余额		
减：现金等价物的期初余额		
现金及现金等价物净增加额		

三、现金流量表的填列方法

（一）现金流量表主表中各项目的填列

现金流量表主表中各项目填列的方法一般是采用直接法。具体工作中又分为工作底稿法、T 形账户法和分析调整法。使用较多的是分析调整法。

分析调整法：根据本期发生的全部经济业务，通过对利润表和资产负债表中的全部项目进行调整编制现金流量表。

1. 经营活动产生的现金流量。

（1）"销售商品、提供劳务收到的现金"项目。

"销售商品、提供劳务收到的现金"项目，反映企业销售商品、提供劳务实际收到的现金（含销售收入和应向购买者收取的增值税额）。主要包括本期销售商品和提供劳务本期收到的现金，前期销售商品和提供劳务本期收到的现金，本期预收的商品款和劳务款等，本期发生销货退回而支付的现金应从销售商品或提供劳务收入款项中扣除。

销售商品、提供劳务收到的现金 = 销售商品、提供劳务产生的"收入和增值税销项税额" + 应收账款本期减少额（期初余额 – 期末余额）+ 应收票据本期减少额（期初余额 – 期末余额）+ 预收款项本期增加额（期末余额 – 期初余额）± 特殊调整业务

【知识链接 10 – 2】分析调整法的基本思路是先假设，后调整。如上述公式，就是先假设本期销售商品、提供劳务产生的"收入和增值税销项税额"全部收到现金，而后再分析这一假设是否正确，即从企业确认收入的对应科目应收账款、应收票据、预收款项增减变动情况来分析调整，如期初余额 > 期末余额（就是应收账款本期减少了），则表明不仅本期的收入都收到了现金，而且还把以前的应收款项也收回了，就要加上去。

值得说明的是，若题目中的资料给定的是"应收账款"账户的余额，而不是报表中"应收账款"项目的余额，则在计算"销售商品、提供劳务收到的现金"项目金额时，应将"本期发生的坏账回收"作为加项处理，将本期实际发生的坏账作为减项处理，本期计提或冲回的"坏账准备"不需作特殊处理。

【同步操练 10 – 11】某企业 2016 年度有关资料如下：（1）"应收账款"账户：年初数 100 万元，年末数 127 万元。（2）"应收票据"账户：年初数 40 万元，年末数 20 万元。（3）"预收款项"账户：年初数 80 万元，年末数 90 万元。（4）主营业务收入 6 000 万元。（5）应交税费——应交增值税（销项税额）1 020 万元。（6）其他有关资料如下：本期计提坏账准备 5 万元（该企业采用备抵法核算坏账损失），本期发生坏账回收 2 万元，收到客户用 11.7 万元商品（货款 10 万元，增值税 1.7 万元）抵偿前欠账款 12 万元。

销售商品、提供劳务收到的现金 =（销售商品、提供劳务产生的"收入和增值税销项税额"）+ 应收账款（期初余额 – 期末余额）+ 应收票据（期初余额 – 期末余额）+ 预收款项（期末余额 – 期初余额）+ 特殊调整业务

=（6 000 + 1 020）+（100 – 127）+（40 – 20）+（90 – 80）+ 2 – 12 = 7 013（万元）

（2）收到的税费返还。该项目反映企业收到返还的各种税费，包括收到返还的增值税、消费税、营业税、关税、所得税、教育费附加等。本项目可以根据"库存现金"、"银行存款"、"营业外收入"、"其他应收款"等科目的记录分析填列。

（3）收到的其他与经营活动有关的现金。

（4）"购买商品、接受劳务支付的现金"项目。

"购买商品、接受劳务支付的现金"项目，反映企业购买商品、接受劳务支付的现金

（包括支付的增值税进项税额）。主要包括本期购买商品接受劳务本期支付的现金，本期支付前期购买商品、接受劳务的未付款项和本期预付款项。本期发生购货退回而收到的现金应从购买商品或接受劳务支付的款项中扣除。

购买商品、接受劳务支付的现金 = 购买商品、接受劳务产生的"销售成本和增值税进项税额" + 应付账款本期减少额（期初余额 - 期末余额） + 应付票据本期减少额（期初余额 - 期末余额） + 预付款项本期增加额（期末余额 - 期初余额） + 存货本期增加额（期末余额 - 期初余额） ± 特殊调整业务

【同步操练10-12】某企业2016年度有关资料如下：（1）应付账款项目：年初数100万元，年末数120万元。（2）应付票据项目：年初数40万元，年末数20万元。（3）预付款项项目：年初数80万元，年末数90万元。（4）存货项目的年初数为100万元，年末数为80万元。（5）主营业务成本4 000万元。（6）应交税费-应交增值税（进项税额）600万元。（7）其他有关资料如下：用固定资产偿还应付账款10万元，生产成本中直接工资项目含有本期发生的生产工人工资费用100万元，本期制造费用发生额为60万元（其中消耗的物料为5万元），工程项目领用的本企业产品10万元。

购买商品、接受劳务支付的现金 =（4 000 + 600）+（100 - 120）+（40 - 20）+（90 - 80）+（80 - 100）-（10 + 100 + 55）+ 10 = 4 435（万元）

（5）支付给职工以及为职工支付的现金。不包括支付给离退休人员的各项费用及支付给在建工程人员的工资及其他费用。

【同步操练10-13】某企业2016年度有关职工薪酬有关资料如表10-8所示。

表10-8 单位：元

项目		年初数	本期分配或计提数	期末数
应付职工薪酬	生产工人工资	100 000	1 000 000	80 000
	车间管理人员工资	40 000	500 000	30 000
	行政管理人员工资	60 000	800 000	45 000
	在建工程人员工资	20 000	300 000	15 000

本期用银行存款支付离退休人员工资500 000元。假定应付职工薪酬本期减少数均以银行存款支付，应付职工薪酬为贷方余额。假定不考虑其他事项。

要求：
① 支付给职工以及为职工支付的现金；
② 支付的其他与经营活动有关的现金；
③ 购建固定资产、无形资产和其他长期资产所支付的现金。

① 支付给职工以及为职工支付的现金 =（100 000 + 40 000 + 60 000）+（1 000 000 + 500 000 + 800 000）-（80 000 + 30 000 + 45 000）= 2 345 000（元）

② 支付的其他与经营活动有关的现金 = 500 000（元）

③ 购建固定资产、无形资产和其他长期资产所支付的现金 = 20 000 + 300 000 - 15 000 =

305 000（元）

（6）支付的各项税费。包括计入"营业税金及附加"消费税、营业税、资源税、城市维护建设税、应交教育费附加；计入"所得税费用"的所得税；计入"管理费用"中的房产税、车船税、土地使用税、印花税、矿产资源补偿费；在"应交税费——应交增值税（已交税额）"反映的增值税。我们要从"营业税金及附加"、"所得税费用"、"管理费用"及所对应的"应交税费"账户中进行分析调整。值得注意的是，它不包括计入固定资产价值的实际支付的耕地占用税，也不包括本期退回的增值税、所得税。

【同步操练10－14】某企业2016年有关资料如下：（1）2016年利润表中的所得税费用为500 000元（均为当期应交所得税产生的所得税费用）。（2）"应交税费——应交所得税"科目年初数为20 000元，年末数为10 000元。假定不考虑其他税费。

要求：根据上述资料，计算"支付的各项税费"项目的金额。

支付的各项税费 = 20 000 + 500 000 - 10 000 = 510 000（元）

（7）支付的其他与经营活动有关的现金。该项目反映企业除上述各项目外所支付的其他与经营活动有关的现金，如经营租赁支付的租金、支付的罚款、差旅费、业务招待费、保险费等。项目反映。本项目可以根据"固定资产清理"、"库存现金"、"银行存款"等科目的记录分析填列。

【同步操练10－15】甲公司2016年度发生的管理费用为2 200万元，其中：以现金支付退休职工统筹退休金350万元和管理人员工资950万元，存货盘亏损失25万元，计提固定资产折旧420万元，无形资产摊销200万元，其余均以现金支付。

要求：计算"支付的其他与经营活动有关的现金"项目的金额。

"支付的其他与经营活动有关的现金"项目的金额 = 2 200 - 950 - 25 - 420 - 200 = 605（万元）

2. 投资活动产生的现金流量。

（1）收回投资收到的现金。该项目反映企业出售、转让或到期收回除现金等价物以外的对其他企业的权益工具、债务工具和合营中的权益等投资收到的现金。收回债务工具实现的投资收益、处置子公司及其他营业单位收到的现金净额不包括在本项目内。

【同步操练10－16】某企业2016年有关资料如下：（1）"交易性金融资产"科目本期贷方发生额为100万元，"投资收益——转让交易性金融资产收益"贷方发生额为5万元。（2）"长期股权投资"科目本期贷方发生额为200万元，该项投资未计提减值准备，"投资收益——转让长期股权投资收益"贷方发生额为6万元。假定转让上述投资均收到现金。

收回投资所收到的现金 = （100 + 5）+（200 + 6）= 311（万元）

（2）取得投资收益所收到的现金。该项目反映企业除现金等价物以外的对其他企业的权益工具、债务工具和合营的中的权益投资分回的现金股利和利息等，不包括股票股利。本项目可以根据"库存现金"、"银行存款"、"投资收益"等科目的记录分析填列。

（3）处置固定资产、无形资产和其他长期资产而收到的现金净额。

（4）处置子公司及其他营业单位收到的现金净额。

（5）收到的其他与投资活动有关的现金。

如收回购买股票和债券时支付的已宣告但尚未领取的现金股利或已到付息期但尚未领取的债券利息。

(6) 购建固定资产、无形资产和其他长期资产支付的现金。

注意：不包括为购建固定资产而发生的借款利息资本化的部分，以及融资租入固定资产支付的租赁费。

(7) 投资支付的现金。

(8) 取得子公司及其他营业单位支付的现金净额。

(9) 支付的其他与投资活动有关的现金。

如企业购买股票和债券时，实际支付的价款中包含的已宣告但尚未领取的现金股利或已到付息期但尚未领取的债券利息。

3. 筹资活动产生的现金流量。

(1) 吸收投资收到的现金。

(2) 取得借款收到的现金。

(3) 收到的其他与筹资活动有关的现金。

(4) 偿还债务支付的现金（只含本金，不含利息部分）。

【同步操练10-17】某企业2016年度"短期借款"账户年初余额为120万元，年末余额为140万元；"长期借款"账户年初余额为360万元，年末余额为840万元。2016年借入短期借款240万元，借入长期借款460万元，长期借款年末余额中包括确认的20万元长期借款利息费用。除上述资料外，债权债务的增减变动均以货币资金结算。要求计算：借款收到的现金和偿还债务支付的现金。

① 借款收到的现金 = 240 + 460 = 700（万元）

② 偿还债务支付的现金 = (120 + 240 - 140) + [360 + 460 - (840 - 20)] = 220（万元）

(5) 分配股利、利润和偿付利息支付的现金。

该项目反映企业实际支付的现金股利、支付给其他投资单位的利润或用现金支付的借款利息、债券利息等。本项目可以根据"应付股利"、"应付利息"、"财务费用"、"库存现金"、"银行存款"等科目的记录分析填列。

【同步操练10-18】某企业2016年度"财务费用"账户借方发生额为40万元，均为利息费用。财务费用包括计提的长期借款利息25万元，其余财务费用均以银行存款支付。"应付股利"账户年初余额为30万元，无年末余额。除上述资料外，债权债务的增减变动均以货币资金结算。

要求：计算分配股利、利润和偿付利息支付的现金。

分配股利、利润和偿付利息支付的现金 = (40 - 25) + 30 = 45（万元）

(6) 支付的其他与筹资活动有关的现金。

4. 汇率变动对现金及现金等价物的影响。该项目反映外币现金流量以及境外子公司的现金流量折算为人民币时，所采用的现金流量发生日的即期汇率或按照系统合理的方法确定的、与现金流量发生日即期汇率近似的汇率折算的人民币金额与"现金及现金等价物净增加额"中外币净增加额按即期汇率折算的人民币金额之间的差额。

(二) 现金流量表补充资料填列

1. 将净利润调节为经营活动现金流量。现金流量表补充资料填列一般采用间接法，既从净利润开始，加上实际没有支付现金的费用、剔除不属于经营活动的损益、加上经营应收应付项目的增减变动，把净利润调整为经营活动现金流量净额（见表10-9）。

表10-9

补 充 资 料	
将净利润调节为经营活动现金流量：	
净利润	
加：资产减值准备	实际没有支付现金的费用
固定资产折旧、油气资产折耗、生产性生物资产折旧	
无形资产摊销	
长期待摊费用摊销	
处置固定资产、无形资产和其他长期资产的损失（收益以"-"号填列）	不属于经营活动的损益
固定资产报废损失（收益以"-"号填列）	
公允价值变动损失（收益以"-"号填列）	
财务费用（收益以"-"号填列）	
投资损失（收益以"-"号填列）	
递延所得税资产减少（增加以"-"号填列）	经营应收应付项目的增减变动
递延所得税负债增加（减少以"-"号填列）	
存货的减少（增加以"-"号填列）	
经营性应收项目的减少（增加以"-"号填列）	
经营性应付项目的增加（减少以"-"号填列）	
其他	
经营活动产生的现金流量净额	

【同步操练10-19】某企业当期净利润为600万元，投资收益为100万元，与筹资活动有关的财务费用为50万元，经营性应收项目增加75万元，经营性应付项目减少25万元，固定资产折旧为40万元，无形资产摊销为10万元。假设没有其他影响经营活动现金流量的项目，该企业当期经营活动产生的现金流量净额为多少万元？

企业当期经营活动产生的现金流量净额 = 600 - 100 + 50 - 75 - 25 + 40 + 10 = 500（万元）

2. 不涉及现金收支的重大投资和筹资活动。
3. 现金及现金等价物净变动情况。

任务四　所有者权益变动表的编制

【任务分析】

所有者权益变动表全面反映了一定时期所有者权益变动的情况。会计人员应该掌握所有者权益变动表的编制方法。

【知识准备及应用】

一、所有者权益变动表的概念和结构

（一）所有者权益变动表的概念

所有者权益变动表是反映构成所有者权益的各组成部分当期的增减变动情况的报表。所有者权益变动表应当全面反映一定时期所有者权益变动的情况，不仅包括所有者权益总量的增减变动，还包括所有者权益增减变动的重要结构性信息，特别是要反映直接计入所有者权益的利得和损失，让报表使用者准确理解所有者权益增减变动的根源。

（二）所有者权益变动表的结构

所有者权益变动表以矩阵的形式列示：一方面，列示导致所有者权益变动的交易或事项，即所有者权益变动的来源，对一定时期所有者权益的变动情况进行全面反映；另一方面，按照所有者权益各组成部分（即实收资本、资本公积、盈余公积、未分配利润和库存股）列示交易或事项对所有者权益各部分的影响。

所有者权益变动表的格式如表 10-10 所示。

表 10-10　　　　　　　　　　所有者权益变动表

会企04表
编制单位：　　　　　　　　　　　年度　　　　　　　　　　　　　　单位：元

项目	本年金额						上年金额					
	实收资本（或股本）	资本公积	减：库存股	盈余公积	未分配利润	所有者权益合计	实收资本（或股本）	资本公积	减：库存股	盈余公积	未分配利润	所有者权益合计
一、上年年末余额												
加：会计政策变更												
前期差错更正												
二、本年年初余额												

续表

项　目	本年金额						上年金额					
	实收资本（或股本）	资本公积	减：库存股	盈余公积	未分配利润	所有者权益合计	实收资本（或股本）	资本公积	减：库存股	盈余公积	未分配利润	所有者权益合计
三、本年增减变动金额（减少以"-"号填列）												
（一）净利润												
（二）直接计入所有者权益的利得和损失												
1. 可供出售金融资产公允价值变动净额												
2. 权益法下被投资单位其他所有者权益变动的影响												
3. 与计入所有者权益项目相关的所得税影响												
4. 其他												
上述（一）和（二）小计												
（三）所有者投入和减少资本												
1. 所有者投入资本												
2. 股份支付计入所有者权益的金额												
3. 其他												
（四）利润分配												
1. 提取盈余公积												
2. 对所有者（或股东）的分配												
3. 其他												
（五）所有者权益内部结转												

续表

项　　目	本年金额						上年金额					
	实收资本（或股本）	资本公积	减：库存股	盈余公积	未分配利润	所有者权益合计	实收资本（或股本）	资本公积	减：库存股	盈余公积	未分配利润	所有者权益合计
1. 资本公积转增资本（或股本）												
2. 盈余公积转增资本（或股本）												
3. 盈余公积弥补亏损												
4. 其他												
四、本年年末余额												

二、所有者权益变动表的填列

1. 所有者权益变动表各项目的列报说明

（1）"上年年末余额"项目，反映企业上年资产负债表中实收资本（或股本）、资本公积、盈余公积、未分配利润的年末余额。

（2）"会计政策变更"和"前期差错更正"项目，分别反映企业采用追溯调整法处理的会计政策变更的累积影响金额和采用追溯重述法处理的会计差错更正的累积影响金额。

为了体现会计政策变更和前期差错更正的影响，企业应当在上期期末所有者权益余额的基础上进行调整得出本期期初所有者权益，根据"盈余公积"、"利润分配"、"以前年度损益调整"等科目的发生额分析填列。

（3）"本年增减变动额"项目分别反映如下内容：

①"净利润"项目，反映企业当年实现的净利润（或净亏损）金额，并对应列在"未分配利润"栏。

②"直接计入所有者权益的利得和损失"项目，反映企业当年直接计入所有者权益的利得和损失金额。其中：

"可供出售金融资产公允价值变动净额"项目，反映企业持有的可供出售金额资产当年公允价值变动的金额，并对应列在"资本公积"栏。

"权益法下被投资单位其他所有者权益变动的影响"项目，反映企业对按照权益法核算的长期股权投资，在被投资单位除当年实现的净损益以外其他所有者权益当年变动中应享有的份额，并对应列在"资本公积"栏。

"与计入所有者权益项目相关的所得税影响"项目，反映企业根据《企业会计准则第18号——所得税》规定应计入所有者权益项目的当年所得税影响金额，并对应列在"资本公积"栏。

③"净利润"和"直接计入所有者权益的利得和损失"小计项目，反映企业当年

实现的净利润（或净亏损）金额和当年直接计入所有者权益的利得和损失金额的合计额。

④"所有者投入和减少资本"项目，反映企业当年所有者投入的资本和减少的资本其中：

"所有者投入资本"项目，反映企业接受投资者投入形成的实收资本（或股本）和资本溢价或股本溢价，并对应列在"实收资本"和"资本公积"栏。

"股份支付计入所有者权益的金额"项目，反映企业处于等待期中的权益结算的股份支付当年计入资本公积的金额，并对应列在"资本公积"栏。

⑤"利润分配"下各项目，反映当年对所有者（或股东）分配的利润（或股利）金额和按照规定提取的盈余公积金额，并对应列在"未分配利润"和"盈余公积"栏。其中：

"提取盈余公积"项目，反映企业按照规定提取的盈余公积。

"对所有者（或股东）的分配"项目，反映对所有者（或股东）分配的利润（或股利）金额。

⑥"所有者权益内部结转"下各项目，反映不影响当年所有者权益总额的所有者权益各组成部分之间当年的增减变动，包括资本公积转增资本（或股本）、盈余公积转增资本（或股本）、盈余公积弥补亏损等项金额。为了全面反映所有者权益各组成部分的增减变动情况，所有者权益内部结转也是所有者权益变动表的重要组成部分，主要指不影响所有者权益总额、所有者权益的各组成部分当期的增减变动。其中：

"资本公积转增资本（或股本）"项目，反映企业以资本公积转增资本或股本的金额。

"盈余公积转增资本（或股本）"项目，反映企业以盈余公积转增资本或股本的金额。

"盈余公积弥补亏损"项目，反映企业以盈余公积弥补亏损的金额。

2. 上年金额栏的列报方法。所有者权益变动表"上年金额"栏内各项数字，应根据上年度所有者权益变动表"本年金额"栏内所列数字填列。如果上年度所有者权益变动表规定的各个项目的名称和内容同本年度不相一致，应对上年度所有者权益变动表各项目的名称和数字按本年度的规定进行调整，填入所有者权益变动表"上年金额"栏内。

3. 本年金额栏的列报方法。所有者权益变动表"本年金额"栏内各项数字一般应根据"实收资本（或股本）"、"资本公积"、"盈余公积"、"利润分配"、"库存股"、"以前年度损益调整"等科目的发生额分析填列。

企业的净利润及其分配情况作为所有者权益变动的组成部分，不需要单独设置利润分配表列示。

任务五 报表附注的编制

【任务分析】

会计报表附注是财务报表的重要组成部分，是对报表本身无法或难以充分表达的内容和项目所作的必要补充说明和详细解释。会计人员应该掌握报表附注的编制方法。

【知识准备及应用】

一、附注概述

（一）附注的概念

附注是财务报表不可或缺的组成部分，是对在资产负债表、利润表、现金流量表和所有者权益变动表等报表中列示项目的文字描述或明细资料，以及对未能在这些报表中列示项目的说明等。

财务报表中的数字是经过分类与汇总后的结果，是对企业发生的经济业务的高度简化和浓缩的数字，如果没有形成这些数字所使用的会计政策、理解这些数字所必需的披露，财务报表就不可能充分发挥效用。因此，附注与资产负债表、利润表、现金流量表、所有者权益变动表等报表具有同等的重要性，是财务报表的重要组成部分。报表使用者了解企业的财务状况、经营成果和现金流量，应当全面阅读附注。

（二）附注披露的基本要求

1. 附注披露的信息应是定量、定性信息的结合，从而能从量和质两个角度对企业经济事项完整的进行反映，也才能满足信息使用者的决策需求。

2. 附注应当按照一定的结构进行系统合理的排列和分类，有顺序地披露信息。由于附注的内容繁多，因此更应按逻辑顺序排列，分类披露，条理清晰，具有一定的组织结构，以便于使用者理解和掌握，也更好地实现财务报表的可比性。

3. 附注相关信息应当与资产负债表、利润表、现金流量表和所有者权益变动表等报表中列示的项目相互参照，以有助于使用者联系相关联的信息，并由此从整体上更好地理解财务报表。

二、附注披露的内容

附注应当按照如下顺序披露有关内容：

（一）企业的基本情况

1. 企业注册地、组织形式和总部地址。
2. 企业的业务性质和主要经营活动，如企业所处的行业、所提供的主要产品或服务等。
3. 母公司以及集团最终母公司的名称。
4. 财务报告的批准报出者和财务报告批准报出日。

（二）财务报表的编制基础

财务报表的编制基础是指财务报表是在持续经营基础上还是非持续经营基础上编制的。企业一般是在持续经营基础上编制财务报表，清算、破产属于非持续经营基础。

（三）遵循企业会计准则的声明

企业应当声明编制的财务报表符合企业会计准则的要求，真实、完整地反映了企业的财务状况、经营成果和现金流量等有关信息。以此明确企业编制财务报表所依据的制度基础。

如果企业编制的财务报表只是部分地遵循了企业会计准则，附注中不得作出这种表述。

（四）重要会计政策和会计估计

根据财务报表列报准则的规定，企业应当披露采用的重要会计政策和会计估计，不重要的会计政策和会计估计可以不披露。

1. 重要会计政策的说明。由于企业经济业务的复杂性和多样化，某些经济业务可以有多种会计处理方法，也即存在不止一种可供选择的会计政策。例如，存货的计价可以有先进先出法、加权平均法、个别计价法等；固定资产的折旧，可以有平均年限法、工作量法、双倍余额递减法、年数总额法等。企业在发生某项经济业务时，必须从允许的会计处理方法中选择适合本企业特点的会计政策，企业选择不同的会计处理方法，可能极大地影响企业的财务状况和经营成果，进而编制出不同的财务报表。为了有助于报表使用者理解，有必要对这些会计政策加以披露。

需要特别指出的是，说明会计政策时还需要披露下列两项内容：

（1）财务报表项目的计量基础。会计计量属性包括历史成本、重置成本、可变现净值、现值和公允价值，这直接显著影响报表使用者的分析，这项披露要求便于使用者了解企业财务报表中的项目是按何种计量基础予以计量的。

（2）会计政策的确定依据，主要是指企业在运用会计政策过程中所做的对报表中确认的项目金额最具影响的判断。例如，企业如何判断持有的金融资产是持有至到期的投资而不是交易性投资；又比如，对于拥有的持股不足50%的关联企业，企业为何判断企业拥有控制权因此将其纳入合并范围；再比如，企业如何判断与租赁资产相关的所有风险和报酬已转移给企业从而符合融资租赁的标准；以及投资性房地产的判断标准是什么等，这些判断对在报表中确认的项目金额具有重要影响。因此，这项披露要求有助于使用者理解企业选择和运用会计政策的背景，增加财务报表的可理解性。

2. 重要会计估计的说明。财务报表列报准则强调了对会计估计不确定因素的披露要求，企业应当披露会计估计中所采用的关键假设和不确定因素的确定依据，这些关键假设和不确定因素在下一会计期间内很可能导致对资产、负债账面价值进行重大调整。

在确定报表中确认的资产和负债的账面金额过程中，企业有时需要对不确定的未来事项在资产负债表日对这些资产和负债的影响加以估计。例如，固定资产可收回金额的计算需要根据其公允价值减去处置费用后的净额与预计未来现金流量的现值两者之间的较高者确定，在计算资产预计未来现金流量的现值时需要对未来现金流量进行预测，并选择适当的折现率，应当在附注中披露未来现金流量预测所采用的假设及其依据、所选择的折现率为什么是合理的等。又如，为正在进行中的诉讼提取准备时最佳估计数的确定依据等。这些假设的变动对这些资产和负债项目金额的确定影响很大，有可能会在下一个会计年度内作出重大调整。因此，强调这一披露要求，有助于提高财务报表的可理解性。

（五）会计政策和会计估计变更以及差错更正的说明

企业应当按照会计政策、会计估计变更和差错更正会计准则的规定，披露会计政策和会计估计变更以及差错更正的有关情况。

（六）报表重要项目的说明

企业应当以文字和数字描述相结合、尽可能以列表形式披露报表重要项目的构成或当期增减变动情况，并且报表重要项目的明细金额合计，应当与报表项目金额相衔接。在披露顺序上，一般应当按照资产负债表、利润表、现金流量表、所有者权益变动表的顺序及其项目列示的顺序。

（七）其他需要说明的重要事项

这主要包括或有和承诺事项、资产负债表日后非调整事项、关联方关系及其交易等，具体的披露要求须遵循相关准则的规定。

【练习题】

一、单项选择题

1. 下列报表中，（　　）属于年度财务报表。
   A. 资产负债表　　B. 利润表　　C. 现金流量表　　D. 所有者权益变动表
2. 下列财务报表中，（　　）是一张静态财务报表。
   A. 资产负债表　　B. 利润表　　C. 现金流量表　　D. 所有者权益变动表
3. 下列财务报表中，（　　）是一张动态财务报表。
   A. 资产负债表　　B. 利润表　　C. 现金流量表　　D. 所有者权益变动表
4. 反映企业一定时点财务状况的报表是（　　）。
   A. 资产负债表　　B. 利润表　　C. 现金流量表　　D. 所有者权益变动表
5. 反映企业一定期间经营成果的报表是（　　）。
   A. 资产负债表　　B. 利润表　　C. 现金流量表　　D. 所有者权益变动表
6. 财务报表的编制基础是指（　　）
   A. 重要性　　B. 可比性　　C. 持续经营　　D. 会计分期
7. 下列资产负债表项目中，可以根据总账科目期末余额直接填列的是（　　）。
   A. 持有至到期投资　　B. 存货
   C. 应收账款　　D. 交易性金融负债
8. 资产负债表中"存货"项目反映的是各项存货的（　　）。
   A. 实际成本　　B. 计划成本　　C. 总额　　D. 净额
9. 在编制资产负债表时，"预付账款"所属明细科目如有贷方余额，应在（　　）项目内反映。
   A. 应收账款　　B. 应付账款　　C. 预收账款　　D. 预付账款
10. 在编制资产负债表时，"应收账款"所属明细科目如有贷方余额，应在（　　）项目内反映。
    A. 应收账款　　B. 应付账款　　C. 预收账款　　D. 预付账款
11. 资产负债表所依据的基本等式是（　　）
    A. 资产 = 所有者权益　　B. 资产 = 负债
    C. 负债 = 资产 – 所有者权益　　D. 资产 = 负债 + 所有者权益
12. 某企业"应付账款"科目月末贷方余额 50 000 元，其中，"应付甲公司账款"明细科目贷方余额

30 000 元,"应付乙公司账款"明细科目贷方余额 20 000 元,"预付账款"科目贷方余额 35 000 元,其中:"预付 A 工厂账款"明细科目贷方余额 55 000 元,"预付 B 工厂账款"明细科目借方余额 20 000 元。则该企业月末资产负债表"应付账款"项目的金额为（　　）元。

  A. 105 000   B. 85 000

  C. 50 000   D. 35 000

13. 下列各项利润表项目中,不影响营业利润的是（　　）。

  A. 投资收益   B. 公允价值变动损益

  C. 资产减值损失   D. 营业外收入

14. 下列现金流量表项目中,能引起现金流量净额变动的是（　　）。

  A. 将现金存入银行   B. 提取固定资产的折旧

  C. 用银行存款 10 万元清偿债务   D. 用银行存款购买 2 个月到期的债券

15. 处置固定资产的净损益属于（　　）产生的现金流量。

  A. 经营活动   B. 筹资活动

  C. 投资活动   D. 经营活动或投资活动

16. 某公司年末结账前"应收账款"科目所属明细科目中有借方余额 50 000 元,贷方余额 20 000 元;"预付账款"科目所属明细科目中有借方余额 13 000 元,贷方余额 5 000 元;"应付账款"科目所属明细科目中有借方余额 50 000 元,贷方余额 120 000 元;"预收账款"科目所属明细科目中有借方余额 3 000 元,贷方余额 10 000 元;"坏账准备"科目贷方余额 300 元。则年末资产负债表中"应收账款"项目和"应付账款"项目的期末数分别是（　　）。

  A. 52 700 元和 125 000 元   B. 63 000 元和 53 000 元

  C. 30 000 元和 70 000 元   D. 53 000 元和 125 000 元

17. 某年末有关科目余额如下:甲企业"原材料"科目借方余额 300 万元,"生产成本"科目借方余额 200 万元,"材料采购"科目借方余额 50 万元,"受托代销商品"科目借方余额 100 万元,"受托代销商品款"科目贷方余额 100 万元,"材料成本差异"科目贷方余额 30 万元,"存货跌价准备"科目贷方余额 20 万元。则该企业年末资产负债表中"存货"项目应填列的金额为（　　）万元。

  A. 650   B. 500   C. 550   D. 520

18. 可供出售金融资产的公允价值发生变动,应列示为利润表中的（　　）。

  A. 净利润   B. 其他综合收益

  C. 综合收益总额   D. 公允价值变动损益

19. 现金流量表的列报格式为（　　）。

  A. 账户式   B. 多步式   C. 报告式   D. 矩阵式

20. 下列各项中,会引起现金流量总额变动的项目是（　　）。

  A. 将现金存入银行   B. 用现金购买 1 个月到期的国债

  C. 用现金购买材料   C. 用一台设备清偿 50 万元的债务

21. 支付的在建工程人员工资,属于（　　）。

  A. 经营活动现金流量

  B. 投资活动现金流量

  C. 筹资活动现金流量

  D. 支付给职工以及为职工支付的现金

22. 以现金支付的罚款在现金流量表中应列示为（　　）。

  A. 支付其他与经营活动有关的现金流量

  B. 支付其他与投资活动有关的现金流量

  C. 支付其他与筹资活动有关的现金流量

D. 支付的各项税费

23. 某企业"应付职工薪酬"科目年初贷方余额为 80 000 元，其中包括在建工程人员工资 30 000 元；年末贷方余额为 45 000 元，其中包括在建工程人员工资 15 000 元。则现金流量表"支付给职工以及为职工支付的现金"项目应填列（　　）万元。

　　A. 30 000　　　　　　　B. 35 000　　　　　　　C. 15 000　　　　　　　D. 20 000

24. 关于所有者权益变动表，下列说法中错误的是（　　）。

　　A. 该表为比较报表

　　B. 该表为年度财务报表

　　C. 该表反映所有者权益内部结转

　　D. 该表不反映所有者权益内部结转

25. 下列各项中，应在财务报表附注中披露的是（　　）。

　　A. 全部的会计政策　　　　　　　　　　B. 重要的会计政策

　　C. 不重要的会计政策　　　　　　　　　D. ABC 均可

二、多项选择题

1. 财务报告应当包括（　　）。

　　A. 财务报表　　　　　　　　　　　　　B. 会计报表

　　C. 附注　　　　　　　　　　　　　　　D. 其他应在财务报告中披露的相关信息和资料

2. 财务报表按照编报主体的不同，可以分为（　　）。

　　A. 中期财务报表　　B. 年度财务报表　　C. 个别财务报表　　D. 合并财务报表

3. 财务报表按照编报时间的不同，可以分为（　　）。

　　A. 中期财务报表　　B. 年度财务报表　　C. 个别财务报表　　D. 合并财务报表

4. 资产负债表中的"货币资金"项目，应根据（　　）科目期末余额的合计数填列。

　　A. 备用金　　　　　B. 库存现金　　　　C. 银行存款　　　　D. 其他货币资金

5. 资产负债表的金额栏包括（　　）。

　　A. 年末余额　　　　B. 本期金额　　　　C. 年初余额　　　　D. 期末余额

6. 利润表中的"综合收益总额"，包括（　　）。

　　A. 营业利润　　　　　　　　　　　　　B. 利润总额

　　C. 净利润　　　　　　　　　　　　　　D. 其他综合收益

7. 为计算营业利润，需要从营业收入中减去（　　）。

　　A. 营业成本　　　　　　　　　　　　　B. 营业税金及附加

　　C. 销售费用、管理费用、财务费用　　　D. 资产减值损失

8. 利润表中的"营业税金及附加"主要包括（　　）。

　　A. 营业税、城市维护建设税　　　　　　B. 增值税

　　C. 房产税、车船税　　　　　　　　　　D. 企业所得税

9. 下列各项中，需要在利润表中列示的有（　　）。

　　A. 交易性金融资产的公允价值变动

　　B. 可供出售金融资产的公允价值变动

　　C. 支付的企业所得税

　　D. 确认的所得税费用

10. 下列项目，直接计入所有者权益变动表中所有者权益的利得和损失项目的有（　　）。

　　A. 可供出售金融资产公允价值变动净额

　　B. 权益法下被投资单位其他所有者权益变动的影响

　　C. 与计入所有者权益项目相关的所得税影响

D. 现金流量套期工具公允价值变动净额
11. 现金流量表中的"现金"包括（　　）。
    A. 库存现金　　　　B. 银行存款　　　　C. 其他货币资金　　　　D. 现金等价物
12. 现金流量表中的现金流量，包括（　　）产生的现金流量。
    A. 经营活动　　　　B. 投资活动　　　　C. 筹资活动　　　　D. 收、付款活动
13. 下列各项中，属于经营活动现金流量的有（　　）。
    A. 支付的企业所得税　　　　　　　　B. 支付给全体职工的工资
    C. 支付的各种罚款　　　　　　　　　D. 支付的融资租赁租金
14. 下列各项中，属于投资活动现金流量的有（　　）。
    A. 支付的债券利息　　　　　　　　　B. 收取的债券利息
    C. 取得的银行借款　　　　　　　　　D. 购买固定资产支付的现金
15. 下列各项中，属于筹资活动现金流量的有（　　）。
    A. 支付的债券利息　　　　　　　　　B. 收取的债券利息
    C. 取得的银行借款　　　　　　　　　D. 购买固定资产支付的现金
16. 下列说法中，正确的有（　　）。
    A. 资产负债表的列报格式属于报告式
    B. 资产负债表为年度财务报表
    C. 所有者权益变动表为年度财务报表
    D. 现金流量表只反映现金流量总额的变化
17. 下列各项中，影响利润表"其他综合收益"项目的有（　　）。
    A. 交易性金融资产的公允价值发生变动
    B. 可供出售金融资产的公允价值发生变动
    C. 交易性金融资产的公允价值变动影响的所得税
    D. 可供出售金融资产的公允价值变动影响的所得税
18. 下列各项中，应在财务报表附注中披露的有（　　）。
    A. 重要会计政策的说明　　　　　　　B. 重要会计估计的说明
    C. 报表重要项目的说明　　　　　　　D. 遵循企业会计准则的声明
19. 财务报表包括（　　）。
    A. 会计报表　　　　B. 资产负债表　　　　C. 利润表　　　　D. 附注
20. 下列说法中，正确的有（　　）。
    A. 财务报表等于会计报表
    B. 资产负债表列示"期末余额"和"年初余额"
    C. 2016 年 5 月利润表中的"上期金额"栏是指 2016 年 4 月
    D. 2016 年 5 月利润表中的"上期金额"栏是指 2015 年 5 月

三、判断题
1. 半年度、季度和月度财务报告统称为中期财务报告。（　　）
2. 企业应当披露重要的会计政策和会计估计，不具有重要性的会计政策和会计估计可以不披露。
（　　）
3. 企业出售固定资产收到的现金，属于经营活动产生的现金流量。（　　）
4. 重要性是指财务报表某项目的省略或错报会影响使用者据此作出的经济决策。（　　）
5. 当正常营业周期不能确定时，应当以一年作为正常营业周期。（　　）
6. 资产负债表中的资产与负债是按照流动性排列的。（　　）

7. 资产负债表反映的是企业某一时点的财务状况及偿债能力,是时点报表。利润表反映的是企业某一时期的经营成果的时期报表。（　　）

8. 销售商品、提供劳务收到的现金＝当期销售商品、提供劳务收到的现金＋当期收回前期的应收账款和应收票据＋当期预收的账款－当期销售退回支付的现金＋当期收回前期核销的坏账损失。（　　）

9. 我国企业资产负债表采用账户式格式。（　　）

10. "应付账款"所属明细科目有借方余额的,应填列在"应收账款"项目内。（　　）

11. 我国采用多步式列报利润表。（　　）

12. 利润表中的"上期金额"是指上月数或上年数。（　　）

13. 现金流量表属于年报。（　　）

14. 所有现金流量项目在现金流量表中都应按照现金流量总额反映。（　　）

15. 现金流量表"偿还债务支付的现金"项目仅指偿还的利息。（　　）

四、业务题

甲股份有限公司为增值税一般纳税人,适用的增值税税率为17%,所得税税率为25%;销售价格均不含向购买方收取的增值税;原材料采用实际成本法核算。甲公司2016年1月1日的科目余额表如表10－11所示。

表10－11　　　　　　　　　　　科目余额表　　　　　　　　　　　　单位:元

科目名称	借方余额	科目名称	贷方余额
库存现金	760 000	短期借款	300 000
银行存款	4 980 000	应付票据	500 000
交易性金融资产	3 000 000	应付账款	890 000
应收票据	3 500 000	其他应付款	600 000
应收账款	4 000 000	应付职工薪酬	99 000
坏账准备	－80 000	应交税费（不含增值税）	260 000
其他应收款	180 000	应付利息	50 000
在途物资	1 700 000	长期借款	2 600 000
原材料	3 800 000	其中:一年内到期的长期负债	1 000 000
周转材料	800 000		
库存商品	7 200 000		
长期股权投资	3 000 000		
固定资产	7 500 000	股本	30 000 000
累计折旧	－900 000	盈余公积	5 000 000
在建工程	2 000 000	利润分配（未分配利润）	3 041 000
无形资产	1 900 000		
合计	43 340 000	合计	43 340 000

2016年该公司共发生如下经济业务:

1. 购入原材料一批并取得增值税专用发票,价款3 000 000元,增值税进项税额510 000元,全部以银行存款支付，材料验收入库。

2. 购入管理用小轿车一辆，成本合计 390 000 元，以银行存款支付。

3. 出售一项交易性金融资产，售价 230 000 元，该交易性金融资产的账面余额为 200 000 元（无公允价值变动记录），款项存入银行。

4. 外购生产用设备一台，取得增值税专用发票，价款 2 000 000，增值税 340 000 元，均以存款支付，税法规定该进项税额允许抵扣。

5. 以银行存款支付职工工资 600 000 元。

6. 分配支付的职工工资，其中生产人员 300 000 元，车间管理人员 120 000 元，行政管理人员 100 000 元，在建工程人员 80 000 元。

7. 提取职工福利费，其中生产人员 42 000 元，车间管理人员 16 800 元，行政管理人员 14 000 元，在建工程人员 11 200 元。

8. 计算应由在建工程负担的长期借款利息 110 000 元（分期付息）。

9. 基本生产车间报废一台设备，原价 280 000 元，已提折旧 160 000 元，清理费用 1 000 元，残值收入 2 400 元，已用银行存款收支，不考虑增值税等相关税费。

10. 从银行借入 5 年期借款 500 000 元，借款存入银行。

11. 销售产品一批，售价 4 800 000 元，增值税 816 000 元，销售成本 3 620 000 元，款项已存入银行。

12. 购入 A 公司发行的普通股，作为可供出售金融资产，价款 1 200 000 万元，手续费 18 000 元，以"其他货币资金——存出投资款"支付。

13. 计提基本生产车间固定资产折旧 200 000 元，假设与税法无差异。

14. 销售材料一批，销售价款为 3 800 000 元，增值税 646 000 元，款项尚未收到。该批材料的实际成本为 2 000 000 元。

15. 计提本年城市维护建设税 42 840 元，教育费附加 18 360 元。

16. 可供出售金融资产的公允价值上升 30 000 元。

17. 以银行存款支付违反税收规定的罚款 20 000 元，非公益性捐赠支出 100 000 元。

18. 计提应计入当期损益的长期借款利息 50 000 元（分期付息）。

19. 归还短期借款本金 200 000 元及利息 25 000 元。

20. 摊销无形资产 60 000 元，假设与税法无差异。

21. 收到应收账款 1 200 000 元，款项存入银行。

22. 计提本年坏账准备 60 000 元。

23. 用银行存款支付广告费 100 000 元，退休人员工资 500 000 元，其他管理费用 150 000 元。

24. 用银行存款交纳增值税 612 000 元、城建税 42 840 元、教育费附加 18 360 元。

25. 偿还长期借款本金 1 000 000 元，偿还上年所欠货款 390 000 元。

26. 收到上年购进的原材料 1 700 000 元。

27. 结转完工的在建工程成本 2 201 200 元。

28. 结转本年制造费用。

29. 结转本年生产成本。

30. 将各损益类科目结转至"本年利润"。

31. 计算所得税费用和应交所得税，该公司采用资产负债表债务法核算所得税。

32. 将"所得税费用"结转至"本年利润"。

33. 将"本年利润"结转至"利润分配——未分配利润"。

34. 交纳计算出的企业所得税。

35. 按净利润的 10% 提取法定盈余公积。

36. 分配现金股利 400 000 元。

37. 将利润分配各明细科目的余额转入"未分配利润"明细科目。

要求：

（1）编制该公司 2016 年度经济业务的会计分录。

（2）假设甲公司共发行普通股 10 000 000 股，且不存在稀释性潜在普通股。编制该公司 2016 年 12 月 31 日的资产负债表（见表 10 – 12）、2016 年度的利润表（见表 10 – 13）、现金流量表（见表 10 – 14）。

表 10 – 12　　　　　　　　　　　　　资产负债表

会企 01 表

编制单位：　　　　　　　　　　　2016 年 12 月 31 日　　　　　　　　　　　单位：元

资产	期末余额	年初余额	负债和所有者权益（或股东权益）	期末余额	年初余额
流动资产：			流动负债：		
货币资金			短期借款		
交易性金融资产			交易性金融负债		
应收票据			应付票据		
应收账款			应付账款		
预付款项			预收款项		
应收利息			应付职工薪酬		
应收股利			应交税费		
其他应收款			应付利息		
存货			应付股利		
一年内到期的非流动资产			其他应付款		
其他流动资产			一年内到期的非流动负债		
流动资产合计			其他流动负债		
非流动资产：			流动负债合计		
可供出售金融资产			非流动负债：		
持有至到期投资			长期借款		
长期应收款			应付债券		
长期股权投资			长期应付款		
投资性房地产			专项应付款		
固定资产			预计负债		
在建工程			递延所得税负债		
工程物资			其他非流动负债		
固定资产清理			非流动负债合计		
生产性生物资产			负债合计		
油气资产			所有者权益（或股东权益）		

续表

资　　产	期末余额	年初余额	负债和所有者权益（或股东权益）	期末余额	年初余额
无形资产			实收资本（或股本）		
开发支出			资本公积		
商誉			减：库存股		
长期待摊费用			盈余公积		
递延所得税资产			未分配利润		
其他非流动资产			所有者权益（或股东权益）合计		
非流动资产合计					
资产总计			负债和所有者权益（或股东权益）总计		

表 10-13　　　　　　　　　　　　利润表

会企02表

编制单位：　　　　　　　　　2013 年度　　　　　　　　　　　单位：元

项　　目	本期金额	上期金额
一、营业收入		略
减：营业成本		
营业税金及附加		
销售费用		
管理费用		
财务费用		
资产减值损失		
加：公允价值变动收益（损失以"-"号填列）		
投资收益（损失以"-"号填列）		
其中：对联营企业和合营企业的投资收益		
二、营业利润（亏损以"-"号填列）		
加：营业外收入		
减：营业外支出		
其中：非流动资产处置损失		
三、利润总额（亏损总额以"-"号填列）		
减：所得税费用		
四、净利润（净亏损以"--"号填列）		

续表

项　　目	本期金额	上期金额
五、每股收益		
（一）基本每股收益		
（二）稀释每股收益		
六、其他综合收益		
七、综合收益总额		

表 10-14　　　　　　　　　　现金流量表

编制单位：　　　　　　　　2013 年度　　　　　　　　会企 03 表　单位：元

项　　目	本期金额	上期金额
一、经营活动产生的现金流量		略
销售商品、提供劳务收到的现金		
收到的税费返还		
收到其他与经营活动有关的现金		
经营活动现金流入小计		
购买商品、接受劳务支付的现金		
支付给职工以及为职工支付的现金		
支付的各项税费		
支付其他与经营活动有关的现金		
经营活动现金流出小计		
经营活动产生的现金流量净额		
二、投资活动产生的现金流量		
收回投资所收到的现金		
取得投资收益所收到的现金		
处置固定资产、无形资产和其他长期资产收回的现金净额		
处置子公司及其他营业单位收到的现金净额		
收到其他与投资活动有关的现金		
投资活动现金流入小计		
购建固定资产、无形资产和其他长期资产支付的现金		
投资所支付的现金		
取得子公司及其他营业单位支付的现金净额		
支付其他与投资活动有关的现金		

续表

项　　目	本期金额	上期金额
投资活动现金流出小计		
投资活动产生的现金流量净额		
三、筹资活动产生的现金流量		
吸收投资收到的现金		
取得借款收到的现金		
收到其他与筹资活动有关的现金		
筹资活动现金流入小计		
偿还债务所支付的现金		
分配股利、利润或偿付利息支付的现金		
支付其他与筹资活动有关的现金		
筹资活动现金流出小计		
筹资活动产生的现金流量净额		
四、汇率变动对现金及现金等价物的影响		
五、现金及现金等价物净增加额		
加：期初现金及现金等价物余额		
六：期末现金及现金等价物余额		

参考文献

[1] 财政部会计资格评价中心. 中级会计实务 [M]. 北京：经济科学出版社，2015.
[2] 中华人民共和国财政部. 企业会计准则 [M]. 北京：经济科学出版社，2006.
[3] 财政部会计司编写组. 企业会计准则讲解2010 [M]. 北京：人民出版社，2010.
[4] 宋珉珉，李俊倩. 中级财务会计 [M]. 北京：北京理工大学出版社，2015.
[5] 贾永海. 财务会计 [M]. 北京：人民邮电出版社，2015.
[6] 刘永泽. 中级财务会计 [M]. 大连：东北财经大学出版社，2013.
[7] 朱盛萍. 新编财务会计 [M]. 南京：南京大学出版社，2012.